二十一世纪普通高等教育人才培养"十四五"系列教材

成本管理会计

主　编○黎富兵　　王　霞
副主编○陈久会　　刘　欣　　罗莉苹　　谢　华

CHENGBEN GUANLI KUAIJI

西南财经大学出版社
Southwestern University of Finance & Economics Press

中国·成都

图书在版编目（CIP）数据

成本管理会计/黎富兵,王霞主编.—成都:西南财经大学出版社,2021.2
(2023.1 重印)
ISBN 978-7-5504-4756-1

Ⅰ.①成… Ⅱ.①黎…②王… Ⅲ.①成本会计—高等学校—教材
Ⅳ.①F234.2

中国版本图书馆 CIP 数据核字(2021)第 001568 号

成本管理会计

主 编 黎富兵 王 霞

副主编 陈久会 刘 欣 罗莉苹 谢 华

策划编辑:杨婧颖

责任编辑:高小田

责任校对:雷 静

封面设计:何东琳设计工作室 张姗姗

责任印制:朱曼丽

出版发行	西南财经大学出版社(四川省成都市光华村街55号)
网 址	http://cbs.swufe.edu.cn
电子邮件	bookcj@swufe.edu.cn
邮政编码	610074
电 话	028-87353785
照 排	四川胜翔数码印务设计有限公司
印 刷	郫县犀浦印刷厂
成品尺寸	185mm×260mm
印 张	19
字 数	440 千字
版 次	2021 年 2 月第 1 版
印 次	2023 年 1 月第 2 次印刷
印 数	3001— 5000 册
书 号	ISBN 978-7-5504-4756-1
定 价	48.00 元

随着信息技术的发展、大数据时代的来临，企业对成本信息提出了新的要求，成本会计不仅要提供用于企业资产计价和损益确定的可靠信息，而且要提供与企业经营管理具有高度相关性的信息。成本会计与管理会计呈现出相互渗透、相互融合的发展趋势，成本管理会计的功能越来越受到社会各行各业的关注。本教材根据最新的企业会计准则体系的规范要求，以及财政部颁布的《企业会计准则——应用指南》，在借鉴国内外现有同类优秀教材的基础上，结合企业实务，将成本会计与管理会计的教材体系进行了整合。以企业成本信息的核算系统、管理预测系统、管理决策系统、管理控制与业绩评价系统为主线，系统阐述了成本管理会计的基本理论、基本方法和在实务中的应用。本书在结构体系和内容安排上具有以下特点：

第一，注重理论的前瞻性和实用性，广泛吸取成本管理会计学科的前沿理论与方法，注重理论联系实际。

第二，内容和结构新颖。本教材根据最新的企业会计准则内容编写，将成本会计和管理会计进行了有机融合，体现了算管结合，算为管用的会计理念。

第三，运用大量的图表和案例分析，化繁为简，语言通俗易懂，以帮助读者理解成本管理会计相关的理论知识和实际应用。

本教材既可以作为高等院校会计学和财务管理专业的主干课教材，也可作为其他经济与管理相关专业的教材和参考书，还可供从事不同层次会计教学工作的教师、从事会计实务的管理人员以及从事经济工作的管理人员阅读参考。

本书第一、二、十一章由黎富兵编写；第三、四章由陈久会编写；第五、八章由刘欣编写；第六、七章由罗莉苹编写；第九、十章由王霞编写；第十二、十三章由谢华编写。黎富兵负责教材编写大纲的拟定和全书的统稿。

由于编者水平有限，书中难免有不妥、疏漏甚至不当、错误之处，恳请广大读者和同行批评指正，以便今后对本书做进一步的修改和完善。

本教材为四川大学锦城学院教材建设专项资金资助项目。

编　者

2021 年 1 月

目录

M U L U

第一篇　成本核算

第二篇　成本预测与决策

第三篇 成本规划与控制

成本管理会计

第一章

成本管理会计概述

第一节　成本概述

一、成本的含义

加强成本管理，努力降低成本，无论对提高企业经济效益，还是对提高整个国民经济的宏观经济效益，都是极为重要的。而要做好成本管理工作，首先就必须从理论上充分认识成本的经济实质。

成本是一个普遍的经济范畴，凡是有经济活动的地方都必然产生一定的耗费，从而形成成本。成本是财会理论中的一个非常重要的问题，也是学习成本管理会计首先要解决的问题。由于对成本的含义有很多不同的解释，因此很难找到一个达到普遍共识的定义。成本可分为广义成本和狭义成本。

（一）广义成本的含义

在西方会计学中，往往把广义的成本解释为：成本是为了达到某一特定目的而做出的牺牲，一般通过为之放弃的资源来计量。在这里，成本指为实现一定目的所付出的价值牺牲。比较典型的定义是美国会计学会所属成本概念与标准委员会在 1951 年对成本的定义："成本是指，为达到特定目的而发生或应发生的价值牺牲，它可以用货币单位加以计量。"这个定义可从以下三个方面理解：

（1）成本是一种价值牺牲。成本是一种价值牺牲，即是对资源耗费的一种计量。这种资源的耗费不仅是货币的消耗，也可以是物资的消耗、劳动的消耗等。例如，制造有形商品或提供劳务都要耗费一定的资源。通过成本的计量，可确定耗费资源的数量。

（2）成本以货币形式进行计量。一个单位所发生的经济活动，必然要耗费一定数量的人力、物力和财力。由于这些耗费的计量单位不同，因此无法确定耗费的总量。例如，耗费的钱财用价值单位计量，耗费的原材料用实物量单位计量，耗费的人力用劳动量单位计量，货币作为价值尺度能够衡量不同计量单位资源的耗费。成本的计量就是运用货币单位进行度量，将实物量单位、劳动量单位、价值量单位统一起来以确定耗费的总量。

（3）成本是为了一定目的的价值牺牲。成本是为了一定目的的价值牺牲，通常是指由经营目的而衍生出来的目的。从这个意义上说，成本是与经营目的有关的活动所消耗的价值。这些以经营为目的的有关的活动或事件，包括制造产品、销售商品、提供劳务以及管理活动。

美国会计学会的这一成本含义的外延非常宽泛，只要是与经营目的有关的活动所发生的价值牺牲都属于成本范畴。这些活动有的是为了经营目的而取得资产，有的是为了经营目的而进行的管理活动。例如，生产产品、取得存货、取得固定资产、取得股票和债券所发生的价值牺牲以及企业的管理活动所发生的价值牺牲。

广义成本包括狭义的成本以及为管理生产和经营活动而发生的费用。就制造业来说，广义成本包括产品成本和期间费用，其成本计算方法称为完全成本法或制造成本法。

（二）狭义成本的含义

在商品经济条件下，人们借助货币来衡量生产耗费并得到相应的补偿。从经济学的角度出发，成本就是以价值表现的各种耗费的补偿尺度。狭义成本一般是指产品生产成本。

我国成本计算的理论基础是马克思价值理论。马克思从商品经济的产生与发展入手研究成本，从劳动价值论学说出发，论证了生产成本的经济实际及其属性。马克思指出："按照资本主义方式生产的每一个商品 W 的价值，用公式表示是，$W = C + V + M$。如果我们从这个产品价值中减去剩余价值 M，那么，在商品中剩下的只是一个在生产要素上耗费的资本价值 $C + V$ 的等价物或补偿价值。"商品在生产过程中所消耗的 $C + V$ 的 C 表示商品生产过程所消耗的物化劳动，包括劳动资料和劳动对象的耗费；V 是商品生产过程劳动者为养活自己所消耗的活劳动。

在社会主义市场经济条件下，马克思的生产成本理论仍然可以用 $C + V$ 表示，并可以表述为：为了生产某一产品，而在生产要素上耗费的资本金价值 $C + V$ 的个别劳动耗费，并应从销售收入中得到补偿的价值，以保持简单再生产的继续进行。

我国一般将成本定义为："成本是指企业为生产产品、提供劳务所发生的各项耗费。"企业应将当期已销商品或已提供劳务的成本转入当期的费用。

二、支出、费用、成本的关系

（一）支出与费用

1. 支出的概念与构成

支出是指企业在经济活动中发生的一切开支与耗费，即资产的减少产生支出。一般而言，企业的支出可分为资本性支出、收益性支出、所得税支出、营业外支出和利润分配性支出五大类。

资本性支出是指该支出的受益期在一个会计年度以上的支出，即发生支出不仅与本期收入有关，也与其他会计期间的收入有关，而且主要是为以后各期的收入取得而发生的。这种支出通常形成企业的长期资产，如企业购建的固定资产、无形资产等。

收益性支出是指支出的受益期在一个会计年度以内，即一项支出的发生仅与本期收益的取得有关。这种支出通常由本期的收益来弥补，如企业为生产经营而发生的材料耗费、购买办公用品发生的支出等。

所得税支出是指企业在取得经营所得与其他所得的情况下，按税法规定应缴纳的税金支出。所得税费支出作为企业的一项费用，直接冲减当期收益。

营业外支出是指与企业的生产经营活动没有直接联系的支出，如企业支付的罚款、违约金、赔偿金，以及非常损失等支出。

利润分配支出是指企业实现的利润在扣除所得税后形成税后利润，即净利润，在对净利润分配过程中形成的支出，如支付股利等。

2. 费用的概念及构成

费用是指企业为销售商品和提供劳务等日常活动而发生的经济利益的流出。费用按与产品生产关系可分为生产费用和期间费用。生产费用是指企业在一定的时期为生产产品而发生的各项耗费，它是与产品生产相关的耗费，如生产产品而消耗的材料、支付的生产工人工资和车间组织生产产品发生的费用。

期间费用是企业在一定时期内为生产经营活动的正常运行而发生的同产品生产无直接关系的各项耗费。期间费用在发生的当期与当期收入进行配比，直接计入当期损益。

3. 支出与费用的关系

并非所有支出都会形成费用，只有资本性支出、收益性支出和所得税支出能转化或形成费用，资本性支出分期转化为费用（生产费用或期间费用），例如购建固定资产发生的支出（资本性支出）通过折旧转化为费用（生产费用或期间费用）。收益性支出直接转化为费用，例如购买办公用品发生的支出直接计入管理费用，即直接形成期间费用。所得税支出形成所得税费用。利润分配支出和营业外支出不会形成费用。

（二）费用与成本

费用包括生产费用和期间费用。生产费用和产品成本是两个既互相联系又互相区别的概念。生产费用按产品加以归集和分配，就形成产品成本。因此，生产费用是产品成本的基础，产品成本是对象化的生产费用。发生了费用，有明确的受益对象或承担对象的，将费用计入该对象的成本；发生了费用，无明确的受益对象或承担对象的，将费用直接计入当期损益。

通过上述内容可以发现，支出的范围最大，只有三类支出可转化为费用，费用包括生产费用和期间费用，只有生产费用才能转化为成本，即成本是对象化的费用。

三、成本的作用

成本在经济管理工作中具有十分重要的作用。

（一）成本是补偿生产耗费的尺度

为了保证企业再生产的不断进行，必须对生产耗费即资金耗费进行补偿。企业是自负盈亏的商品生产者和经营者，其生产耗费是通过销售收入来补偿的。而成本就是衡量这一补偿份额大小的尺度。企业在取得销售收入后，必须把相当于成本的数额划分出来，用于补偿生产经营中的资金耗费。这样，才能维持资金周转按原有规模进行。如果企业不能按照成本来补偿生产耗费，企业资金就会短缺，再生产就不能按原有的规模进行。可见，成本起着衡量生产耗费尺度的作用，对经济发展有着重要的影响。

（二）成本是综合反映企业工作质量的重要指标

成本是一项综合性的经济指标，企业经营管理中各方面工作的业绩，都可以直接或间接地在成本上反映出来。例如，产品生产工艺的先进程度，固定资产的利用情况，原材料消耗节约与浪费，劳动生产率的高低以及供、产、销各环节的工作是否衔接协调等，都可以通过成本直接或间接地反映出来。

通过对成本的计划执行情况进行分析，客观地评价企业的成本水平，可以进一步促使企业加强管理，采取有效措施挖掘潜力，杜绝浪费，降低各种耗费，合理配置人力、物力和财力，降低成本，提高经济效益。

（三）成本是制定产品价格的一项重要因素

企业在制定商品的价格时，应遵循价值规律的基本要求。企业计算产品成本，通过成本间接地掌握商品的价值，可以利用成本资料，在考虑国家的价格政策及其他经济政策、产品在市场上的供求关系及市场竞争的态势等基础上，制定产品的价格。

（四）成本是企业进行决策的重要依据

企业进行生产经营决策时，需要考虑的因素很多，成本是主要因素之一。这是因为，在价格等因素一定的前提下，成本的高低决定了企业能否盈利。因此，企业在决定生产何种产品以及生产多少数量的产品时往往会受产品成本高低的影响。

第二节　成本管理及成本管理会计

一、成本管理的发展历程

成本管理的发展历程可以分为四个历史阶段：19 世纪中期以前、19 世纪中期至 20 世纪 40 年代、20 世纪 50 年代至 20 世纪 80 年代、20 世纪 90 年代至今。

（一）19 世纪中期以前：简单成本计算时代

在 19 世纪中期以前，生产方式主要表现为手工和单件生产，这个时期的会计职能主要是记录企业之间的业务往来。随着工业革命的爆发，生产经营规模日益扩大，企业为了降低单位产品所耗费的资源，开始重视成本信息的加工与利用，将成本记录与普通会计记录融合在一起，出现了记录型成本会计，并且开始利用成本信息对企业内部员工的业绩进行评价。据美国会计史学家研究考证，最早的制造业成本记录是 19 世纪上半叶新英格兰集中的多步骤棉纺织企业的成本记录，这些记录揭示出当时的企业应用了一套非常复杂的成本计量方法。早期成本管理系统发展的最大动力来自 19 世纪中叶铁路业的产生和发展，铁路业是当时规模最大的企业组织，其生产经营管理比 19 世纪初的新英格兰纺织工业要复杂得多。铁路业的管理者为了更好地控制成本，发明了许多与成本相关的经济计量指标。

这个时期成本管理的特征主要表现为：成本管理主体是手工业作坊业主；成本管理目标主要体现为产品价格的确定和年末损益的计算两个方面；成本管理时间范围只限于事后的成本计算。

（二）19 世纪中期至 20 世纪 40 年代：生产导向型成本管理时代

19 世纪中期至 20 世纪 40 年代，英国和美国的工业得到了迅猛发展，这个时期生产方式由单件生产方式发展到大量生产方式，市场竞争日益激烈。所有者和经营者都意识到，企业生存与发展不仅取决于产量的增长，更重要的是取决于成本的高低，企业的产品价格决定权已经从企业让位于市场，生产者只能决定其产品成本。企业的成本管理目标已经由单纯的计算盈亏转向通过成本控制降低成本水平。这个时期成本管理理论发展的主要标志是泰罗的科学管理理论的出现和标准成本管理方法的形成和发展。20 世纪初发展起来的从事多种经营的综合性企业和科学管理理论，为成本管理系统的进一步创新提供了机会。被誉为"科学管理之父"的美国工程师泰勒在 1911 年出版了《科学管理原理》一书。该书系统地阐明了产品标准操作程序及操作时间的确定方法，建立了详细、准确的原材料和劳动力的使用标准，并以科学方法确定的工作量为标准来支付工人的报酬，同时以此为基础，提出了许多新的成本计量指标。1911 年，美国会计师卡特·哈里逊第一次设计出一套完整的标准成本会计制度，并在 1918 年发表了一系列论文，其中对成本差异分析公式及有关账务处理方法叙述得非常详细。

这个时期成本管理的特征主要表现为：成本管理主体是所有者和企业管理当局；成本管理目标主要体现为通过制定标准成本对生产过程进行控制，以达到降低成本和提高利润的效果；成本管理空间范围已经扩展到企业内部的各个环节，主要涉及企业供、产、销三大环节；成本管理时间范围从事后延伸到事中和事前，但仍以事中和事后为主；成本管理方法以标准成本管理为主，同时还创造性地提出和使用了一些成本管理方法，如定额成本管理、预算管理控制等。

（三）20 世纪 50 年代至 20 世纪 80 年代：市场导向型成本管理时代

从 20 世纪 50 年代开始，人们逐渐认识到刚性自动流水线存在许多自身难以克服的缺点和矛盾。面对市场的多变性和顾客需求的个性化、产品品种和工艺过程的多样性，以及生产计划与调度的动态性，人们不得不去寻找新的生产方式，同时提高工业企业的生产作业系统的柔性和生产率。为了适应社会经济环境的变化，高等数学、运筹学、数理统计学等学科中的许多科学数量方法和以计算机为主流的信息处理技术开始引入现代成本管理工作中，成本计算的目的也呈现出多元化的趋势。这一阶段，成本管理的重点已经由事中控制成本、事后计算和分析成本转移到事前预测、决策和规划成本，出现了以事前成本控制为主的成本管理新阶段。目标成本管理、责任成本管理、质量成本管理、作业成本管理等成本管理理论与方法也在这一阶段得以形成。

这个时期成本管理的特征主要表现为：成本管理主体已经扩展到每一个员工，成本管理已经成为一种全员式成本管理；成本管理目标已经转变为通过不同的成本管理方法对企业整个经营过程进行成本策划、成本控制、成本分析与考核，求得降低成本或提高成本效益以达到"顾客满意",从而使企业的利润得到提高;成本管理空间范围已经从企业内部的各个环节扩展到与企业所涉及的有关方面,"全过程"式成本管理基本上得以形成;成本管理时间范围已经从事中控制成本、事后计算和分析成本转移到事前如何预测、决策和规划成本,出现了以事前控制成本为主的成本管理新阶段;成本管理方法又一次得到了丰富,比如目标成本管理、责任成本管理、质量成本管理、作业成本管理等成本管理方法的形成和应用,但各种成本管理方法缺乏一定的相互融合性。

(四) 20 世纪 90 年代至今:战略导向型成本管理时代

20 世纪 90 年代,计算机集成制造系统在生产过程中得以广泛的运用。面对生产方式巨大的变化和市场竞争的日趋激烈,成本管理研究正向战略领域延伸。随着战略管理理论的发展和完善,1981 年,著名的管理学家西蒙首次提出了"战略管理会计",他认为战略管理会计应该侧重企业与竞争对手的对比,收集竞争对手关于市场份额、定价、成本、产量等方面的信息。之后,1993 年,美国学者桑克 (J. K. Shank) 等结合波特的战略管理理论出版了《战略成本管理》一书,使战略成本管理更加具体化。战略成本管理应全面考虑各种潜在机会,分析各种机会成本,以顾客满意为宗旨,以实现股东财富的最大化为目标,并不断提高企业的盈利水平。

这个时期成本管理的特征主要表现为:成本管理目标已经由降低成本或提高成本效益向取得持久的成本竞争优势转变;成本管理空间范围已经从企业的内部价值链方面逐渐扩展到企业的纵向价值链(企业的上下游)和横向价值链(竞争对手之间)方面,"全过程"式的成本管理得到进一步的发展和完善;成本管理时间范围已经向产品整个生命周期延伸,"全时序"式的成本管理也得到了进一步的发展和完善。

二、成本管理会计的定义

我国《成本管理大辞典》对成本管理的定义是:成本管理是对企业的产品 生产和经营过程中所发生的产品成本有组织、有系统地进行预测、计划、决策、控制、计算、分析和考核等一系列的科学管理工作。其目的在于组织和动员群众,在保证产品质量的大前提下,挖掘降低成本的途径,达到以最少的生产耗费取得最大的生产成果的目的。

成本管理会计就是企业成本管理的会计,是对企业成本管理活动进行反映和监督的会计,是运用专门的管理技术和方法,以货币为主要计量单位,对企业的生产经营过程中的资金耗费和价值补偿,进行策划、核算、控制和评价的一系列价值管理行为。

三、成本管理会计的职能

成本管理会计的职能是指成本管理会计客观存在的内在功能。从成本管理会计产生和发展的历程来看,其职能随着社会经济日益发展而逐步扩大,使现代会计由传统的财务会计的反映和监督职能,扩大到了成本管理会计的预测、决策、规划、控制及评价职能。

(一) 成本核算职能

成本核算是指对生产费用发生和产品成本形成的核算。成本核算是按照企业的生产工艺和生产组织的特点,以及对成本管理的要求,采用适当的成本计算方法,将生产费用通过一系列的归集与分配，从而计算出各种产品或劳务的总成本和单位成本。因此，成本核算过程，既是对生产耗费进行归集、分配与对象化的过程，也是对生产中各种劳动耗费进行信息反馈和控制的过程。通过将成本核算所提供的实际成本资料与计划成本等目标成本比较，可以了解成本计划完成的情况，同时为编制下期成本计划、进行预测和决策提供资料，并为制定产品价格提供依据。

（二）预测职能

成本预测是确定目标成本和选择达到目标成本最佳途径的重要手段，是进行成本决策和编制成本计划的基础。通过成本预测，可以寻求降低产品成本并提高经济效益的途径。成本预测可以减少生产经营管理的盲目性。

（三）决策职能

它是在成本预测的基础上，根据市场营销和产品功能分析，挖掘潜力，拟定降低成本、费用的各种方案，并采用一定的专门方法进行可行性研究和技术 经济分析，选择最优方案，以确定目标成本。

（四）计划职能

为了保证成本决策所确定的目标成本得以实现，必须通过一定的程序和方法，以货币形式规定计划期产品的生产耗费和各种产品的成本水平，并以书面文件的形式下达各执行单位和部门，作为计划执行和考核的依据。

（五）控制职能

控制职能是指根据成本计划（预算），制定各项消耗定额、费用定额、标准成本等，对各项实际发生和将要发生的成本费用进行审核，及时揭示执行过程中的差异，采取措施将成本费用控制在计划（预算）之内。

（六）考核职能

考核职能是指定期对成本计划及有关指标实际完成情况进行总结和评价，在成本分析的基础上，以各责任者为对象，以其可控制的成本为界限，并按责任的归属来核算和考核其成本指标完成情况，评价其工作业绩并决定其奖惩。

（七）反馈职能

反馈职能是指在考核的基础上，将成本数据向企业管理层进行反馈，以便管理层做出更科学的修订、补充和完善，对下一个生产周期做出合理的判断。

四、成本管理会计的内容

建立在成本管理会计职能基础上的内容，大致可分为预测决策会计、规划控制会计及责任会计三部分。

（一）预测决策会计

预测决策会计以预测经济前景和实施经营决策为核心，具体包括预测分析和决策分析。

（二）规划控制会计

规划控制会计是指在决策目标和经营方针已明确的前提下，为实施决策方案、以确保目标的实现而进行的有关规划和控制。规划控制会计包括全面预算和成本控制。

（三）责任会计

责任会计是为了保证目标的实现，将全面预算中确定的指标按个人内部管理层次（责任中心）进行分解，以明确各个责任中心的权、责、利。责任会计通过考核评价各责任中心的业绩，调动企业全体职工的积极性。

成本管理会计中还有成本性态分析、变动成本法和本量利分析等内容。它们作为前述内容的基础，其基本理论和基本方法贯穿在预测、决策、规划控制及责任会计的整个过程之中，渗透在企业内部管理的各个领域之中。

五、成本会计、管理会计和财务会计的关系

关于现代会计的内容，比较一致的看法认为财务会计和管理会计构成现代会计的主体，是现代会计的两大分支，各司其职，各有侧重，成为现代会计经济信息系统的重要组成部分，服务于现代企业经营管理和经济发展的需要。财务会计的主要目的在于通过定期编制财务报表，为企业外部同企业有着不同经济利益关系的组织或个人服务，为他们提供据以进行投资、信贷及其他决策的有关信息。管理会计的主要目的是服务于企业内部的经营管理，为企业内部各级管理部门正确地进行经营决策，有效地实施控制提供有用的信息。成本会计则是连接财务会计和管理会计的桥梁和纽带，二者有机地联系在一起。从成本会计的职能来看，成本会计同财务会计和管理会计都有着密切的联系。成本核算职能服务于财务会计，为财务会计提供存货计价、确定利润和产品定价的依据。而随着成本会计的预测、决策、计划、控制、分析和考核职能在企业经营管理中的广泛应用，逐步形成了现代会计的另一大分支——管理会计，成本会计的大部分职能成为管理会计职能的主要组成部分。可以说，成本会计是财务会计和管理会计之间的纽带和桥梁，它的职能展示了会计参与管理职能的演变与发展。

在我国，传统的方法是分别编写独立的"成本会计"和"管理会计"教材；而在西方，更多的是将成本会计和管理会计的内容有机地糅合在一起，成本会计部分被处理成为管理会计的基础——为管理决策提供成本相关信息，书名一般就称"管理会计"。由此可见，成本会计和管理会计融合为一门学科已成为发展趋势。

（一）管理会计与财务会计的区别

虽然管理会计与财务会计同属于现代会计的两大分支，但两者在许多方面存在明显的区别。为了便于比较，现将管理会计与财务会计的区别归纳如表 1-1 所示。

表 1-1　管理会计与财务会计的区别

比较项目	管理会计	财务会计
基本目标	主要服务于企业内部管理，必要时也对外报告	向企业外部利害关系各方提供资料，兼顾企业内部管理
基本职能	规划未来、控制现在和评价过去，着重于规划未来	着重于反映过去，提供信息
核算对象	可以是整个企业，也可以是某个责任部门，甚至是某个责任人；可以是生产经营活动的全过程，也可以是某个阶段或某一方面	以整个企业生产经营活动的全过程为对象

表1-1（续）

比较项目	管理会计	财务会计
会计主体	以各责任单位为会计主体，同时兼顾局部与整体两个方面	以整个企业作为会计主体
约束条件	不必遵循会计准则、会计制度及其他法律规范，处理方法具有很大的灵活性	必须遵循会计准则、会计制度及其他法律规范，处理方法灵活性较小
核算方法	不必严格按照固定的核算程序、方法及规定的凭证、账表格式组织核算，广泛运用高等数学知识，但不要求绝对精确	采用相对固定的核算程序、方法及规定的凭证、账表格式，运用一般的数学方法，并力求精确
会计报告	采用多种计量单位，没有固定的格式和内容，不定期编报，不一定对外报送	统一采用货币计量，按规定格式定期对外编报
法律效力	管理会计报告不是正式报告，不具有法律效力	财务会计报告是正式报告，具有法律效力

（二）管理会计与财务会计的联系

管理会计虽与财务会计有一定区别，但两者更是密切相关的。管理会计利用财务会计资料对企业经济效益进行预测、决策，而这种预测、决策是否正确，最终还是要通过财务会计进行检验，管理会计不能离开财务会计单独存在，两者有着千丝万缕的联系。管理会计与财务会计的联系主要表现在以下几个方面：

1. 最终目标一致

尽管财务会计与管理会计采用不同方法，提供不同性质的会计信息，但它们提供会计信息的最终目标是一致的，均为提供与经济决策相关的信息。信息的决策有用性是财务会计与管理会计共同的目标。财务会计通过对外提供财务报告，对企业外部投资者、债权人的经济决策施加影响，提供决策支持。管理会计通过规划、控制、组织活动，为企业内部管理人员的经济决策进行参谋和咨询，提供决策支持；两者的目标都是为决策者的经济决策提供有用的、相关的会计信息

2. 原始资料同源

财务会计与管理会计所反映的都是企业的生产经营活动，只是两者所处的立场不同而已，均以表现生产经营活动的原始资料为依据。由于财务会计有一整套会计核算程序和方法对原始资料进行系统的整理、记录和加工，因此财务会计核算的信息往往成为管理会计的基础；管理会计主要通过对财务会计信息的进一步加工，结合其他资料，为企业管理提供内部管理所要求的会计信息。财务会计与管理会计的原始资料是同源的，它们都反映企业的生产经营活动。

3. 会计信息同质

虽然管理会计在许多会计概念、会计原则、会计方法上不同于财务会计，但管理会计是会计系统的一个分支，它是以会计手段为企业内部管理服务的，因此它所提供的为企业管理服务的会计信息同样具备系统、全面、货币计量等会计信息的基本特征，即财务会计与管理会计均为信息使用者提供以货币形式表现的综合性财务信息。

第一篇

成本核算

成本费用的归集与分配

第一节　成本核算的一般要求和基本程序

一、成本核算的一般要求

成本核算是成本会计的基本任务，同时也是企业经营管理的重要组成部分。为了充分发挥成本核算的作用，在成本核算工作中，应考虑以下要求：

（一）算管结合，算为管用

算即成本核算，管即经营管理。企业基于一定的目的进行成本核算，成本核算提供的信息应当满足企业经营管理和决策的需要。为此，成本核算不仅要对各项费用支出进行事后的核算，提供事后的成本信息，而且必须以国家有关的法规、制度和企业成本计划和相应的预算为依据，对各项费用支出加强事前、事中的审核和控制。对于合法、合理、有利于提高经济效益的开支，要给予支持和保障；对于不合法、不合理的支出，要坚决加以抵制。对于各项费用的发生情况，以及费用脱离定额（或计划）的差异进行日常的计算和分析，及时进行反馈；对于定额或计划与实际差异较大的，要及时加以修订。

（二）正确划分各种费用的界限

为了正确地进行成本核算、正确地计算产品成本和期间费用，保证成本、费用计算资料的真实性和可靠性，从而准确核算企业损益，必须正确划分各个方面费用的界限。

1. 正确划分是否应计入产品成本、期间费用的界限

企业除了开展日常生产经营活动外，还有其他经济活动，其支出的用途不尽相同，并非都应计入产品成本或期间费用。例如，企业购建固定资产的支出，应计入固定资产的原价；固定资产报废清理净损失应计入营业外支出等。企业日常生产经营管理活动发

生的各种耗费，应计入产品成本或期间费用。因此，企业应按照国家有关成本开支范围的有关规定，正确地核算产品成本和期间费用。凡不属于企业日常生产经营方面的支出，均不得计入产品成本或期间费用；凡属于企业日常生产经营方面的支出，均应全部计入产品成本或期间费用。

2. 正确划分生产费用与期间费用的界限

企业日常生产经营发生的各项耗费，其用途和计入损益的时间不同。用于产品生产的费用构成生产费用，最终形成产品成本，并在产品销售后作为产品销售成本计入损益。由于当月投产的产品不一定当月完工，当月完工的产品也不一定当月销售，因而当月的生产费用往往不是当月的产品销售成本。但本月发生的销售费用、管理费用和财务费用，则是作为期间费用直接计入当期损益的。因此，为了正确地计算企业各月份的损益，必须正确地划分产品生产费用与期间费用的界限。

3. 正确划分各个会计期间的费用界限

成本核算应贯彻权责发生制原则，正确地核算待摊费用和预提费用。在本期支付，但属于本期及以后各期共同承担、共同受益的费用，应计入待摊费用，在受益的各期合理分配计入成本或费用。本期虽未支付，但本期已经受益、应由本期负担的费用，应通过预提的方式，计入本期费用。正确划分各期间的费用界限，是保证成本核算正确的重要环节，可以防止人为地调节各期损益的错误做法。

4. 正确划分各种产品的费用界限

企业往往不只生产一种产品，为了按成本计算对象归集费用，计算各成本计算对象的成本，正确分析和考核各种产品成本计划的执行情况，应将由本期产品负担的生产费用在各种产品之间进行分配。凡属于某种产品单独发生的生产费用，应直接计入该种产品成本；凡属于几种产品共同发生，不能直接计入某种产品成本的生产费用，均应采用合理的分配方法，分配后计入各种产品的成本。

5. 正确划分完工产品与期末在产品的费用界限

期末，如果某种产品已全部完工，该种产品发生的各项生产费用之和就是这种产品的完工产品成本；如果某种产品均未完工，该种产品发生的各项生产费用之和就是这种产品的月末在产品成本；如果某种产品既有部分完工产品，又有部分在产品，则应将这种产品的各项生产费用，采用合理的分配方法在完工产品与在产品之间进行分配，从而计算出完工产品成本和在产品成本。

（三）做好成本核算的基础工作

完善的成本会计基础工作是准确进行成本核算的前提和保证。成本核算既要准确、及时，又要真实可靠，这需要做好以下基础工作：

1. 建立健全各种原始记录

原始记录是直接记录和反映企业生产经营活动的第一手资料，是成本核算的重要依据和基本数据来源。因此，企业在日常生产经营活动中，应建立和健全各种原始记录制度，做好各种料、工、费的消耗记录工作，以满足成本核算和有关部门经济和技术管理的需要。

2. 建立健全定额管理制度

定额是企业在一定的生产技术条件下，对生产经营中的各种耗费所制定的消耗标准。产品的各项消耗定额，既是编制成本计划、分析和考核成本水平的依据，也是审核和控制成本的标准。企业应根据生产经营的特点和成本管理的要求，结合企业生产设备状况、技术水平、员工劳动熟练程度等有关因素，制定材料消耗定额、单位产品人工工时定额、单位产品机器工时定额等，并随着生产技术和劳动效率的提高，不断修订消耗定额。

3. 建立健全材料物资的计量、收发、领退及盘点制度

要使原始记录正确无误，必须要有完善的计量验收制度。在实际工作中，凡是材料的收发、领退，在产品、半成品的内部转移以及产成品的入库等，均应填制相应的凭证，办理审批手续，并严格进行计量和验收。企业各单位使用、加工、保管的各种存货，应由保管负责人存放于指定区域，并定期进行盘点和清查，做到账实相符。

4. 建立健全内部结算制度

为了分清企业内部各单位的经济责任，便于分析和考核企业内部各单位成本计划的完成情况和业绩，应对企业内部各车间、部门相互提供的劳务、人工、半成品等制定企业内部结算价格（内部转移价格），作为内部结算和考核的依据。内部转移价格应尽可能接近实际，保持相对稳定，一般在年度内不变。制定内部结算价格的主要依据有：以市场价格为基础制定内部结算价格、以成本为基础制定内部结算价格、以协商价格为内部结算价格、双重定价等。关于内部结算价格的具体内容将在第十一章中具体讲述。

（四）正确确定财产物资的计价和价值结转方法

工业企业的生产经营过程，同时也是各种劳动资料的耗费过程。在各种劳动资料耗费中，财产物资的耗费占有相当的比重。财产物资的价值会随着其实体的使用或消耗而转移到所生产的产品成本中去，或者转移到当期的经营管理费用中去。因此，财产物资计价和价值结转方法会对成本计算的正确性产生重要影响。企业财产物资计价和价值结转方法主要包括：固定资产计价和价值结转方法（原值的计算方法、折旧方法）、原材料的计价和价值结转方法（按实际成本计价还是计划成本计价、发出材料的计价方法）、周转材料计价和价值结转方法（周转材料的摊销方法、摊销期限的长短）等。

工业企业在进行成本核算时，必须按照国家统一规定并结合企业实际情况，正确确定各种财产物资的计价和价值结转方法。各种方法一经确定，应保持相对稳定，不能随意改变，以保证成本信息的可比性。

（五）按照生产特点和管理要求，采用适当的成本计算方法

产品成本是在生产过程中形成的，产品的生产工艺过程和生产组织不同，所采用的产品成本计算方法也应该有所不同。另外，成本计算是为成本管理提供资料的，因而还应该根据管理要求的不同，采用不同的产品成本计算方法。因此，企业在确定产品成本计算方法时，必须同时考虑企业的生产特点和成本管理的要求，选用适当的成本计算方法。关于企业应如何依据生产特点和管理要求，选择适当的成本计算方法，将在本书第八章中专门讲述。

二、成本核算的基本程序

（一）确定成本计算对象

要计算成本首先要确定计算谁的成本。成本计算对象是生产费用归集的对象，即成本的承担者。它是设置产品成本明细账和计算产品成本的前提。由于企业生产特点、管理要求不同，企业成本计算对象也不同。对工业企业来说，成本计算对象一般有产品品种、产品批别和生产步骤三种。企业应根据生产特点、管理要求，确定成本计算对象。

（二）确定成本项目

成本项目是成本的构成内容、构成项目，即成本包括哪些耗费，成本项目用以反映在生产过程中产品的耗费情况。成本项目通常包括直接材料、直接人工和制造费用，成本项目不是固定的，企业可根据产品耗费情况和管理的要求增减成本项目。

（三）确定成本计算期

成本计算期是成本计算的间隔期，即多长时间计算一次成本。成本计算期的确定主要取决于生产组织的特点。在大量、大批生产中，成本计算期与会计报告期一致。在小批、单件生产中，产品成本计算期是不定期的，一般与生产周期相一致，而与会计报告期不一致。

（四）按成本计算对象归集和分配各生产费用

将应计入本期产品成本的生产费用（材料费、工资、制造费用），依据受益原则在各种产品之间进行归集和分配，并在有关成本、费用明细账中按照成本项目进行分别反映，计算出按照成本项目反映的各种产品成本。这是将本期生产费用在各种产品之间进行横向的分配和归集。

（五）计算完工产品和在产品成本

本期既有完工产品又有期末在产品的，还要将该种产品承担的生产费用（月初在产品生产费用与本月生产费用之和）在完工产品与月末在产品之间进行分配，计算出该种产品的完工产品成本和月末在产品成本。这是生产费用在同一种产品的完工产品与月末在产品之间纵向的分配和归集。

三、成本核算的账户

为进行成本核算，工业企业一般应设置"生产成本""制造费用""销售费用""管理费用""财务费用""长期待摊费用""废品损失"等账户，并在"生产成本"总账账户下设置"基本生产成本"和"辅助生产成本"两个明细账户。在实际成本核算工作中，也可将"基本生产成本"和"辅助生产成本"两个明细账户设为总账账户，本教材的成本核算采用此种方法。由于上述账户在基础会计、财务会计中有所涉及，下面主要介绍"基本生产成本"和"辅助生产成本"账户。

（一）"基本生产成本"账户

基本生产是指为完成企业主要生产目的而进行的产品生产。"基本生产成本"账户是用来归集进行基本生产所发生的各项生产费用和计算产品成本的账户，该账户借方登记在基本生产过程中发生的各种费用，贷方登记完工入库的产品成本。该账户的期末余额，就是尚未完工的在产品成本，也就是基本生产在产品所占用的资金。"基本生产成本"账户一般按成本计算对象设明细账（也称产品成本计算单），账内按成本项目设置专栏。"基本生产成本"明细账的一般格式如表2-1所示。

表2-1　基本生产成本明细账

车间：第一车间

产品：甲产品 单位：元

20××年		摘要	产量/件	成本项目			合计
月	日			直接材料	直接人工	制造费用	
7	1	月初在产品成本	100	3 000	7 000	4 000	14 000
	31	本月生产费用	500	16 500	30 000	16 000	62 500
	31	生产费用合计		19 500	37 000	20 000	76 500
	31	完工产品成本	400	18 000	32 000	16 000	66 000
	31	完工产品单位成本		450	800	400	1 650
	31	月末在产品成本	200	15 00	5 000	4 000	10 500

（二）"辅助生产成本"账户

辅助生产是指为基本生产服务而进行的产品生产和劳务供应，如工具、模具等的生产和修理、运输等劳务的供应。辅助生产成本账户是用于归集辅助生产所发生的各种生产费用的账户，借方登记在辅助生产过程中发生的各种费用；贷方登记完工入库的产品成本或分配转出的劳务费用。该账户的期末余额，就是辅助生产的在产品成本，也就是辅助生产在产品所占用的资金。"辅助生产成本"账户按照辅助生产车间和生产的产品、劳务分设明细账户，账内按成本项目或费用项目设置专栏或专行。"辅助生产成本"明细账的格式见表2-2。

表2-2　辅助生产成本明细账

辅助车间：运输 202×年7月 单位：元

202×年		摘要	直接材料	直接人工	制造费用	合计	转出
月	日						
7	1	原材料费用分配表	3 000				
	31	工资及福利费分配表		18 000			
	31	制造费用分配表			7 000		
	31	辅助生产成本分配表					28 000
	31	合计	3 000	18 000	7 000	28 000	28 000

第二节　费用的分类

工业企业生产经营过程中的耗费多种多样，为了便于管理和正确计算产品成本及期间费用，需要对费用进行合理分类。费用一般按费用的经济内容、经济用途、与生产工艺的关系和计入成本的方式分类。

一、费用按经济内容分类

企业的生产经营过程也是劳动对象、劳动手段和活劳动的耗费过程。为了具体反映各种费用的构成和水平，便于分析和管理，有必要对费用按经济内容进行如下分类：

（1）外购材料。外购材料指企业从外部购入的原料及主要材料、半成品、辅助材料、包装物、修理用备件和低值易耗品等。

（2）外购燃料。外购燃料指企业从外部购入的各种固体、气体和液体燃料。

（3）外购动力。外购动力指企业为进行生产经营而耗用的从外部购入的各种动力。

（4）职工薪酬。职工薪酬指企业应计入生产经营成本或期间费用的职工工资、职工福利费、企业应负担的各种社会保险费，以及按规定比例计提的工会经费和职工教育经费等。

（5）折旧费。折旧费指企业按规定的固定资产折旧方法，对固定资产计提的折旧费用。

（6）利息支出。利息支出指企业应计入财务费用的借入款项的利息支出减去利息收入后的净额。

（7）税金。税金指企业应计入费用的各种税金，如房产税、车船税、土地使用税和印花税等。

（8）其他支出。其他支出指不属于以上各费用但应计入产品成本或期间费用的耗费，如差旅费、保险费等。

以上按经济内容的分类产生的费用项目称为费用要素。工业企业的费用按照经济内容进行分类，可以反映工业企业在一定时期内共发生了多少费用，发生了哪些费用，据以考核和分析各个时期各种费用的水平；可以为企业编制各种费用计划或费用预算提供资料。

但生产经营费用按照经济内容进行分类，不能反映费用的具体经济用途，不便于分析各种费用的发生是否合理。因此，还需对工业企业的生产经营费用按照经济用途进行分类。

二、费用按经济用途分类

费用按照经济用途分为计入产品成本的生产费用和直接计入当期损益的期间费用。

（一）生产成本

生产成本也称为制造成本，是指生产产品所发生的各项生产耗费。计入产品成本的生产费用，有的直接用于产品生产，有的间接用于产品生产。因此，为具体反映计入产品成本的生产费用的各种用途，除了提供产品成本构成情况的资料，还应将其进一步划分为若干个项目，即产品生产成本项目（简称"成本项目"）。企业一般应设置以下几个成本项目：

（1）直接材料。直接材料指直接用于产品生产、构成产品实体的原料及主要材料、外购半成品、有助于产品形成的辅助材料以及其他直接材料。

（2）燃料和动力。燃料和动力也称直接燃料及动力，指直接用于产品生产的各种燃料和动力费。

（3）直接人工。直接人工指直接参加产品生产的生产工人的薪酬费用。

（4）制造费用。制造费用指为生产产品和提供劳务所发生的各项间接费用，以及虽直接用于产品生产，但没有专设成本项目的费用，如机器设备的折旧费。

成本项目并不是固定的，企业可根据自己的特点和管理要求，对成本项目做适当的增减调整。如产品成本中燃料和动力所占比重不大的，可以不设"燃料和动力"项目，分别将燃料和动力并入"直接材料"和"制造费用"成本项目；如果企业发生的废品损失和停工损失较多，需要单独核算废品损失和停工损失的，可以增加设置"废品损失"成本项目和"停工损失"成本项目。

（二）期间费用

期间费用是指一定期间内为经营和管理等目的所发生的费用。工业企业的期间费用按照经济用途可分为销售费用、管理费用和财务费用。

1. 销售费用

销售费用是指企业在产品销售过程中发生的费用，以及为销售本企业产品而专设销售机构的各项经费。销售费用具体包括：包装费、运输费、装卸费、保险费、展览费、广告费，以及企业为销售本企业产品而专设的销售机构的经费，包括机构职工薪酬、折旧费、业务费等费用。

2. 管理费用

管理费用是指企业为组织和管理企业生产经营所发生的各项费用，包括企业行政管理部门在生产经营活动中发生的公司经费（包括行政管理部门职工薪酬、办公费、差旅费、折旧费等）、工会经费、社会保险费、劳动保险费、咨询费、诉讼费、业务招待费、技术转让费、排污费等。

3. 财务费用

财务费用是指企业为筹集生产经营所需资金而发生的各项费用，包括利息支出、利息收入、汇兑损失、汇兑收益以及相关的金融机构手续费等。

三、生产费用按与生产工艺的关系分类

生产费用按与生产工艺的关系，可以分为直接生产费用和间接生产费用。直接生产费用是指由生产工艺本身引起的、直接用于产品生产的各项费用，如原材料费用、生产工人工资和生产设备折旧费等。间接生产费用是指与生产工艺没有联系，间接用于产品生产的各项费用，如辅助工人工资和车间厂房折旧费等。

区分直接生产费用和间接生产费用，有利于加强对各项生产费用的监督和管理。对于直接生产费用，一般应从改进生产工艺、降低消耗定额（如降低原材料、燃料等消耗定额和工时消耗定额）来降低产品成本。对于间接生产费用一般应从加强费用的预算管理、降低各生产单位的费用总额来降低产品成本。

四、生产费用按计入产品成本的方法分类

生产费用按计入产品成本的方法，可以分为直接计入费用和间接计入费用。

直接计入费用是指与成本计算对象有直接关系，能够直接确定为生产某种产品、某批产品而发生的费用。这种直接关系一般体现为存在明显的因果关系或受益关系，如为生产某种产品所耗用的原料及主要材料、生产工人的计件工资。

间接计入费用，是指不能分清哪种产品所耗用，不能直接计入某种产品成本，而必须按照一定标准分配计入有关产品成本的费用。间接计入费用大多是生产几种产品发生的共同性费用，如在同一生产过程中生产几种产品共同发生的材料费、生产几种产品共同发生的生产工人工资等都属于间接计入费用。

直接计入费用可以根据原始凭证直接计入某种、某批产品的成本，间接计入费用不能根据原始凭证直接计入各种产品成本，而须按照费用的用途或发生地点先行汇总，然后按照一定标准分配后计入各种产品成本。

需要注意的是，不能把直接生产费用与直接计入费用、间接生产费用与间接计入费用等同。直接生产费用在多数情况下是直接计入费用，如原料费用大多能够直接计入某种产品成本；间接生产费用在多数情况下是间接计入费用，如机物料消耗大多需要按照一定标准分配计入有关的各种产品成本。但是，在只生产一种产品的企业（或车间）中，无论是直接生产费用还是间接生产费用都可以直接计入这种产品的成本，都属于直接计入费用；在用同一种原材料同时生产出几种产品的企业（或车间）中，直接生产费用和间接生产费用都需要按照一定标准分配计入有关的产品成本，这种情况下，直接生产费用和间接生产费用都属于间接计入费用。

第三节 要素费用的归集与分配

一、要素费用归集与分配概述

工业企业产品成本核算的一般程序是从归集和分配要素费用开始的。各项要素费用应按其用途和发生地点进行分配和归集，确定费用归属的账户。具体情况如下：

（1）对于直接用于产品生产（指基本生产的产品，下同）而且专设成本项目的直接生产费用，如果是某一种产品的直接计入费用，应直接记入该种产品成本明细账的"直接材料""燃料及动力""直接人工"等成本项目；如果是生产几种产品共同发生的间接计入费用，则应采用适当的分配方法，分配以后记入各种产品成本明细账的相应成本项目。

（2）对于直接用于产品生产但没有专设成本项目的各项费用，以及间接用于产品生产的费用，应先记入"制造费用"账户及所属明细账的相关费用项目，然后通过一定的分配程序，转入或分配记入"基本生产成本"总账及所属明细账的"制造费用"成本项目。如基本生产车间机器设备的折旧费、修理费等，应先记入"制造费用"总账科目及所属明细账有关的费用项目，然后通过一定的分配程序，转入或分配转入"基本生产成本"总账及所属明细账。

（3）对于用于辅助生产的费用，若辅助生产车间设有"制造费用"明细账，则其费用处理可比照基本生产车间的费用处理办法进行，直接用于辅助生产的各项费用，记入"辅助生产成本"账户及其所属明细账，间接用于辅助生产的各项费用，均记入"制造费用"账户及其所属明细账；若辅助生产车间未设"制造费用"明细账，则对于直接或间接用于辅助生产的各项费用，均记入"辅助生产成本"账户及其所属明细账的相关成本项目。此内容将在本章辅助生产费用的归集与分配中详述。

（4）对于产品销售发生的费用、行政管理部门发生的费用，分别记入"销售费用"和"管理费用"账户及其所属明细账的相关费用项目。对用于固定资产购置和建造等资本性支出，则应记入"在建工程"等账户。

综上所述，对计入产品成本的间接计入费用需要分配，而分配的关键在于分配标准（也可叫分配依据，即依据什么标准分配某种费用）的选择。分配标准的选择主要考虑以下两个因素：分配标准与待分配费用之间有比较密切的联系，从而使得分配结果比较合理；分配标准的资料比较容易取得。常见的分配标准有：成果类，如产品的重量、体积、产量等；消耗类，如生产工时、机器工时、生产工人工资、原材料消耗量或原材料费用等；定额类，如定额消耗量、定额费用等。

间接费用分配的计算程序：

（1）选择分配标准；

（2）计算费用分配率，其计算公式如下：

$$费用分配率 = \frac{间接费用总额}{各成本计算对象分配标准之和}$$

（3）计算各成本计算对象的分配额，其计算公式如下：

某种产品或某受益对象应负担的费用 = 该产品或对象的分配标准额×费用分配率

各项要素费用的分配是通过编制各种费用分配表进行的，根据分配表编制会计分录，据以登记各种成本、费用总账及其所属明细账。

二、材料费用的分配

企业生产经营过程中消耗的各种材料，包括原料及主要材料、辅助材料、周转材料等，都应按照材料的消耗种类、数量、用途和地点进行归集。

（一）原材料费用的分配

直接用于生产产品、构成产品实体的原材料费用，如果是按照产品品种（或成本计算对象）分别领用的，属于直接计入费用，可以直接记入各种产品成本的"直接材料"成本项目。如果不是按照产品品种（或成本计算对象）分别领用，而是几种产品共同耗用的原料及主要材料，属于间接计入费用，应采用适当的分配方法分配后记入各种产品成本明细账的"直接材料"成本项目。

原材料费用的分配标准很多，可以按照产品的重量、体积分配，在材料消耗定额比较准确的情况下，通常采用原材料定额消耗量或定额费用比例进行分配。

1. 原材料定额消耗量比例法

按原材料定额消耗量比例分配原材料费用。原材料定额消耗量是指企业按照正常生产情况制定的，生产单位产品所需原材料的消耗量。原材料定额消耗量比例法是指以各种产品的原材料定额消耗量为分配标准，计算单位原材料定额消耗量应负担的原材料实际消耗量（或原材料实际消耗费用），并依此分配原材料费用的方法。计算分配的程序：第一，计算各种产品原材料定额消耗量；第二，计算单位原材料定额消耗量应分配的原材料实际消耗量（原材料分配率）；第三，计算各种产品应分配的原材料实际消耗量；第四，计算各种产品应分配的原材料实际费用。相关计算公式如下：

（1）某种产品原材料定额消耗量＝该种产品实际产量×单位产品原材料定额消耗量

（2）原材料消耗量分配率 $=\dfrac{\text{原材料实际消耗总量}}{\text{各种产品原材料定额消耗量之和}}$

（3）某种产品应分配的原材料实际消耗量＝该种产品的原材料定额消耗量×原材料消耗量分配率

（4）某种产品应分配的实际原材料费用＝该种产品应分配的原材料实际消耗量×原材料单价

【例2-1】长城公司生产甲、乙两种产品，3月共同耗用A原材料9 000千克，每千克2.4元，共计21 600元。长城公司生产甲产品1 000件，单件甲产品原材料消耗定额为4千克；生产乙产品400件，单件乙产品原材料消耗定额为5千克。原材料费用分配的计算如下：

（1）甲产品原材料定额消耗量＝1 000×4＝4 000（千克）

乙产品原材料定额消耗量＝400×5＝2 000（千克）

（2）原材料消耗量分配率 $=\dfrac{9\ 000}{4\ 000+2\ 000}=1.5$

（3）甲产品应分配的原材料实际消耗量＝4 000×1.5＝6 000（千克）

乙产品应分配的原材料实际消耗量＝2 000×1.5＝3 000（千克）

（4）甲产品应分配的实际原材料费用＝6 000×2.4＝14 400（元）

乙产品应分配的实际原材料费用＝3 000×2.4＝7 200（元）

按原材料定额消耗量比例分配原材料费用，可以考核原材料消耗定额的执行情况，这么做有利于加强原材料消耗的实物管理，但分配计算的工作量较大。为了简化计算分配工作，可将上述四个步骤简化为三个步骤，即采用按原材料定额消耗量比例直接分配原材料费用。三个步骤的计算程序如下：第一，计算各种产品原材料定额消耗量；第二，计算单位原材料定额消耗量应分配的原材料费用（原材料消耗量的费用分配率）；第三，计算各种产品应分配的实际材料费用。仍以上例资料计算分配如下：

（1）甲产品原材料定额消耗量＝1 000×4＝4 000（千克）

乙产品原材料定额消耗量＝400×5＝2 000（千克）

（2）原材料费用分配率 $= \dfrac{9\,000 \times 2.4}{4\,000 + 2\,000} = 3.6$（元/千克）

（3）甲产品应分配的实际原材料费用 $= 4\,000 \times 3.6 = 14\,400$（元）

乙产品应分配的实际原材料费用 $= 2\,000 \times 3.6 = 7\,200$（元）

上述两种分配方法计算结果相同，后一种分配方法虽然更简化，但不能提供各种产品原材料实际消耗量资料，不利于加强原材料消耗的实物管理。在生产多种产品或多种产品共同耗用多种原材料费用的情况下，如再按前述两种方法进行分配材料费用，则很烦琐和复杂，针对此种情况，一般采用按原材料定额费用（定额成本）比例分配原材料费用。

2. 原材料定额费用（定额成本）比例法

这种方法按原材料定额费用比例分配原材料费用。具体计算程序如下：第一，计算各种产品原材料定额费用；第二，计算单位原材料定额费用应分配的原材料实际费用（原材料费用分配率）；第三，计算各种产品应分配的原材料实际费用。相关计算公式如下：

（1）某种产品原材料定额费用＝该种产品实际产量×单位产品原材料费用定额

（2）原材料消耗量分配率 $= \dfrac{\text{原材料实际消耗总量}}{\text{各种产品原材料定额消耗量之和}}$

（3）某种产品应分配的原材料费用＝该种产品的原材料定额费用×原材料费用分配率

【例2-2】长城公司生产甲、乙两种产品，共同领用 A、B 两种主要材料，共计 35 505 元。3 月公司投产甲产品 150 件，乙产品 100 件。单位甲产品材料消耗定额：A 材料 4 千克，B 材料 6 千克；单位乙产品材料消耗定额：A 材料 8 千克，B 材料 10 千克。A 材料单价为 12 元，B 材料单价为 5 元。具体计算分配如下：

（1）计算甲、乙产品材料定额费用

甲产品：

A 材料定额费用 $= 150 \times 4 \times 12 = 7\,200$（元）

B 材料定额费用 $= 150 \times 6 \times 5 = 4\,500$（元）

甲产品材料定额费用合计 11 700 元

乙产品：

A 材料定额费用 $= 100 \times 8 \times 12 = 9\,600$（元）

B 材料定额费用 $= 100 \times 10 \times 5 = 5\,000$（元）

乙产品材料定额费用合计 14 600 元

（2）计算材料费用分配率

材料费用分配率 $= \dfrac{35\,505}{11\,700 + 14\,600} = 1.35$

（3）计算各种产品应分配的原材料费用

甲产品应分配的实际原材料费用 $= 11\,700 \times 1.35 = 15\,795$（元）

乙产品应分配的实际原材料费用 $= 14\,600 \times 1.35 = 19\,710$（元）

在实际工作中，原材料费用分配是通过"原材料费用分配表"进行的，此表是按原材料类别和用途（车间、部门），根据归类后的领料凭证和有关资料编制的。原材料费用分配表的格式及举例如表 2-3 所示。

表 2-3　原材料费用分配表

单位或部门名称：　　　　　　　　　　　202×年 3 月

应借科目		直接计入金额/元	分配计入		材料费用合计/元
			定额消耗量/千克	分配金额/分配率 3.6	
基本生产成本	甲产品	2 400	4 000	14 400	16 800
	乙产品	1 150	2 000	7 200	8 350
	小计	3 550	6 000	21 600	25 150
辅助生产成本	供电	750			750
	供水	530			530
	小计	1 280			1 280
制造费用		800			800
管理费用		400			400
销售费用		200			200
合计		6 230		21 600	27 830

根据材料费用分配表编制会计分录，据以登记有关总账和明细账。编制会计分录如下：

借：基本生产成本——甲产品　　　　　　　　　　　　　　　16 800
　　　　　　　　　——乙产品　　　　　　　　　　　　　　　 8 350
　　辅助生产成本——供电　　　　　　　　　　　　　　　　　　750
　　　　　　　　　——供水　　　　　　　　　　　　　　　　　　530
　　制造费用　　　　　　　　　　　　　　　　　　　　　　　　800
　　管理费用　　　　　　　　　　　　　　　　　　　　　　　　400
　　销售费用　　　　　　　　　　　　　　　　　　　　　　　　200
　　贷：原材料　　　　　　　　　　　　　　　　　　　　　27 830

以上原材料费用是按实际成本进行核算分配的，如果原材料费用是按计划成本进行核算分配，计入产品成本和期间费用等的原材料费用是计划成本，还应该分配原材料成本差异。

（二）燃料费用的分配

燃料实际上也属于材料，因而燃料费用的归集与分配和原材料费用的归集与分配基本相同。如果燃料费用在产品成本中所占比重较小，可直接记入"直接材料"成本项目；如果燃料费用在产品成本中所占比重较大，可以与动力费用一起专设"燃料和动力"成本项目。对于直接用于产品生产的燃料，如果是按产品品种分别领用的，属于直接计入费用，可以直接记入各种产品成本明细账的"直接材料"或"燃料和动力"成本项目。如果不是按产品品种分别领用燃料，而是几种产品共同耗用的，则属于间接计入费用，应采用适当的分配方法，分配后再记入各种产品成本明细账的"直接材料"或"燃料和动力"成本项目。分配标准可以按产品的重量、体积、所耗燃料的数量或费用，也可以按燃料的定额消耗量或定额费用比例等。

直接用于辅助生产的燃料费用，用于基本生产车间的燃料费用，用于产品销售及用于组织和管理生产经营活动的燃料费用等，按用途及发生地点分别记入"辅助生产成本""制造费用""销售费用"和"管理费用"等账户和所属明细账的借方。领用的燃料总额，应记入"燃料"账户的贷方。

（三）周转材料的摊销

周转材料是指企业能够多次使用、逐渐转移其价值但仍保持原有形态不确认为固定资产的材料，包括包装物、低值易耗品，以及企业（建造承包商）的钢模板、木模板、脚手架等。周转材料不多的企业，一般设置"周转材料"账户核算，若企业包装物、低值易耗品等周转材料较多，可分别设置"包装物""低值易耗品"等账户核算。

1. 包装物

包装物是指为包装本企业产品而储备的各种包装容器，如桶、瓶、袋、箱等。包装物与包装材料不同。各种包装材料，如纸、绳、铁皮、铁丝等，不是容器，属于原材料，在"原材料"科目中核算。企业在生产经营中发生的包装物费用，需区别包装物的不同使用方式进行分配。生产过程中用于包装产品、作为产品组成部分的包装物，属于产品制造成本，应记入"基本生产成本"账户及其所属有关产品成本明细账中"原材料"项目，相当于构成产品实体的原材料费用。随同产品出售并且不单独计价的包装物，属于为销售本企业产品而发生的费用，应记入"销售费用"账户，随同产品出售且单独计价的包装物，视同材料销售，应记入"其他业务成本"账户。

出租给购买单位使用的包装物，属于企业的其他销售业务，应记入"其他业务成本"账户。出借给购买单位使用的包装物，属于为销售本企业产品而发生的费用，应记入"销售费用"账户。出借、出租给购买单位使用的包装物，其出借、出租过程中损耗的价值，如同固定资产折旧一样，应该采用适当的方法进行摊销。

出借、出租包装物价值的摊销，应根据出借、出租包装物的业务是否频繁、数量的多少和金额的大小，采用不同的摊销方法核算。我国《企业会计准则》规定，企业应当采用一次转销法或者五五摊销法对出租、出借包装物进行摊销。

（1）一次转销法

一次转销法是指在领用出租、出借包装物时，将包装物的成本一次性全部记入相关费用账户。这种账务处理方式简单，但容易造成包装物实际价值与账面价值不符，只适用于价值不高且易毁损的包装物。

【例2-3】长城公司从仓库领用包装物5个，单位成本100元，出租给红原公司，租期3个月，因该包装物单位价值不高，长城公司采取一次转销法进行摊销。长城公司有关的会计处理如下：

借：其他业务成本——出租包装物　　　　　　　　　　　　　500
　贷：周转材料——包装物　　　　　　　　　　　　　　　　　　500

（2）五五摊销法

五五摊销法是指包装物在领用时先摊销其价值的一半，在报废时再摊销其价值的另一半。这种方法适用于各期使用数量和报废数量大致相等的包装物。

采用五五摊销法时，在"包装物"账户下分设"在库""在用"和"摊销"三个明细账户。领用时，借记"周转材料——包装物（在用）"，贷记"周转材料——包装物（在库）"，同时应按其账面价值的50%，借记"生产成本""其他业务成本""销售费用"等账户，贷记"周转材料——包装物（摊销）"账户；报废时，摊销其价值的另外50%，借记"生产成本""其他业务成本""销售费用"等账户，贷记"周转材料——包装物（摊销）"账户；同时，结转其账面价值，借记"周转材料——包装物（摊销）"，贷记"周转材料——包装物（在用）"账户。

【例2-4】长城公司出租新包装物100个，包装物实际总成本6 000元。包装物价值摊销采用五五摊销法。长城公司相关业务账务处理如下：

发出包装物时：

借：周转材料——包装物（在用）　　　　　　　　　　　　6 000

　　贷：周转材料——包装物（在库）　　　　　　　　　　　　6 000

摊销包装物总成本的50%时：

借：其他业务成本　　　　　　　　　　　　　　　　　　3 000

　　贷：周转材料——包装物（摊销）　　　　　　　　　　　　3 000

在包装物报废时：

借：其他业务成本　　　　　　　　　　　　　　　　　　3 000

　　贷：周转材料——包装物（摊销）　　　　　　　　　　　　3 000

借：周转材料——包装物（摊销）　　　　　　　　　　　　6 000

　　贷：周转材料——包装物（在用）　　　　　　　　　　　　6 000

2. 低值易耗品

低值易耗品是指不能作为固定资产核算的各种用具物品，如工具、管理用具、玻璃器皿、劳动保护用品等。如果低值易耗品业务不多，可以在"周转材料"一级会计科目下设置"低值易耗品"二级会计科目核算；如果企业低值易耗品业务比较多，可设置"低值易耗品"一级会计科目。低值易耗品与原材料既有相同之处，也有不同之处。相同之处是，其日常核算既可以按照实际成本计价，也可以按照计划成本计价。不同之处是，原材料领用后被一次性耗用，价值一次性转移，但低值易耗品能够多次使用，价值可以采用适当的摊销方法分次转移。由于低值易耗品摊销额在产品成本中所占比重较小，又没有专设成本项目，因此，用于生产计入产品成本的低值易耗品摊销额，应记入"制造费用"账户；用于产品销售的低值易耗品摊销额，应记入"销售费用"账户，用于组织和管理生产经营活动的低值易耗品摊销额，应记入"管理费用"账户；用于其他经营业务的低值易耗品摊销额，则记入"其他业务成本"账户。低值易耗品的摊销方法同包装物摊销，可以采用"一次摊销法"或"五五摊销法"。

二、外购动力费用的归集与分配

外购动力费用是指企业在生产经营过程中耗用的从外部购进的各种动力，如电力、热力等。外购动力有的直接用于产品生产，如生产工艺用电；有的间接用于产品生产，如生产车间照明用电；有的用于企业经营管理，如行政管理部门办公、照明用电。外购动力费用的分配，在有计量仪器记录的情况下，直接根据仪器所示的耗用数量和单价计算；在没有计量仪器记录的情况下，则要采用适当的分配方法进行分配。各车间、部门的动力用电和照明用电一般都分别装有电表，因此，外购电力费用在各车间、部门的动力用电和照明用电之间，一般按电度数分配；车间中的动力用电即生产用电，一般不能按产品分别安装电表，因而车间动力用电费用在各种产品之间一般按产品的生产工时比例、机器工时比例、定额耗电量比例或其他比例分配。

直接用于产品生产的动力费用，借记"基本生产成本"总账及所属明细账"燃料和动力"成本项目；直接用于辅助生产的动力费用，借记"辅助生产成本"总账及所属明细账的"燃料和动力"成本项目；如果基本生产和辅助生产未专设"燃料和动力"成本项目，则应借记"制造费用"及其明细账有关项目。

用于基本生产车间、辅助生产车间以及行政管理部门、销售部门的照明用电等动力费用，借记"制造费用""辅助生产成本""管理费用""销售费用"等总账及其所属明细账有关项目。外购动力费用总额应根据有关的转账凭证或付款凭证记入"应付账款"或"银行存款"账户的贷方。

【例2-5】长城公司202×年3月生产甲、乙两种产品，共同耗电70 000度，金额42 000元，每度电0.6元，没有按产品分别安装电表，公司按生产工时分配动力费。甲产品生产工时为6 000小时，乙产品生产工时为4 000小时。该企业设有"燃料和动力"成本项目。甲、乙产品动力费用分配计算如下：

$$动力费用分配率 = \frac{42\ 000}{6\ 000 + 4\ 000} = 4.2（元/小时）$$

甲产品应分配的动力费用 = 6 000×4.2 = 25 200（元）

乙产品应分配的动力费用 = 4 000×4.2 = 16 800（元）

外购动力费用分配是通过编制外购动力（电力）费用分配表进行的，根据该分配表编制会计分录，据以登记有关总账和明细账。外购动力费用分配表格式及举例详见表2-4。

表2-4　外购动力费用分配表

202×年3月

应借科目		成本或费用项目	生产工时（分配率：4.2）	度数（分配率：0.6）	金额/元
基本生产成本	甲产品	燃料及动力	6 000		25 200
	乙产品	燃料及动力	4 000		16 800
	小计		10 000	70 000	42 000
辅助生产成本	运输	水电费		5 500	3 300
	修理	水电费		8 000	4 800
	小计			13 500	8 100
制造费用		水电费		90 000	54 000
管理费用		水电费		15 000	9 000
销售费用		水电费		7 000	4 200
合计				195 500	117 300

根据"外购动力费用分配表"，编制会计分录如下：

借：基本生产成本——甲产品   25 200
       ——乙产品   16 800
  辅助生产成本——运输车间   3 300
       ——修理车间   4 800
  制造费用——基本生产车间   54 000
  管理费用   9 000
  销售费用   4 200
 贷：银行存款（或应付账款）   117 300

三、职工薪酬的归集与分配

职工薪酬是指企业为获得职工提供的服务而给予职工各种形式的报酬以及其他相关支出，包括：职工工资、奖金、津贴和补贴；职工福利费；医疗保险费、养老保险费、失业保险费、工伤保险费和生育保险费等社会保险费；住房公积金；工会经费和职工教育经费；非货币性福利；因解除与职工的劳动关系给予的补偿；其他与获得职工提供的服务相关的支出。

（一）工资费用的归集与分配

工资按计算的依据分为计时工资制和计件工资制。计时工资制是根据职工的工作时间，按照工资标准、等级计算所支付的工资的制度。所谓工资标准是指每个职工在单位时间内所得的工资额。计件工资制是指按照生产的合格品的数量（或作业量）和预先规定的计件单价（单位产品或作业量应支付的工资）来计算报酬，而不是直接用劳动时间来计算报酬的一种工资制度。因此，计时工资在计入成本、费用时，一般是间接计入费用，而计件工资一般是直接计入费用。

工资费用无论是否发放，均应通过"应付职工薪酬"账户进行归集核算。工资费用需要按照其用途和发生部门进行归集和分配。基本生产车间直接从事产品生产的生产工人工资，应记入"基本生产成本"总账及所属明细账"直接人工"成本项目。对于直接计入工资费用，如产品的计件工资或只生产一种产品的计时工资，应直接计入各种产品成本的"直接人工"项目；对于间接计入费用，如生产多种产品的计时工资，应按照产品的生产工时等分配标准进行分配，然后再分别记入各种产品成本的"直接人工"成本项目。按生产工时（实际或定额）比例分配工资费用的计算公式如下：

$$工资费用分配率 = \frac{某车间待分配工资总额}{该车间各种产品生产工时（实际或定额）总数}$$

某产品应分配的工资费用 = 该产品生产工时（实际或定额）× 工资费用分配率

【例2-6】长城公司202×年3月生产甲、乙两种产品，生产工人计件工资分别为：甲产品18 000元，乙产品13 000元；甲、乙产品计时工资共计250 000元。甲、乙产品生产工时分别为6 000小时和4 000小时。甲、乙产品工资费用分配计算如下：

$$工资费用分配率 = \frac{某车间待分配工资总额}{该车间各种产品生产工时（实际或定额）总数}$$

$$= \frac{250\ 000}{6\ 000 + 4\ 000} = 25（元／小时）$$

甲产品应分配的工资费用=6 000×25=150 000（元）

乙产品应分配的工资费用=4 000×25=100 000（元）

基本生产车间管理人员或技术人员的工资，应记入"制造费用"账户；辅助生产车间工人的工资，记入"辅助生产成本"账户；辅助生产车间管理人员或技术人员的工资，应记入"辅助生产成本"或"制造费用"账户；行政管理人员的工资，应记入"管理费用"账户；销售机构人员的工资，应记入"销售费用"账户。

工资费用分配是通过编制工资费用分配表进行的，根据工资费用分配表编制会计分录，登记有关总账和明细账。工资费用分配表格式及举例见表2-5。

表 2-5　工资费用分配表

202×年 3 月　　　　　　　　　　　　　　　　　　　　　　　单位：元

应借科目		成本或费用项目	直接计入	分配计入			合计
				生产工时/小时	分配率	分配金额	
基本生产成本	甲产品	工资及福利费	48 000	6 000	25	150 000	198 000
	乙产品	工资及福利费	22 000	4 000	25	100 000	122 000
	小计		70 000	10 000		250 000	320 000
辅助生产成本	运输	工资及福利费	35 000				35 000
	修理	工资及福利费	80 000				80 000
	小计		115 000				115 000
制造费用		工资及福利费	130 000				130 000
管理费用		工资及福利费	105 000				105 000
销售费用		工资及福利费	70 000				70 000
合计			490 000				740 000

根据"工资费用分配表"，编制会计分录如下：

借：基本生产成本——甲产品　　　　　　　　　　　　　198 000

　　　　　　　　　——乙产品　　　　　　　　　　　　122 000

　　辅助生产成本——运输车间　　　　　　　　　　　　35 000

　　　　　　　　　——修理车间　　　　　　　　　　　80 000

　　制造费用——基本生产车间　　　　　　　　　　　　130 000

　　管理费用　　　　　　　　　　　　　　　　　　　　105 000

　　销售费用　　　　　　　　　　　　　　　　　　　　70 000

　　贷：应付职工薪酬　　　　　　　　　　　　　　　　740 000

2. 其他职工薪酬的归集与分配

其他职工薪酬一般是按工资的一定比例计提的，如各种保险费、住房公积金、工会经费和职工教育经费，并根据受益对象计入相关资产的成本或当期费用，其他职工薪酬的核算与工资的核算基本相同。

四、折旧费用的归集与分配

折旧费用是指企业所拥有的或控制的固定资产由于使用而损耗的价值，以折旧的方式计入产品成本和费用。固定资产折旧费用按使用车间、部门进行归集汇总，并进行相应的会计处理。

生产某种产品往往需要使用多种机器设备，而某种机器设备可能生产多种产品。因此，机器设备的折旧费用虽是直接用于产品生产的费用，但一般属于需分配的间接计入费用，为了简化成本计算工作，没有专门设立成本项目，基本生产车间的固定资产折旧费用，一般借记"制造费用"账户；辅助生产车间的固定资产折旧费用，应借记"辅助生产成本"或"制造费用"账户；企业行政管理部门和销售部门的固定资产折旧费用，应分别借记"管理费用""销售费用"账户。对于固定资产折旧总额，应贷记"累计折旧"账户。

【例2-7】长城公司202×年3月基本生产车间固定资产折旧12 000元，运输车间固定资产折旧4 000元，修理车间固定资产折旧7 000元，企业行政管理部门固定资产折旧2 500元，销售机构固定资产折旧800元。具体的折旧费用分配表见表2-6。

表2-6 折旧费用分配表

202×年3月 单位：元

应借账户	车间、部门	折旧费
制造费用	基本生产车间	12 000
辅助生产成本	运输车间	4 000
	修理车间	7 000
	小计	11 000
管理费用	行政管理部门	2 500
销售费用	销售部门	800
合计		26 300

根据"折旧费用分配表"，编制会计分录如下：

借：制造费用——基本生产车间   12 000

  辅助生产成本——运输车间   4 000

        ——修理车间   7 000

  管理费用   2 500

  销售费用   800

  贷：累计折旧   26 300

五、利息费用

要素费用中的利息费用，是企业财务费用的组成部分，不构成产品成本。

短期借款利息一般按季结算支付，按照权责发生制原则，可以采用分月计提的方法，每月预提利息费用时，借记"财务费用"账户，贷记"应付利息"账户；实际支付时，借记"应付利息"账户，贷记"银行存款"账户，实际支付的利息费用与预提利息费用的差额，调整计入季末月份的财务费用。如果利息费用数额不大，为了简化核算，也可以在季末实际支付时直接计入当月财务费用，借记"财务费用"账户，贷记"银行存款"账户。

长期借款利息费用的核算要视利息费用的付息方式而定。如是一次还本付息的，在每年计算结转应付利息时，借记"财务费用""在建工程"科目，贷记"长期借款"科目，到期还本付息时，借记"长期借款"科目，贷记"银行存款"科目。如是一次还本分期付息的，在每年计算结转应付利息时，借记"财务费用""在建工程"科目，贷记"应付利息"科目，分期付息时，借记"应付利息"科目，贷记"银行存款"科目。

六、税金

要素费用中的税金，如印花税、房地产税、车船使用税和土地使用税等，不是产品成本的组成部分，而是税金及附加的组成部分。在这些税金中，有的税金，如印花税，用银行存款等货币资金直接缴纳。缴纳时，应借记"税金及附加"账户，贷记"银行存款"等账户。有的税金需要预先计算应交金额，然后再缴纳，如房产税、车船使用税、土地使用税，这些税金应通过"应交税费"账户核算。计算出应交金额时，借记"税金及附加"账户，贷记"应交税费"账户；实际缴纳时，借记"应交税费"账户，贷记"银行存款"账户。

七、其他费用

其他费用指不属于以上各项要素费用的各种支出，包括邮电费、印刷费、试验检验费、排污费、差旅费、保险费等。这些费用没有专设成本项目，应该在费用发生时，按照发生的车间、部门和用途，分别借记"制造费用""管理费用"等账户，贷记"银行存款"或"库存现金"账户。

【例2-8】长城公司202×年3月，以银行存款支付各部门有关费用12 000元，其中，基本生产车间的劳保费3 000元，运输车间的劳保费1 800元，修理车间的劳保费1 200元，企业行政管理部门的办公费1 100元，专设销售机构的广告费3 000元、办公费1 900元。

借：制造费用——基本生产车间	3 000
辅助生产成本——运输车间	1 800
——修理车间	1 200
管理费用	1 100
销售费用	4 900
贷：银行存款	12 000

工业企业的各项要素费用通过上述归集和分配后，已经按照费用的发生地点和用途分别记入"基本生产成本""辅助生产成本""制造费用""管理费用""销售费用""财务费用"等账户的借方。

第四节 辅助生产费用的归集与分配

一、辅助生产费用概述

辅助生产指主要为基本生产车间、企业行政管理部门等单位服务而进行的产品生产和劳务供应，比如提供水、电、气等产品，以及修理、运输等各种劳务。虽然有时辅助生产车间也对外销售和服务，但这并不是辅助生产车间的主要任务。辅助生产费用的高低以及分配的合理与否，会影响到企业产品成本和期间费用的水平，因此，正确、及时组织辅助生产费用的归集和分配，对于节约费用、降低产品成本有着重要的意义。

二、辅助生产费用的归集

辅助生产费用的归集程序有两种。一种是通过"辅助生产成本"账户和"制造费用"账户归集辅助生产费用，另一种是通过"辅助生产成本"账户归集辅助生产费用。两种归集方式的差异就在于对辅助生产单位设不设置制造费用账户。

（一）设置"制造费用"账户

如果辅助生产的规模较大，发生的制造费用较多，则辅助生产发生的制造费用应该与基本生产单位发生的制造费用一样，先通过"制造费用"账户进行单独归集，然后转入"辅助生产成本"账户，计入辅助生产产品或劳务的成本。即发生辅助生产费用时，专设成本项目的生产费用，应记入"辅助生产成本"账户和所属有关明细账的借方。辅助生产发生的制造费用，应先记入"制造费用"账户的借方，然后再从其贷方直接转入或分配转入"辅助生产成本"账户和所属明细账的借方。此种情况下，"辅助生产成本"账户按车间以及产品或劳务的种类设置明细账，账内按照成本项目设置专栏进行明细核算。其格式见表2-2（第17页）。

（二）不设置"制造费用"账户

如果辅助生产的规模较小，发生的制造费用不多，则辅助生产发生的制造费用可以采用简化的核算方式，辅助生产车间的制造费用可以不单独设置"制造费用——辅助生产车间"明细账，不通过"制造费用"科目进行汇总，而直接记入"辅助生产成本"科目及其明细账的借方。此种情况下，"辅助生产成本"明细账就是按照成本项目与费用项目相结合设置专栏，而不是按照成本项目设置专栏。其格式如表2-7所示。

表2-7 辅助生产成本明细账

辅助车间：运输　　　　　　　　　　202×年6月　　　　　　　　　　单位：元

摘要	原材料	工资及福利费	折旧费	办公费	修理费	其他	合计	转出
原材料费用分配表	6 000						6 000	
工资及福利费分配表		23 000					23 000	

表2-7（续）

摘要	原材料	工资及福利费	折旧费	办公费	修理费	其他	合计	转出
折旧费用分配表			2 500				2 500	
修理、办公等费用支出（付款凭证×号）				1 200	800	2 000	4 000	
辅助生产成本分配表								35 500
合计	6 000	23 000	2 500	1 200	800	2 000	35 500	35 500

三、辅助生产费用的分配

辅助生产车间提供的可能是产品，也可能是劳务。若提供的是产品，其核算同基本生产车间的产品。辅助生产车间提供的工具、模具和修理用备件等产品在完工时，从"辅助生产成本"账户的贷方转入"低值易耗品"等账户的借方，费用结转过程与结转基本生产车间完工产品成本一致，成本结转后，"辅助生产成本"账户借方余额为辅助生产的在产品成本。

辅助生产车间若提供的是劳务，凡接受辅助生产部门提供劳务的部门、产品，均应负担辅助生产成本。在确认各受益对象承担费用多少时，应按受益原则进行分配，即多受益多分配，少受益少分配。

辅助生产提供的产品和劳务，主要是为基本生产车间和内部管理部门等服务的。但在某些辅助生产车间之间，也存在相互提供产品和劳务的情况。例如，修理车间为供电车间修理设备，供电车间也为修理车间提供电力。这样，为了计算修理成本，就要确定供电成本；为了计算供电成本，又要确定修理成本。因此，为了正确计算辅助生产所提供的产品和劳务成本，并且将辅助生产费用正确地计入基本生产产品成本和经营管理费用，在分配辅助生产费用时，就应考虑各辅助生产车间之间费用的相互分配。辅助生产费用的分配方法通常包括直接分配法、交互分配法、计划成本分配法和代数分配法。

（一）直接分配法

直接分配法是将各辅助生产车间发生的费用，直接分配给辅助生产车间以外的各受益对象，不考虑辅助生产车间之间相互提供的产品和劳务，辅助生产车间之间不互相分配费用。相关计算程序如下：

$$辅助生产费用分配率=\frac{待分配的辅助生产费用}{辅助车间提供劳务（产品）总量-其他辅助车间耗用量}$$

某受益对象应分配辅助生产费用＝该对象耗用辅助车间劳务或产品量×辅助生产费用分配率

【例2-9】长城公司设有供水和修理两个辅助生产车间。202×年3月，供水车间发生的费用为42 500元，修理车间发生的费用为48 000元。本月各车间提供的劳务量和受益对象见表2-8。

表 2-8　辅助生产车间提供的劳务量表

受益对象	供水/吨	修理/小时
供水车间		200
修理车间	500	
基本生产车间	15 000	800
行政管理部门	1 200	200
销售机构	800	200
合计	17 500	1 400

$$供水车间费用分配率(单位成本) = \frac{42\ 500}{17\ 500 - 500} = 2.5(元/吨)$$

$$修理车间费用分配率(单位成本) = \frac{48\ 000}{1\ 400 - 200} = 40(元/小时)$$

根据以上计算资料，可编制直接分配法下的"辅助生产费用分配表"，见表 2-9。

表 2-9　辅助生产费用分配表（直接分配法）

202×年 3 月　　　　　　　　　　　　　　　　　　　　　　　单位：元

项目		供水车间	修理车间	合计
待分配辅助生产费用		42 500	48 000	90 500
劳务供应量		17 500	1 400	
分配率（单位成本）		2.5	40	
基本生产车间	消耗数量	15 000	800	
	分配金额	37 500	32 000	69 500
行政管理部门	消耗数量	1 200	200	
	分配金额	3 000	8 000	11 000
销售机构	消耗数量	800	200	
	分配金额	2 000	8 000	10 000
分配金额合计		42 500	48 000	90 500

根据"辅助生产费用分配表"，编制会计分录如下：

借：制造费用——基本生产车间　　　　　　　　　　　69 500
　　管理费用　　　　　　　　　　　　　　　　　　　11 000
　　销售费用　　　　　　　　　　　　　　　　　　　10 000
　　　贷：辅助生产成本——供水车间　　　　　　　　　　　42 500
　　　　　　　　　　——修理车间　　　　　　　　　　　48 000

直接分配法是一种简化的分配方法，只适合在辅助生产部门相互提供产品或劳务不多，不相互分配费用对辅助生产成本和产品成本影响不大的情况下采用。

（二）交互分配法

交互分配法是将辅助生产车间的费用进行两次分配：首先，根据各辅助生产车间归集的费用和提供的产品或劳务总量计算费用分配率（单位成本），再依据各辅助生产车间之间相互提供的产品或劳务数量，在辅助生产车间之间进行一次交互分配（对内分配）；其次，将各辅助生产车间交互分配后的实际费用（交互分配前的费用加上交互分配转入的费用，减去交互分配转出的费用），再按对外（对辅助生产部门之外）提供产品或劳务数量，在辅助生产车间、部门以外的各受益单位进行分配。采用此种方法，由于要分别对内和对外进行分配，因此，需计算对内分配率和对外分配率，其计算公式如下：

$$对内分配率（单位成本）= \frac{待分配辅助生产费用总额}{辅助生产劳务总量}$$

$$对外分配率（单位成本）= \frac{待分配辅助生产费用 + 分配转入费用 - 分配转出费用}{辅助生产劳务总量 - 其他辅助生产消耗量}$$

【例2-10】沿用【例2-9】的资料，按照交互分配法分配辅助生产费用。编制辅助生产费用分配表如下：

表2-10　辅助生产费用分配表（交互分配法）

项目		供水车间			修理车间			合计
		数量/吨	分配率（单位成本）	分配金额/元	数量/吨	分配率（单位成本）	分配金额/元	
待分配辅助生产费用		17 500	2.43	42 500	1 400	34.29	48 000	90 500
交互分配	供水车间				200		6 858	6 858
	修理车间	500		1 215				1 215
对外分配辅助生产费用		17 000	2.83	48 143	1 200	35.3	42 357	90 500
对外分配	基本生产车间	15 000		42 450	800		28 240	70 690
	行政管理部门	1 200		3 396	200		7 060	10 456
	销售机构	800		2 297*	200		7 057*	9 354
	合计	17 000		48 143	1 200		42 357	90 500

注：*为数字四舍五入，小数尾差计入销售费用。

1. 辅助生产内部交互分配

$$供水分配率（单位成本）= \frac{42\ 500}{17\ 500} = 2.43（元/吨）$$

$$修理分配率（单位成本）= \frac{48\ 000}{1\ 400} = 34.29（元/小时）$$

供水车间消耗修理费 = 200×34.29 = 6 858（元）

修理车间消耗水费 = 500×2.43 = 1 215（元）

借：辅助生产成本——供水车间　　　　　　　　　　　　　　　　6 858

　　　　　　　　——修理车间　　　　　　　　　　　　　　　　1 215

　　贷：辅助生产成本——修理车间　　　　　　　　　　　　　　6 858

　　　　　　　　　　——供水车间　　　　　　　　　　　　　　1 215

2. 对外分配辅助生产费用

供水车间交互分配后的实际费用 = 42 500+6 858-1 215 = 48 143（元）

修理车间交互分配后的实际费用 = 48 000+1 215-6 858 = 42 357（元）

$$供水对外分配率(单位成本) = \frac{48\ 143}{17\ 500 - 500} \approx 2.83(元／吨)$$

$$修理车间对外分配率(单位成本) = \frac{42\ 357}{1\ 400 - 200} = 35.3(元／小时)$$

根据"辅助生产费用分配表"，编制对外分配会计分录如下：

借：制造费用——基本生产车间	70 690
管理费用	10 456
销售费用	9 354
贷：辅助生产成本——供水车间	48 143
——修理车间	42 357

采用交互分配法，辅助生产内部相互提供产品或劳务全都进行了交互分配，从而提高了分配结果的正确性，但是各辅助生产要计算两次单位成本（费用分配率），进行两次分配，因而增加了计算工作量。为弥补这一局限性，可采用计划成本分配法。

（三）计划成本分配法

计划成本分配法是根据各辅助生产车间对各受益对象提供产品或劳务的数量，按照产品或劳务的计划单位成本分配费用给各受益对象的方法。

计划成本分配法按以下两个步骤进行：

首先，对所有受益对象（包括受益的其他辅助生产车间）按照其消耗辅助生产产品或劳务的数量和计划单位成本分配费用。其计算公式如下：

某受益对象应负担的辅助生产费用 = 该受益对象消耗的辅助生产产品或劳务量×该辅助生产产品或劳务的计划单位成本

其次，将辅助生产车间的实际成本与按计划单位成本分配转出的费用之间的差额（辅助生产成本差异），追加分配给辅助生产以外的受益对象，为了简化计算，也可以将辅助生产成本差异全部计入管理费用。辅助生产车间实际成本和辅助生产成本差异计算公式如下：

某辅助生产车间的实际成本 = 该辅助生产车间待分配费用+从其他辅助生产车间分配转入的费用

某辅助生产车间的成本差异 = 该辅助生产车间的实际成本-该辅助生产车间分配转出的计划成本

【例2-11】沿用【例2-9】的资料，设供水车间的计划单位成本为2.50元/吨，修理车间的计划单位成本为35元/小时，按照计划成本分配法分配辅助生产费用。

1. 按计划成本分配

（1）供水车间按计划成本分配费用

修理车间分配水费 = 500×2.5 = 1 250（元）

基本生产车间分配水费 = 15 000×2.5 = 37 500（元）

企业管理部门分配水费 = 1 200×2.5 = 3 000（元）

销售机构分配水费＝800×2.5＝2 000（元）

供水车间按计划成本共分配费用＝1 250+37 500+3 000+2 000＝43 750（元）

（2）修理车间按计划成本分配费用

供水车间分配修理费＝200×35＝7 000（元）

基本生产车间分配修理费＝800×35＝28 000（元）

企业管理部门分配修理费＝200×35＝7 000（元）

销售机构分配修理费＝200×35＝7 000（元）

修理车间按计划成本共分配费用＝7 000+28 000+7 000+7 000＝49 000（元）

2. 计算辅助生产车间的成本差异

供水车间的实际成本＝42 500+7 000＝49 500（元）

供水车间的成本差异＝49 500−43 750＝5 750（元）

修理车间的实际成本＝48 000+1 250＝49 250（元）

修理车间的成本差异＝49 250−49 000＝250（元）

根据以上资料，可编制计划成本分配法下的辅助生产费用分配表，见表2-11。

表2-11　辅助生产费用分配表（计划成本分配法）

202×年3月　　　　　　　　　　　　　　　　　单位：元

项目			供水车间	修理车间	合计
待分配费用			42 500	48 000	90 500
劳务供应量			17 500	1 400	
计划单位成本			2.5	35	
按计划成本分配	供水车间	消耗数量		200	
		分配金额		7 000	7 000
	修理车间	消耗数量	500		
		分配金额	1 250		1 250
	基本生产车间	消耗数量	15 000	800	
		分配金额	37 500	28 000	65 500
	行政管理部门	消耗数量	1 200	200	
		分配金额	3 000	7 000	10 000
	销售机构	消耗数量	800	200	
		分配金额	2 000	7 000	9 000
	按计划成本分配金额合计		43 750	49 000	92 750
辅助生产实际成本			49 500	49 250	98 750
辅助生产成本差异			5 750	250	6 000

根据"辅助生产费用分配表",编制会计分录如下：

（1）按计划成本分配

借：辅助生产成本——供水车间   7 000

          ——修理车间   1 250

     制造费用——基本生产车间   65 500

     管理费用   10 000

     销售费用   9 000

        贷：辅助生产成本——供水车间   43 750

                 ——修理车间   49 000

（2）结转辅助生产成本差异

借：管理费用   6 000

     贷：辅助生产成本——供水车间   5 750

              ——修理车间   250

采用计划成本分配法分配辅助生产费用，由于辅助生产产品或劳务的计划单位成本是预先确定的，简化和加速了分配的计算工作。通过辅助生产成本差异的计算，还能反映和考核辅助生产成本计划的执行情况。但是，该方法要求企业辅助生产产品或劳务的计划成本比较准确，因此，一般适宜有准确的计划成本资料的企业采用。

（四）代数分配法

采用这种分配方法，应先根据解联立方程的原理，计算辅助生产劳务或产品的单位成本，然后根据各受益对象耗用的数量和单位成本分配辅助生产费用。

【例2-12】沿用【例2-9】的资料，采用代数分配法分配辅助生产费用。

设每吨水的单位成本为 x，每修理小时的单位成本为 y。建成本方程如下：

$$17\ 500x = 42\ 500 + 200y$$

$$1\ 400y = 48\ 000 + 500x$$

解此联立方程得，$x = 2.831\ 97$，$y = 35.297\ 13$

根据以上计算资料，编制代数分配法下的"辅助生产费用分配表"，见表2-12。

表2-12　辅助生产费用分配表（代数分配法）

202×年3月　　　　　　　　　　　　　　　　　单位：元

项目		供水车间	修理车间	合计
待分配费用		42 500	48 000	90 500
劳务供应量		17 500	1 400	
分配率（单位成本）		2.831 97	35.297 13	
供水车间	消耗数量		200	
	分配金额		7 059.43	7 059.43
修理车间	消耗数量	500		
	分配金额	1 415		1 415

表2-12（续）

项目		供水车间	修理车间	合计
基本生产车间	消耗数量	15 000	800	
	分配金额	42 479.55	28 237.7	70 717.25
行政管理部门	消耗数量	1 200	200	
	分配金额	3 398	7 059.43	10 457.43
销售机构	消耗数量	800	200	
	分配金额	2 266.87	7 059.42	9 326.29
分配金额合计		49 559.42	49 415.98	98 975.4

根据"辅助生产费用分配表"，编制会计分录如下：

借：辅助生产成本——供水车间　　　　　　　　　　　7 059.43
　　　　　　　　——修理车间　　　　　　　　　　　1 415
　　制造费用——基本生产车间　　　　　　　　　　　70 717.25
　　管理费用　　　　　　　　　　　　　　　　　　　10 457.43
　　销售费用　　　　　　　　　　　　　　　　　　　9 326.29
贷：辅助生产成本——供水车间　　　　　　　　　　　　　49 559.42
　　　　　　　　——修理车间　　　　　　　　　　　　　49 415.98

采用代数分配法分配辅助生产费用，分配结果最正确。但在辅助生产车间较多的情况下，未知数较多，计算工作比较复杂，因此，这种方法适宜在计算工作已经实现电算化的企业采用。

第五节　制造费用的归集与分配

一、制造费用的概念和内容

制造费用是指工业企业为生产产品或提供劳务而发生的、应该计入产品成本但没有专设成本项目的各项生产费用。制造费用中大部分不是直接用于产品生产的费用，而是间接用于产品生产的费用，如机物料消耗、车间辅助人员的工资及福利费，以及车间厂房的折旧费等。制造费用中也有一部分直接用于产品生产，但管理上不要求单独核算，也不专设成本项目的费用，如机器设备的折旧费、修理费等。制造费用还包括车间用于组织和管理生产的费用，如车间管理人员工资及福利费，车间管理用房屋和设备的折旧费、修理费、车间照明费、水费、取暖费、差旅费和办公费等，这些费用虽然具有管理费用的性质，但由于车间是企业从事生产活动的单位，其管理费用和制造费用很难严格划分，为了简化核算工作，这些费用也作为制造费用核算。因此，制造费用包括产品生产成本中除设立成本项目的直接材料、燃料和动力以及直接人工以外的一切生产成本（若企业未设置"燃料和动力"成本项目，发生的动力费用也包括在制造费用中）。

二、制造费用的归集

制造费用的归集，是通过"制造费用"账户进行的。该账户应按不同的车间设立明细账，账内按照费用项目设立专栏或专行，分别反映各车间各项制造费用的发生情况。

制造费用发生时，应根据有关付款凭证、转账凭证和各种费用分配表（如原材料费用分配表、工资费用分配表、折旧费用分配表等），借记"制造费用"账户，贷记"原材料""应付账款""银行存款""应付职工薪酬""累计折旧"等账户。期末按照一定的标准分配转出时，借记"基本生产成本"等账户，同时贷记"制造费用"。除季节性生产的企业外，"制造费用"账户期末无余额。

需要注意的是，如果辅助生产车间发生的制造费用通过"制造费用"账户核算（辅助生产车间设置了"制造费用"账户），则其核算同基本生产车间制造费用的核算；如果辅助生产车间发生的制造费用不通过"制造费用"账户核算（辅助生产车间未设置"制造费用"账户），则辅助生产车间发生的制造费用记入"辅助生产成本"账户。

【例 2-13】根据各种费用分配表及付款凭证登记长城公司 202×年 3 月基本生产车间制造费用明细账，详见表 2-13。

表 2-13　制造费用明细账

车间：基本生产车间　　　　　　　　　　202×年 3 月　　　　　　　　　　单位：元

摘要	材料费	水电费	工资费用	折旧费	修理费	其他	合计	转出
原材料费用分配表	800						800	
动力费用分配表		54 000					54 000	
工资费用分配表			130 000				130 000	
折旧费用分配表				12 000			12 000	
辅助生产费用分配表（直接分配法）		37 500			32 000		69 500	
付款凭证第×号						3 000	3 000	
制造费用分配表								269 300
合计	800	91 500	130 000	12 000	32 000	3 000	269 300	269 300

三、制造费用的分配

为了正确计算产品的成本，必须合理地分配制造费用。如果生产车间只生产一种产品，制造费用可以直接计入该种产品生产成本，制造费用不需分配；如果生产车间生产多种产品，制造费用应采用合理的分配方法，分配计入各种产品的生产成本。辅助生产车间单独核算其制造费用时，分配方法与原理和基本生产车间一样。

需要注意的是，由于各车间制造费用水平不同，所以制造费用应该按照各车间分别进行分配，而不应将各车间的制造费用汇总起来统一在企业范围内分配。制造费用的分配方法一般有生产工时比例法、生产工人工资比例法、机器工时比例法和按年度计划分配率分配法等。分配方法一经确定，不应任意变更。

（一）生产工时比例法

生产工时比例法是按照各种产品所耗生产工人工时的比例分配制造费用的一种方法。可采用实际工时比例分配，也可采用定额工时比例分配，计算公式如下：

$$制造费用分配率 = \frac{车间待分配的制造费用总额}{车间各种产品生产工时（定额工时）总额}$$

某种产品应分配的制造费用＝该种产品生产工时（定额工时）×制造费用分配率

【例2-14】长城公司202×年3月基本生产车间发生的制造费用总额为269 300元，基本生产车间甲产品生产工时为6 000小时，乙产品生产工时为4 000小时。要求按生产工时比例分配制造费用。

$$制造费用分配率 = \frac{269\ 300}{6\ 000 + 4\ 000} = 26.93（元／小时）$$

甲产品分配制造费用＝6 000×26.93＝161 580（元）

乙产品分配制造费用＝4 000×26.93＝107 720（元）

根据以上计算资料，编制制造费用分配表，见表2-14。

表2-14　制造费用分配表

车间：基本生产车间　　　　　　　　202×年3月　　　　　　　　单位：元

应借账户		生产工时	费用分配率	分配金额
基本生产成本	甲产品	6 000	26.93	161 580
	乙产品	4 000		107 720
合计		10 000		269 300

根据"制造费用分配表"，编制会计分录如下：

借：基本生产成本——甲产品　　　　　　　　　　　　161 580

　　　　　　　　——乙产品　　　　　　　　　　　　107 720

　　贷：制造费用——基本生产车间　　　　　　　　　　269 300

按照生产工时比例分配制造费用，同分配薪酬费用一样，能将劳动生产率的高低与产品负担费用多少联系起来，使分配结果比较合理。

（二）生产工人工资比例法

生产工人工资比例法是以各种产品的生产工人工资的比例分配制造费用的一种方法。生产工人工资比例法的计算公式如下：

$$制造费用分配率 = \frac{车间待分配的制造费用总额}{车间各种产品生产工人工资总额}$$

某种产品应分配的制造费用＝该种产品生产工人工资×制造费用分配率

由于薪酬费用分配表中已有生产工人工资的资料，因而采用这一分配方法，核算工作比较简便。但采用这一方法，各种产品生产的机械化程度应大致相同，否则机械化程度高的产品，由于薪酬费用少，分配负担的制造费用也少，机械化程度低的产品所用工资费用多，负担的制造费用也多，影响分配的合理性。

（三）机器工时比例法

机器工时比例法是按照各种产品生产所用机器设备的运转工作时间的比例分配制造费用的方法。这种方法适用于机械化程度较高的车间，因为在这种车间中，折旧费用、修理费用的多少与机器运转的时间有密切的联系。

采用这一方法的前提条件是企业必须具备各种产品所耗机器工时的完整的原始记录，以保证机器工时的准确。机器工时比例法分配制造费用的原理、程序与生产工人工时比例法基本相同。

（四）按年度计划分配率分配法

按年度计划分配率分配法是按照年度开始前确定的全年适用的计划分配率分配制造费用的方法。采用这种分配方法，不论各月实际发生的制造费用是多少，每月各种产品负担的制造费用都按年度计划确定的计划分配率分配。年度内如果发现全年制造费用的实际数和产品的实际产量与计划数存在较大差异的，应及时调整计划分配率。相关计算公式如下：

$$年度计划分配率 = \frac{年度制造费用计划总额}{年度各种产品计划产量的定额工时总额}$$

某月某种产品应负担的制造费用＝该月该种产品实际产量的定额工时数×年度计划分配率

【例 2-15】 A 企业某车间全年制造费用计划总额为 260 000 元；全年各种产品的计划产量为：甲产品 3 000 件，乙产品 2 500 件；单件产品的工时定额为：甲产品 5 小时，乙产品 2 小时。3 月份实际产量为：甲产品 200 件，乙产品 300 件；3 月实际发生制造费用 20 000 元。按年度计划分配率分配制造费用。

$$年度计划分配率 = \frac{260\ 000}{3\ 000 \times 5 + 2\ 500 \times 2} = 13 \text{（元/小时）}$$

3 月甲产品应负担的制造费用＝200×5×13＝13 000（元）

3 月乙产品应负担的制造费用＝300×2×13＝7 800（元）

根据上述计算，编制会计分录如下：

借：基本生产成本——甲产品   13 000

            ——乙产品   7 800

  贷：制造费用——基本生产车间   20 800

A 企业 3 月份实际发生制造费用 20 000 元，但按照计划分配率转出的制造费用为 20 800 元，该企业"制造费用"账户 3 月份借方发生额和贷方发生额不等，如不考虑制造费用账户期初余额，则制造费用账户有期末贷方余额 800 元。一般情况下，计划分配转出的制造费用与实际发生的制造费用之间会有差额，因此，"制造费用"账户一般会有月末余额，可能是借方余额，也可能是贷方余额。如为借方余额，表示年度内累计实际发生的制造费用大于按计划分配率分配的累计转出额，是该月超过计划的预付费用，性质上属于待摊费用；如为贷方余额，表示年度内按计划分配率分配的累计转出额大于累计的实际发生额，是该月按照计划应付未付的费用，性质上属于预提费用。"制造费用"科目如果还有年末余额，就是全年制造费用的实际发生额与计划分配额的差额，一般应在年末调整计入 12 月份的产品成本。若实际发生额大于计划分配额（超支差异），借记"基本生产成本"账户，贷记"制造费用"账户；若实际发生额小于计划分配额（节约差异），则用红字冲减，或者借记"制造费用"账户，贷记"基本生产成本"账户。

这种分配方法的核算工作较简便，特别适用于季节性生产企业。季节性生产企业生产淡季和旺季的产量相差悬殊，如果按照生产工时比例法、生产工人工资比例法或机器工时比例法分配制造费用，各月单位产品负担的制造费用将差异较大，而这不是由于生产车间自身工作引起的，因而不便于进行成本分析。但是，采用这种分配方法，必须有较高的计划工作水平；否则，如果年度制造费用的计划数脱离实际太大，会影响成本计算的准确性。

第六节 废品损失和停工损失的核算

一、废品概述

生产中的废品是指不符合规定的技术标准，不能按原定用途使用，或者需要加工修理后才能使用的在产品、半成品或产成品，包括生产过程中发现的废品和入库后发现的废品。

废品按其报损程度和修复价值，可分为可修复废品和不可修复废品。可修复废品是指技术上可以修复，而且所支付的修复费用在经济上合算的废品。不可修复废品是指技术上不可修复，或者虽可修复，但所支付的修复费用在经济上不合算的废品。

废品按产生原因可分为工废品、料废品和其他。工废品是由于工人操作上的原因造成的废品，属于操作工人的责任；料废品是由于原材料或半成品的质量不符合要求所造成的废品，不属于操作工人的责任。

二、废品损失的归集与分配

废品损失是指因产生废品而发生的净损失。不可修复废品的损失，是指废品的生产成本扣除回收废品的残料价值和应由过失单位或个人赔偿的损失；可修复废品的损失，是指发生的修复费用扣除回收废品的残料价值和应由过失单位或个人赔偿的损失。

以下情况不属于废品损失：经质量检验部门鉴定不需要返修可以降价出售的不合格品，其降价损失不作为废品损失；产品入库后由于管理不善造成的产品变质、毁坏，这属于管理上的问题，应记入"管理费用"账户，不作为废品损失；产品销售后实行"三包（包退、包修、包换）"的费用，作为销售费用处理，不作为废品损失。

为了单独核算废品损失，在会计科目中应增设"废品损失"科目，在成本项目中应增设"废品损失"项目。"废品损失"账户是为了归集和分配废品损失而设立的。该账户应按车间设立明细账，账内按产品品种分设专户，并按成本项目分设专栏或者专行进行明细核算。不可修复废品的生产成本和可修复废品的修复费用，都在"废品损失"

账户的借方进行归集。其中，不可修复废品的生产成本应根据不可修复废品损失计算表，借记"废品损失"账户，贷记"基本生产成本"账户；可修复废品的修复费用应根据各种费用分配表所列废品损失数额，借记"废品损失"账户，贷记"原材料""应付职工薪酬"和"银行存款"等账户。废品残料的回收价值和应收的赔款，应从"废品损失"科目的贷方转出，借记"原材料""其他应收款"等账户，贷记"废品损失"账户。"废品损失"账户借方发生额大于贷方发生额的差额就是废品净损失，应由本月同种合格产品的成本负担，借记"基本生产成本"账户，贷记"废品损失"账户。经过上述处理，"废品损失"账户月末没有余额。

（一）不可修复废品损失的核算

如前所述，要计算不可修复废品损失，应先计算废品报废时已经发生的生产成本，然后再扣除回收的废品残值和应收赔款。废品残值和应收赔款容易确定，由于废品与合格品是同时生产的、生产费用是共同消耗的，因此，关键是计算废品的生产成本。不可修复废品的生产成本，可按废品所耗实际生产费用计算，也可按废品所耗定额费用计算。

1. 按废品所耗实际费用计算

采用这一方法计算不可修复废品的生产成本，就是在废品报废时根据废品和合格品发生的全部实际生产费用，采用一定的分配方法，在合格品与废品之间进行分配，计算出废品的实际生产成本，从"基本生产成本"科目贷方转入"废品损失"科目的借方。

【例 2-16】某工业企业基本生产车间 3 月生产 A 产品 110 件，经检验，合格品入库 100 件，不可修复废品 10 件。生产产品共耗用工时 2 500 小时，其中废品耗用 500 小时，合格品和废品共同发生原材料费 66 000 元，人工费用 40 000 元，制造费用 55 000 元。不可修复废品残料价值 600 元，应由过失人赔偿的金额为 500 元。原材料系开始生产时一次性投入，因此，原材料费用按合格品和废品数量的比例分配；其他费用按生产工时比例在合格品和废品之间分配。要求：按所耗实际费用计算废品的生产成本。

（1）原材料费用的分配

$$原材料费用分配率 = \frac{66\ 000}{100 + 10} = 600\ （元/件）$$

废品应分配原材料费用 = 10×600 = 6 000（元）

（2）人工费用的分配

$$人工费用分配率 = \frac{40\ 000}{2\ 000 + 500} = 16\ （元/小时）$$

废品应分配人工费用 = 500×16 = 8 000（元）

（3）制造费用的分配

$$制造费用分配率 = \frac{55\ 000}{2\ 000 + 500} = 22\ （元/小时）$$

废品应分配制造费用 = 500×22 = 11 000（元）

根据以上计算资料，编制"不可修复废品损失计算表"，见表 2-15。

表 2-15　不可修复废品损失计算表

（按实际成本计算）　　　　　　产品名称：甲产品

202×年 3 月　　　　　　　　废品数量：10 件

车间名称：　　　　　　　　　　　　　　　　　　单位：元

项目	数量/件	直接材料	生产工时/小时	直接人工	制造费用	合计
费用总额	110	66 000	2 500	40 000	55 000	161 000
费用分配率		600		16	22	
废品生产成本	10	6 000	500	8 000	11 000	25 000
减：废品残料		600				600
应收赔款						500
废品净损失		5 400		8 000	11 000	23 900

根据"不可修复废品损失计算表"，编制会计分录如下：

（1）结转不可修复废品成本

借：废品损失——A 产品　　　　　　　　　　　　　25 000

　　贷：基本生产成本——A 产品　　　　　　　　　　　　25 000

（2）回收废品残料入库

借：原材料　　　　　　　　　　　　　　　　　　　600

　　贷：废品损失——A 产品　　　　　　　　　　　　　　600

（3）应收赔款

借：其他应收款　　　　　　　　　　　　　　　　　500

　　贷：废品损失——A 产品　　　　　　　　　　　　　　500

（4）结转废品净损失

借：基本生产成本——A 产品　　　　　　　　　　23 900

　　贷：废品损失——A 产品　　　　　　　　　　　　　23 900

按所耗实际费用计算废品损失，结果较为准确，但核算工作量较大，并且只能在月末产品生产费用计算出来后才能进行，不利于对废品损失的控制。

2. 按废品所耗定额费用计算

这种方法是根据不可修复废品的数量、生产工时定额和各种费用定额计算不可修复废品的定额成本，再扣除废品残料回收价值和应由过失单位或个人赔偿的损失，计算出废品净损失。通常不考虑废品的实际成本是多少，废品损失全部由合格品承担。

【例 2-17】某工业企业基本生产车间在生产丙产品的过程中，验收入库时发现不可修复废品 40 件，按其所耗定额费用计算废品的生产成本。单位丙产品原材料费用定额为 200 元，单件工时定额为 16 小时，每小时费用定额为：人工费用 25 元，制造费用 12 元。回收废品残料 500 元。

不可修复废品是在完成全部生产过程后发现的，所以可以根据单件丙产品的生产工时定额和不可修复废品数量计算不可修复废品的定额工时及定额成本。

根据上述资料，编制"不可修复废品损失计算表"，见表 2-16。

第二章　成本费用的归集与分配

表 2-16　不可修复废品损失计算表

（按定额成本计算）　　　　　　　　　　　　　　　　　　　产品名称：丙产品

废品数量：40

车间名称：　　　　　　　　　　202×年 3 月　　　　　　　　　单位：元

项目	直接材料	直接人工	制造费用	合计
费用定额	200	400	192	792
废品定额成本	8 000	16 000	7 680	31 680
减：回收残值	500			500
废品损失	7 500	16 000	7 680	31 180

根据"不可修复废品损失计算表"，编制会计分录如下：

（1）结转不可修复废品成本

借：废品损失——丙产品　　　　　　　　　　　　　　　　31 680

　　贷：基本生产成本——丙产品　　　　　　　　　　　　　　31 680

（2）回收残料价值入库

借：原材料　　　　　　　　　　　　　　　　　　　　　　500

　　贷：废品损失——丙产品　　　　　　　　　　　　　　　　500

（3）结转废品净损失

借：基本生产成本——丙产品　　　　　　　　　　　　　　31 180

　　贷：废品损失——丙产品　　　　　　　　　　　　　　　31 180

按废品的定额费用计算废品的定额成本，由于费用定额是事先制定的，计算工作比较简便，而且还可以使计入产品成本的废品损失数额不受实际费用水平高低的影响，从而有利于废品损失和产品成本的分析和考核。但必须具备比较准确的定额成本资料，否则会影响成本计算的正确性。

（二）可修复废品损失的核算

可修复废品损失是指废品在修复过程中所发生的各项修复费用。可修复废品返修以前发生的生产费用，属于可修复废品的生产成本，不是废品损失。返修时发生的修复费用，应借记"废品损失"账户，根据修复的耗费情况，贷记"原材料""应付职工薪酬"和"银行存款"等账户；对废品残料回收的价值，应借记"原材料"账户，贷记"废品损失"账户；对于应由过失人赔偿的款项，应借记"其他应收款"账户，贷记"废品损失"账户；以修复费用减去残料价值和应收赔款后的净损失，借记"基本生产成本"账户，贷记"废品损失"账户。结转废品净损失后，"废品损失"账户月末无余额。

不单独核算废品损失的企业，不设"废品损失"账户和"废品损失"成本项目。回收废品残料时，借记"原材料"账户，贷记"基本生产成本"账户，并从所属有关产品成本明细账的"直接材料"成本项目中扣除废品的残料价值。辅助生产一般不单独核算废品损失。

三、停工损失的核算

停工损失是指生产车间或车间内某个班组在停工期间发生的各项费用，包括停工期间发生的原材料费用、支付的薪酬费用和应负担的制造费用等。应由过失单位或保险公司负担的赔偿，应从停工损失中扣除。

发生停工的原因较多，应视不同情况进行处理。由于自然灾害引起的停工损失，应计入营业外支出；由于季节性生产和固定资产大修理停工属于生产经营过程中的正常现象，停工期间发生的各项费用不属于停工损失，应记入"制造费用"账户；其他停工损失，如原材料供应不足、机器设备发生故障以及计划减产等原因发生的停工损失，应计入产品成本。

为了单独核算停工损失，在会计科目中应增设"停工损失"科目，在成本项目中应增设"停工损失"成本项目。停工期间发生的、应列作停工损失的费用在"停工损失"科目的借方进行归集，借记"停工损失"账户，贷记"原材料""应付职工薪酬"等账户。对应由过失单位及个人或保险公司的赔偿，应借记"其他应收款"账户，贷记"停工损失"账户；对于自然灾害造成的停工损失，应借记"营业外支出"账户，贷记"停工损失"账户；对于应计入产品成本的停工损失，借记"基本生产成本"账户，贷记"停工损失"账户。经过上述处理，"停工损失"账户月末无余额。

为了简化核算工作，停工不满一个工作日的，一般不计算停工损失，辅助生产车间一般不单独核算停工损失。不单独核算停工损失的企业，不设"停工损失"账户和"停工损失"成本项目。停工期间发生的属于停工损失的各项费用，视情况记入"制造费用""营业外支出"等账户。

第七节 生产费用在完工产品和在产品之间的分配

一、在产品的概念及数量的确定

在产品也叫在制品，是指没有完成全部生产过程，不能作为商品销售的产品。在产品有狭义和广义之分，狭义的在产品是指某一车间或某一生产步骤正在加工中的在产品；广义的在产品是从整个企业范围来说的，包括正在车间加工中的产品和已经完成一个或几个生产步骤的加工，但还需继续加工的半成品及未经验收入库的产品和等待返修的废品。本节所指的在产品为狭义的在产品。

期末，企业将发生的生产费用在各种产品成本明细账中归集后，如果某种产品已经全部完工，该种产品成本明细账中归集的全部生产费用（如果有月初在产品，还包括月初在产品成本）之和，就是本期该种完工产品的成本；如果本月没有完工产品，计入该种产品成本明细账的全部生产费用就是期末在产品成本；如果既有完工产品，又有在产品，那么该种产品成本明细账中归集的全部生产费用（本月发生的生产费用加月初在产品的生产费用）之和，需要采用适当的分配方法，在本月完工产品和期末在产品之间进行分配，分别计算出完工产品成本和月末在产品成本。

本月生产费用、本月完工产品成本、月初在产品成本和月末在产品成本之间存在以下关系：

月初在产品成本＋本月生产费用＝本月完工产品成本＋月末在产品成本

从上式可以发现，为了完成成本核算，计算出完工产品成本，进而计算出单位产品成本，都必须先取得在产品数量的准确资料。

在产品数量的确定方式通常有两种：一是日常做好在产品收发结存的核算工作，通过在产品台账（在产品收发结存账）提供在产品数量；二是通过期末实地盘点确定在产品的数量。在实务中，在产品数量的核算，应同时具备账面核算资料和实际盘点资料，做好在产品收发结存的日常核算工作和在产品的清查工作，既可以从账面上随时掌握在产品的动态，又可以查清在产品的实存数量，以及正确计算产品成本并加强生产资金和在产品实物管理。

二、生产费用在完工产品与在产品之间分配的方法

上述成本等式"月初在产品成本＋本月生产费用＝本月完工产品成本＋月末在产品成本"中，等式左边两项即生产费用总和，可以从产品成本明细账记录确定，是已知数，等式右边两项是未知数。将生产费用总和在完工产品和月末在产品之间分配的思路通常有两种：

第一种思路是先确定月末在产品成本，再倒挤计算出完工产品成本，即按以下等式计算：

本月完工产品成本＝月初在产品成本＋本月生产费用－月末在产品成本

具体方法有：不计算在产品成本法、在产品成本按年初数固定计算法、在产品按所耗原材料费用计算法、在产品按完工产品成本计算法、在产品按定额成本计算法。

第二种思路是按一定的分配标准将等式左边的费用总和进行分配，同时计算出本月完工产品成本与月末在产品成本。具体方法有约当产量比例法和定额比例法等。

（一）不计算在产品成本法

采用不计算在产品成本法时，虽然月末有在产品，但不计算其成本。这种方法适用于各月月末在产品数量很少的产品。由于各月月末在产品数量很少，算不算在产品成本对于完工产品成本的影响很小。因此，为了简化产品成本的计算工作，可以不计算在产品成本，即某种产品本月发生的全部生产费用就是该种完工产品的成本。

（二）在产品成本按年初数固定计算法

在产品成本按年初数固定计算法是按年初确定的在产品成本作为各期月末在产品成本，然后再确定完工产品成本的一种方法。采用这种分配方法时，由于每期月初在产品成本和月末在产品成本相等，因此，本月发生的生产费用就等于本月完工产品成本。每年年终时，需要根据实际盘点的在产品数量，重新计算确定在产品成本，以免在产品成本与实际出入过大。该种方法适用于月末在产品数量较小，或者月末在产品数量虽大但各月末在产品数量变动不大的产品。

（三）在产品按所耗原材料费用计算法

在产品按所耗原材料费用计算法，就是月末在产品成本只计算其所耗用的原材料费

用，不计算其负担的工资及制造费用等加工费用，本月发生的加工费用全部由完工产品成本负担。

这种分配方法适用于各月末在产品数量较大，各月末在产品数量变化也较大，原材料费用在产品成本中所占比重较大的产品，如造纸、酿酒等行业的产品。

（四）在产品按完工产品成本计算法

采用这种分配方法时，将在产品视同完工产品分配费用。这种方法适用于月末在产品已经接近完工或者已经完工、只是尚未包装或尚未验收入库的产品。由于单位在产品成本已经接近单位完工产品成本，为了简化产品成本计算工作，在产品可以视同完工产品，按两者的数量比例分配原材料费用和各项加工费用。

（五）在产品按定额成本计算法

在产品按定额成本计算法是指企业按照预先制定的定额成本计算月末在产品成本，即月末在产品成本按其数量和单位定额成本计算，将某种产品月初在产品成本加上本月生产费用，再减去月末在产品的定额成本，倒算出完工产品成本。这种方法适用于定额管理基础比较好，各项消耗定额或费用定额比较准确、稳定，各月末在产品数量变动不大的情况。

计算月末在产品成本时，应根据成本项目分别计算其定额成本。在产品材料定额成本一般按在产品数量和单位在产品材料成本定额计算，直接人工、制造费用等加工费用定额成本一般按在产品定额工时和单位工时人工费用定额、单位工时制造费用定额计算。具体计算如下：

月末在产品直接材料定额费用=月末在产品数量×单位在产品材料定额成本

月末在产品直接人工定额费用=月末在产品定额工时×单位工时直接人工定额成本

月末在产品制造费用定额费用=月末在产品定额工时×单位工时制造费用定额成本

月末在产品定额成本=在产品直接材料定额费用+在产品直接人工定额费用+在产品制造费用定额费用

【例2-18】长城公司生产甲产品，完工产品与月末在产品成本的分配采用在产品按定额成本计算的方法。甲产品月末在产品200件，单件原材料费用定额为35元（原材料在生产开始时一次投入），在产品定额工时3 000小时，单位工时直接人工费用定额为25元，单位工时制造费用定额为12元，月初在产品定额成本、本月生产费用资料见表2-17。

表2-17 甲产品生产费用明细表   单位：元

项目	直接材料	直接人工	制造费用	合计
月初在产品定额成本	8 000	48 000	52 000	108 000
本月生产费用	11 700	140 000	160 000	311 700

月末在产品定额成本计算如下：

月末在产品直接材料定额费用=200×35=7 000（元）

月末在产品直接人工定额费用=3 000×25=75 000（元）

月末在产品制造费用定额费用=3 000×12=36 000（元）

月末在产品定额成本=7 000+75 000+36 000=118 000（元）

根据月初在产品定额成本、本月生产费用和月末在产品定额成本计算完工产品成本见表2-18。

表2-18　产品成本明细账

产品名称：甲产品　　　　　　　　　　　　　　　　　　　　　　　　　　单位：元

项目	直接材料	直接人工	制造费用	合计
月初在产品成本（定额成本）	8 000	48 000	52 000	108 000
本月生产费用	11 700	140 000	160 000	311 700
生产费用合计	19 700	188 000	212 000	419 700
月末在产品成本（定额成本）	7 000	75 000	36 000	118 000
完工产品成本	12 700	113 000	176 000	301 700

（六）约当产量比例法

此种分配方法的思路是，先将月末在产品按照投料程度（投料率）和完工程度（完工率）折算为相当于完工产品的产量，即约当产量，然后按照完工产品产量与在产品的约当产量的比例分配生产费用（月初在产品成本加上本月生产费用之和），从而计算出完工产品成本和月末在产品成本。相关计算如下：

在产品约当产量=在产品数量×在产品完工率（投料率）

（说明：由于材料有多种投入方式，在产品的投料率与完工率可能一致，也可能不一致，因此在分配直接材料费用时，使用投料率计算约当产量，而在分配加工费用时，使用完工率计算约当产量）

$$某成本项目费用分配率 = \frac{月初在产品成本 + 本月生产费用}{完工产品数量 + 月末在产品约当产量}$$

完工产品分配某项费用=完工产品数量×该项费用分配率

月末在产品分配某项费用=月末在产品约当产量×该项费用分配率

或：=生产费用合计-完工产品成本

从上述计算可知，采用约当产量比例法，必须正确计算在产品的约当产量，而在产品约当产量准确与否，主要取决于在产品完工程度（完工率）和投料程度（投料率）的测算是否正确，这对于费用的合理分配起着决定性作用。

一般来说，在产品的投料率取决于材料的投料方式，应根据材料投入方式的不同确定在产品投料率。直接人工、制造费用等加工费用是按照生产工时进行归集和分配的，因此，采用该方法时，可以按照在产品生产工时消耗情况来确定在产品的加工程度（完工程度或完工率）。

1. 直接材料费用的分配

在产品的投料率取决于材料的投入方式，工业企业原材料的投入方式主要有材料在开始生产产品时一次性投入和材料随加工进度陆续投入两种方式。

（1）材料在开始生产产品时一次性投入

如果直接材料在开始生产时一次性投入，由于单位完工产品与单位在产品所消耗的直接材料是一样多的，因此，月末在产品的投料率是100%。在这种情况下，月末在产品直接材料约当产量等于月末在产品数量，直接材料费用按照完工产品数量和月末在产品数量比例直接进行分配。

（2）材料随产品加工进度陆续投入

材料随加工进度陆续投入，具体又有以下三种情况：

第一，直接材料随着加工进度陆续投入，但是在每道工序开始生产时一次性投入本工序材料（各工序产品在本工序的投料率为100%），则应该按工序分别确定投料率，在确定各工序投料率时，应以各工序直接材料消耗定额为依据计算。

$$某工序在产品投料率 = \frac{前面各工序累计材料消耗定额 + 本工序材料消耗定额}{单位产品材料定额消耗量}$$

【例2-19】某产品经过三道工序加工完成。原材料于每个工序一开始生产时投入，月末在产品数量及原材料消耗定额资料如表2-19所示。

表2-19　月末在产品数量及原材料消耗定额表

工序	月末在产品数量/件	单位产品原材料消耗定额（千克/件）
1	100	80
2	120	100
3	140	220
合计	360	400

要求：计算各工序在产品的投料率及月末在产品直接材料成本项目的约当产量。

在产品投料率及约当产量的计算见表2-20。

表2-20　在产品约当产量计算表

工序	月末在产品数量/件	单位产品原材料消耗定额/（千克/件）	投料率	月末在产品约当产量/件
1	100	80	$\frac{80}{400} \times 100\% = 20\%$	$100 \times 20\% = 20$
2	120	100	$\frac{80 + 100}{400} \times 100\% = 45\%$	$120 \times 45\% = 54$
3	140	220	$\frac{80 + 100 + 220}{400} \times 100\% = 100\%$	$140 \times 100\% = 140$
合计	360	400		214

第二，直接材料随着加工进度陆续投入，且投料程度与加工进度不一致，则应按工序分别确定各工序在产品的投料率，为了简化计算，一般以各工序直接材料消耗定额为依据，各工序投料率均按本道工序投料的50%计算。某工序在产品投料率的计算公式如下：

$$某工序在产品投料率 = \frac{前面各工序累计材料消耗定额 + 本工序材料消耗定额 \times 50\%}{单位产品材料定额消耗量}$$

【例2-20】沿用例2-19，假设原材料随着加工进度陆续投入，且投料程度与加工进度不一致，要求计算各工序在产品的投料率及月末在产品直接材料成本项目的约当产量。

在产品投料率及约当产量的计算见表2-21。

表2-21　在产品约当产量计算表

工序	月末在产品数量/件	单位产品原材料消耗定额/（千克/件）	投料率	月末在产品约当产量/件
1	100	80	$\frac{80 \times 50\%}{400} \times 100\% = 10\%$	100×10% = 10
2	120	100	$\frac{80 + 100 \times 50\%}{400} \times 100\% = 32.5\%$	120×32.5% = 39
3	140	220	$\frac{80 + 100 + 220 \times 50\%}{400} \times 100\% = 72.5\%$	140×72.5% = 101.5
合计	360	400		150.5

第三，直接材料随着加工进度陆续投入，且直接材料的投入程度与加工进度完全一致或基本一致，如产品加工到20%时投入20%的材料，产品加工到70%时投入70%的材料，投料与加工同步，则各工序投料率与各工序完工率相同。

2. 加工费用的分配

采用约当产量比例法分配直接人工、制造费等加工费用，首先需要测定在产品的完工程度（完工率），然后计算在产品的约当产量，最后以完工产品数量和在产品约当产量比例分配加工费用。

在产品完工程度（完工率）的测定方法一般有两种：

（1）平均计算法

平均计算法一律按50%作为各工序在产品的完工程度，此方法属于简化的方法。在各工序在产品数量和单位产品在各工序的加工量都相差不多的情况下，后面各工序在产品多加工的程度可以抵补前面各工序少加工的程度。这样，全部在产品完工程度均可按50%平均计算。

（2）各工序分别测定完工率

按各工序分别确定在产品的完工率，比较准确，这种方法有利于提高成本计算的正确性。在确定各工序完工率时，一般以各工序工时定额为依据，按照各工序的累计工时定额占完工产品工时定额的比率计算。相关计算公式如下：

$$某工序在产品完工率 = \frac{前面各工序累计工时定额 + 本工序工时定额 \times 50\%}{单位产品工时定额}$$

公式中本工序（在产品所在工序）工时定额乘以50%，是因为该工序中各件在产品的完工程度不同，为了简化完工率的测算工作，在本工序一律按平均完工 50% 计算。在产品从上一道工序转入下一道工序时，已经完成了上一道工序的加工，所以前面各道工序的工时定额按 100% 计算。

【例 2-21】某产品经过三道工序加工完成。月末在产品数量及各工序工时定额资料如表 2-22 所示。

表 2-22　某产品月末在产品数量及各工序工时定额情况表

工序	月末在产品数量/件	工时定额/（小时/件）
1	80	10
2	100	15
3	150	25
合计	330	50

要求：计算各工序在产品的投料率及月末在产品直接材料成本项目的约当产量。
在产品投料率及约当产量的计算见表 2-23。

表 2-23　在产品约当产量计算表

工序	月末在产品数量/件	单位产品工时定额/（小时/件）	完工率	月末在产品约当产量/件
1	80	10	$\dfrac{10 \times 50\%}{50} \times 100\% = 10\%$	$80 \times 10\% = 8$
2	100	15	$\dfrac{10 + 15 \times 50\%}{50} \times 100\% = 35\%$	$100 \times 35\% = 35$
3	150	25	$\dfrac{10 + 15 + 25 \times 50\%}{50} \times 100\% = 75\%$	$150 \times 75\% = 112.5$
合计	330	50		155.5

下面根据上述在产品约当产量的计算，举例说明约当产量比例法的应用。

【例 2-22】甲产品经过三道工序加工制成。月初在产品成本为：直接材料费用 10 600 元，直接人工 9 500 元，制造费用 4 080 元。本月生产费用为：直接材料 29 231 元，直接人工 12 268 元，制造费用 6 350.5 元。月末在产品 780 件，完工产品 500 件。原材料在每道工序开始生产时一次性投入本工序材料，月末在产品数量、各工序材料消耗定额和工时定额资料表，如表 2-24 所示。

表 2-24　月末在产品数量及各工序材料消耗定额和工时定额资料表

工序	月末在产品数量/件	原材料消耗定额/（千克/件）	工时定额/（小时/件）
1	180	80	30
2	200	70	20
3	400	50	50
合计	780	200	100

要求：按照约当产量比例法分配各项费用，计算甲产品完工产品成本和月末在产品成本。

（1）在产品直接材料约当产量计算表（表2-25）

表2-25　在产品直接材料约当产量计算表

工序	月末在产品数量/件	原材料消耗定额/（千克/件）	投料率	月末在产品约当产量/件
1	180	80	$\dfrac{80}{200} \times 100\% = 40\%$	180×40%＝72
2	200	70	$\dfrac{80+70}{200} \times 100\% = 75\%$	200×75%＝150
3	400	50	$\dfrac{80+70+50}{200} \times 100\% = 100\%$	400×100%＝400
合计	780	200		622

（2）在产品直接人工、制造费用约当产量计算表（表2-26）

表2-26　在产品直接人工、制造费用约当产量计算表

工序	月末在产品数量/件	工时定额/（小时/件）	完工率	月末在产品约当产量/件
1	180	30	$\dfrac{30 \times 50\%}{100} \times 100\% = 15\%$	180×15%＝27
2	200	20	$\dfrac{30+20 \times 50\%}{100} \times 100\% = 40\%$	200×40%＝80
3	400	50	$\dfrac{30+20+50 \times 50\%}{100} \times 100\% = 75\%$	400×75%＝300
合计	780	100		407

（3）计算完工产品和月末在产品应分配的各项费用

直接材料分配率 $= \dfrac{10\,600 + 29\,231}{500 + 622} = 35.5$

完工产品应分配直接材料费用＝500×35.5＝17 750（元）

月末在产品应分配直接材料费用＝622×35.5＝22 081（元）

直接人工分配率 $= \dfrac{9\,500 + 12\,268}{500 + 407} = 24$

完工产品应分配直接人工费用＝500×24＝12 000（元）

月末在产品应分配直接人工费用＝407×24＝9 768（元）

制造费用分配率 $= \dfrac{4\,080 + 6\,350.5}{500 + 407} = 11.5$

完工产品应分配制造费用＝500×11.5＝5 750（元）

月末在产品应分配制造费用=407×11.5=4 680.5（元）

完工产品成本=17 750+12 000+5 750=35 500（元）

月末在产品成本=22 081+9 768+4 680.5=36 529.5（元）

根据以上计算编制甲产品成本计算单（成本明细账），如表2-27所示。

表2-27　基本生产成本明细账

产品：甲产品　　　　　　　　　完工产品数量：500件　　　　　　　　　单位：元

项目	直接材料	直接人工	制造费用	合计
月初在产品成本	10 600	9 500	4 080	24 180
本月生产费用	29 231	12 268	6 350.5	47 849.5
生产费用合计	39 831	21 768	10 430.5	72 029.5
完工产品数量/件	500	500	500	
月末在产品约当产量/件	622	407	407	
约当产量合计/件	1 122	907	907	
费用分配率/%	35.5	24	11.5	71
完工产品成本	17 750	12 000	5 750	35 500
月末在产品成本	22 081	9 768	4 680.5	36 529.5

（七）定额比例法

定额比例法是按照完工产品和月末在产品的定额消耗量或定额费用的比例分配产品生产费用，从而计算完工产品成本和月末在产品成本的方法。其中，原材料费用按照原材料定额消耗量或原材料定额费用比例分配；直接人工、制造费用等各项加工费，按定额工时或定额费用比例分配。这种方法适用于定额管理基础较好，各项消耗定额或费用定额比较准确、稳定，各月末在产品数量变动较大的产品。定额比例法可以按定额消耗量分配，也可以按定额费用比例分配，计算公式如下：

$$\frac{材料费用}{分配率}=\frac{月初在产品材料成本+本月发生的材料成本}{完工产品材料定额成本（消耗量）+月末在产品材料定额成本（消耗量）}$$

完工产品分配材料成本=完工产品材料定额成本（消耗量）×材料费用分配率

月末在产品分配材料成本=月末在产品材料定额成本（消耗量）×材料费用分配率

$$\frac{人工（制造费用）}{分配率}=\frac{月初在产品人工（制造费用）+本月发生的人工（制造费用）}{完工产品定额工时（成本）+月末在产品定额工时（成本）}$$

$$\frac{完工产品分配}{人工（制造费用）}=\frac{完工产品}{定额工时（成本）}×\frac{人工（制造费用）}{分配率}$$

$$\frac{月末在产品分配人工}{（制造费用）}=\frac{月末在产品}{定额工时（成本）}×\frac{人工（制造费用）}{分配率}$$

采用定额比例法分配完工产品与月末在产品成本，不仅分配结果比较合理，而且便于将实际费用与定额费用进行比较，分析和考核定额的执行情况。按照上述公式计算分配费用，必须取得完工产品和月末在产品的定额消耗量或定额费用资料。在产品的种类和生产工序较多时，核算工作量大。为简化核算，也可以采用下列公式计算：

$$\begin{array}{c}\text{月末在产品定额} \\ \text{消耗量（或成本）}\end{array} = \begin{array}{c}\text{月初在产品定额} \\ \text{消耗量（或成本）}\end{array} + \begin{array}{c}\text{本月投入的定额} \\ \text{消耗量（或成本）}\end{array} - \begin{array}{c}\text{完工产品的定额} \\ \text{消耗量（或成本）}\end{array}$$

【例2-23】某企业生产甲产品，单位产品材料定额成本为50元，单位产品工时定额20小时，原材料在生产开始时一次投入。本月完工甲产品500件，月末在产品200件，在产品完工程度75%，月初在产品成本和本月发生的生产费用如表2-28所示。

表2-28　甲产品费用资料表　　　　　　　　单位：元

项目	直接材料	直接人工	制造费用	合计
月初在产品成本	4 500	60 000	13 500	78 000
本月生产费用	34 000	174 000	25 500	233 500

1. 分配材料费用

完工产品材料定额成本 = 500×50 = 25 000（元）

月末在产品材料定额成本 = 200×50 = 10 000（元）

$$\text{材料费用分配率} = \frac{4\ 500 + 34\ 000}{25\ 000 + 10\ 000} = 1.1$$

完工产品分配材料成本 = 25 000×1.1 = 27 500（元）

月末在产品分配材料成本 = 10 000×1.1 = 11 000（元）

2. 分配人工成本

完工产品定额工时 = 500×20 = 10 000（元）

月末在产品定额工时 = 200×75%×20 = 3 000（元）

$$\text{人工成本分配率} = \frac{60\ 000 + 174\ 000}{10\ 000 + 3\ 000} = 18$$

完工产品分配人工成本 = 10 000×18 = 180 000（元）

月末在产品分配人工成本 = 3 000×18 = 54 000（元）

3. 分配制造费用

完工产品定额工时 = 500×20 = 10 000（小时）

月末在产品定额工时 = 200×75%×20 = 3 000（小时）

$$\text{制造费用分配率} = \frac{13\ 500 + 25\ 500}{10\ 000 + 3\ 000} = 3$$

完工产品分配制造费用 = 10 000×3 = 30 000（元）

月末在产品分配制造费用 = 3 000×3 = 9 000（元）

根据上列资料，编制甲产品费用分配表（表2-29）。

表2-29　甲产品费用分配表　　　　　　　　单位：元

项目	直接材料	直接人工	制造费用	合计
月初在产品成本	4 500	60 000	13 500	78 000
本月生产费用	34 000	174 000	25 500	233 500
生产费用合计	38 500	234 000	39 000	311 500

表2-29(续)

项目		直接材料	直接人工	制造费用	合计
费用分配率/%		1.1	18	3	
完工产品成本	定额	25 000	10 000	10 000	
	实际	27 500	180 000	30 000	237 500
月末在产品成本	定额	10 000	3 000	3 000	
	实际	11 000	54 000	9 000	74 000

三、完工产品成本的结转

工业企业生产产品发生的各项生产费用，已在各种产品之间进行了分配，并在同种产品的完工产品与月末在产品之间进行了分配，从而计算出各种完工产品的成本。结转完工产品成本时，借记"库存商品"账户，贷记"基本生产成本"账户；结转完工的自制材料、工具、模具等的成本时，借记"原材料""低值易耗品"等账户，贷记"基本生产成本"账户。"基本生产成本"账户月末借方余额表示月末在产品的成本，也就是占用在基本生产过程中的生产资金，应与所属各种产品成本明细账中月末在产品成本之和核对相符。

本章练习

1. 某企业生产甲、乙两种产品，共同耗用某种原材料，耗用量无法按产品划分。单件产品原材料消耗定额：甲产品 30 千克，乙产品 24 千克。产量：甲产品 200 件，乙产品 100 件。甲、乙两种产品实际发生原材料费用共计 21 000 元。

要求：按原材料定额消耗量比例分配计算甲、乙产品的原材料费用。

2. 某企业生产甲、乙两种产品，耗用 C 材料 2 100 千克，单价 18 元/千克，耗用 D 材料 4 000 千克，单价 68.5 元。本月投产甲产品 50 件，乙产品 150 件。甲产品的消耗定额为：C 材料 8 千克/件，D 材料 15 千克/件。乙产品的消耗定额为：C 材料 12 千克/件，D 材料 20 千克/件。C、D 两种材料的计划单价分别为 20 元/千克和 50 元/千克。

要求：按产品材料定额成本比例分配甲乙产品应负担的材料费用。

3. 某企业根据某月份工资结算凭证汇总的薪酬费用为：基本生产车间生产甲、乙两种产品，生产工人的计时工资共计 39 200 元，管理人员工资 2 840 元。甲产品产量为 10 000 件，乙产品产量为 8 000 件。单件产品工时定额：甲产品 2.5 小时，乙产品 3 小时。

要求：按定额工时比例分配甲、乙产品生产工人工资。

4. 某工业企业某级工人加工甲、乙两种产品。甲产品工时定额为 30 分钟，乙产品工时定额为 45 分钟。该级工人的小时工资率为 6.6 元。该工人某月加工甲产品 470 件（其中料废产品 60 件），乙产品 220 件（其中工废产品 12 件）。

要求：①计算该级工人生产甲、乙两种产品的计件工资单价；②计算该工人该月应得的计件工资。

5. 某车间全年度计划制造费用为 26 400 元；全年各种产品的计划产量为：甲产品 300 件，乙产品 200 件；单件工时定额为甲产品 4 小时，乙产品 5 小时；该车间某月实际产量为：甲产品 56 件，乙产品 40 件，实际发生制造费用为 3 800 元。

要求：①计算年度计划分配率；②按年度计划分配率分配制造费用；③编制分配制造费用的会计分录。

6. 某企业的第一生产车间本月份共发生制造费用 51 820 元，其中折旧费和修理费为 26 880 元，其他费用为 24 940 元。该车间共生产甲、乙两种产品，甲产品机器工时为 300 小时，乙产品机器工时为 200 小时。甲产品生产工时为 2 500 小时，乙产品生产工时为 1 800 小时。

要求：根据上述资料，折旧费和修理费采用机器工时比例法分配，其他费用采用生产工时比例法分配，并将计算结果填入表 2-30 中。

表 2-30　折旧费、修理费、其他费用分配表

产品名称	折旧费、修理费			其他费用			分配制造费用
	机器工时	分配率	分配金额	生产工时	分配率	分配金额	
甲产品							
乙产品							
合计							

7. 某企业有供电和机修两个辅助生产车间，本月辅助生产成本明细账归集的费用：供电车间发生费用 7 040 元，机修车间发生费用 6 720 元。供电车间和机修车间之间相互提供产品和劳务。两车间本月提供产品和劳务量如表 2-31 所示。

表 2-31　两车间本月提供产品和劳务量表

项目		用电度数/度	耗用修理工时/小时
一车间	产品耗用	18 500	
	一般耗用	1 500	1 800
二车间	产品耗用	17 000	
	一般耗用	1 000	2 100
管理部门		2 000	100
供电车间			200
机修车间		4 000	
合计		44 000	4 200

要求：（1）采用直接分配法分配辅助生产费用（填入表2-32）。

表2-32　辅助生产费用分配表（直接分配法）

项目			供电车间	机修车间	合计
待分配辅助生产费用/元					
供应辅助生产以外的劳务量					
单位成本（分配率）					
基本生产	一车间	耗用数量			
		分配金额			
	二车间	耗用数量			
		分配金额			
制造费用	一车间	耗用数量			
		分配金额			
	二车间	耗用数量			
		分配金额			
管理费用		耗用数量			
		分配金额			
合计					

（2）采用交互分配法分配辅助生产费用（填入表2-33）。

表2-33　辅助生产费用分配表（交互分配法）

项目			供电车间			机修车间			合计
			数量	分配率	分配金额	数量	分配率	分配金额	
待分配辅助生产费用									
交互分配	供电车间								
	机修车间								
对外分配辅助生产费用									
对外分配	基本生产	一车间							
		二车间							
	制造费用	一车间							
		二车间							
	管理费用								
合计									

（3）假设供电车间的计划单位成本为0.15，机修车间的计划单位成本为1.8，采用计划成本分配法分配辅助生产费用（填入表2-34）。

表 2-34　辅助生产费用分配表（计划成本分配法）

项目			供电车间	机修车间	合计
待分配费用/元					
提供劳务数量					
计划单位成本					
辅助生产车间	供电	耗用数量			
		分配金额			
	机修	耗用数量			
		分配金额			
基本生产	一车间	耗用数量			
		分配金额			
	二车间	耗用数量			
		分配金额			
制造费用	一车间	耗用数量			
		分配金额			
	二车间	耗用数量			
		分配金额			
管理费用		耗用数量			
		分配金额			
按计划成本分配金额合计					
辅助生产实际成本					
辅助生产成本差异					

8. 某企业有发电、供水、蒸汽、修理四个辅助生产车间，有关资料如表 2-35 所示。

表 2-35　四个辅助生产车间有关资料表

项目	发电车间	供水车间	蒸汽车间	机修车间
直接发生的费用	11 200 元	16 500 元	21 000 元	13 000 元
提供的劳务	180 000 千瓦小时	200 000 吨	100 000 立方米	1 000 小时
受益单位：				
产品生产	140 000 千瓦小时	—	—	—
基本生产车间	10 000 千瓦小时	30 000 吨	10 000 立方米	600 小时
管理部门	2 000 千瓦小时	10 000 吨		
发电车间	—	20 000 吨	90 000 立方米	100 小时
供水车间	20 000 千瓦小时	—	—	100 小时

表2-35(续)

项目	发电车间	供水车间	蒸汽车间	机修车间
蒸汽车间	4 000 千瓦小时	140 000 吨	—	200 小时
机修车间	4 000 千瓦小时	—	—	—
计划单位成本	0.26 元/千瓦小时	0.10 元/吨	0.40 元/立方米	15 元/小时

要求：分别采用以下方法对辅助生产费用进行分配，要求列出主要计算过程并编制相关会计分录（计算时分配率的小数保留4位）。

要求：

（1）交互分配法（第一阶段交互分配简化处理，采用计划分配率分配）；

（2）代数分配法（只要求列出方程式即可）；

（3）计划成本分配法。

9. 某工业企业各种费用分配表中列示甲产品不可修复废品的定额成本资料为：不可修复废品5件，每件原材料费用定额100元，每件工时定额为30小时，每小时工资及福利费3元，制造费用4元。不可修复废品成本按定额成本计价。不可修复废品的残料价值按计划成本计价，共160元，作为辅助材料入库；应由过失人赔款120元。废品净损失由当月同种产品成本负担。

要求：

（1）计算甲产品不可修复废品的生产成本；

（2）计算甲产品不可修复废品的净损失；

（3）编制有关会计分录。

10. 某产品经过三道工序加工完成，月末在产品数量及原材料消耗定额资料如表2-36所示：

表2-36　某产品月末在产品数量及原材料消耗定额表

工序	月末在产品数量/件	单位产品原材料消耗定额
1	100	70
2	120	80
3	140	100
合计	360	250

要求：分别计算以下两种投料方式各工序在产品的投料率及月末在产品直接材料成本项目的约当产量。

（1）原材料于每个工序一开始时投入；

（2）原材料于每个工序开始以后逐步投入。

11. 甲产品由两道工序制成，原材料分工序投入，在每道工序开始时一次投料。第一工序材料消耗定额为280千克，月末在产品数量3 250件，第二工序材料消耗定额为220千克，月末在产品数量2 420件。完工产品为8 460件，月初在产品和本月发生的实际原材料费用累计533 400元。

要求：

（1）分别计算两道工序按原材料消耗程度表示的在产品完工率；

（2）分别计算两道工序按原材料消耗程度表示的在产品的约当产量；

（3）按约当产量比例法分配完工产品与月末在产品的原材料费用。

12. 某产品由两道工序完成，原材料随加工进度陆续投入。原材料消耗定额为：第一工序60%，第二工序40%；在产品在本工序的消耗定额按50%计算。月末在产品数量：第一工序2 800件，第二工序1 800件。该月月初在产品原材料费用和本月原材料费用合计为35 000元。该月完工产品为2 720件。

要求：按约当产量比例法分配计算完工产品和月末在产品的原材料费用。

13. 某产品分两道工序制成。其工时定额为：第一道工序20小时，第二道工序30小时，每道工序按本道工序工时定额的50%计算完工率。在产品数量为：第一道工序100件，第二道工序200件。月末完工产品300件，月初在产品和本月发生的工资及福利费共计3 220元。

要求：

（1）计算两道工序在产品的完工率；

（2）计算月末在产品约当产量；

（3）按约当产量比例法分配计算完工产品和月末在产品的工资及福利费。

14. 某企业生产甲产品，本月完工产品数量为500件，期末在产品为400件，原材料系一次投入，期末在产品的完工程度为50%。有关费用资料见表2-37。要求：采用约当产量法列式计算完工产品和期末在产品的成本；编制产品入库的会计分录。

表2-37　甲产品有关费用资料表　　　　　　　　　单位：元

项目	直接材料	燃料及动力	直接人工	制造费用	合计
月初在产品成本	18 000	172	28	750	18 950
本月发生费用	36 000	1 032	168	2 750	39 950

15. 某企业生产A、B两种产品，A产品耗用的原材料是生产开始时一次投入的，B产品耗用的原材料随着加工进度同步投入。其余资料见表2-38。

表2-38　A、B两种产品相关资料表

产品名称	完工产品件数	在产品件数	完工率/%	月初在产品生产费用与本月生产费用合计/元		
				原材料	工资及福利费	制造费用
A	120	40	37.5	64 640	26 460	21 060
B	300	100	50	175 000	79 800	63 000

要求：用约当产量比例法计算完工产品与在产品成本，并编制产品入库的会计分录。

16. 某企业生产A产品，本月完工产品产量为400件，月末在产品80件，加工进度为50%。月初在产品和本月发生的生产费用累计为15 000元，其中直接材料9 280元，直接人工2 200元，制造费用3 520元。A产品所耗原材料于生产开始时投入全部材料的 80%，当产品加工到达 60% 时，再投入其余的 20%。

要求：采用约当产量比例法计算完工产品与在产品成本。

17. 某企业生产 A 产品，材料在生产开始时一次投入。某月的月初在产品成本为：直接材料 16 000 元，直接人工 8 000 元，制造费用 4 000 元；本月发生的生产费用为：直接材料 84 000 元，直接人工 20 000 元，制造费用 7 200 元。本月完工产品 4 000 件，单位产品原材料费用定额为 20 元，工时定额为 1.2 小时。月末在产品 1 000 件，月末在产品定额工时为 800 小时。

要求：采用定额比例法分配计算完工产品和月末在产品成本，并编制相应的会计分录。

18. 某企业 B 产品的生产分两道工序制成，原材料在各道工序开始时一次投入，各道工序内在产品的平均加工程度为 50%，在产品的产量和定额消耗资料如表 2-39 所示。

表 2-39　B 产品在产品的产量和定额消耗资料表

工序	在产品数量/件	材料定额/千克	工时定额/小时
1	300	25	5
2	200	15	3
合计	500	40	8

直接材料计划单价为每千克 1.20 元，单位产品工时定额 8 小时，每工时计划费用为：直接人工 2 元/小时，制造费用 2.5 元/小时。B 产品月初在产品和本月生产费用合计为：直接材料 26 500 元，直接人工 9 480 元，制造费用 11 875 元。

要求：根据月末在产品按定额成本计价法分配计算本月完工产品和月末在产品成本。

产品成本的计算方法

第一节 生产特点和管理要求对产品成本计算的影响

一、生产按工艺过程特点分类

制造业的生产按生产工艺过程的特点，分为单步骤生产和多步骤生产两种类型。

（一）单步骤生产

单步骤生产，也叫作简单生产，是指生产工艺过程不能间断或者由于工作场地的限制不可能（不需要）划分为几个生产步骤的生产，如发电、采掘、化肥的生产，铸件的熔铸、玻璃制品的熔制等。这类生产周期较短，没有自制半成品，由于技术上的不可间断，或由于工作地点上的限制，通常只能由一个企业整体进行，而不能由几个企业协作进行。

（二）多步骤生产

多步骤生产，也叫作复杂生产或多阶段生产，是指生产工艺过程由若干个可以间断的、分散在不同地点、分别在不同时间进行的生产步骤所组成的生产，如纺织、钢铁、机械、造纸、服装等生产。

多步骤生产按其产品的加工方式，又可分为连续式多步骤生产和装配式多步骤生产。连续式多步骤生产是指原材料投入生产后，要依次经过各生产步骤的连续加工，才能成为产品的生产，如纺织、冶金、造纸、钢铁等生产。装配式多步骤生产是指先将原材料分别加工为零件、部件，再将零件、部件装配为产成品的生产，如机械制造、汽车制造、仪表制造等生产。

二、生产按生产组织特点分类

制造业的生产，按生产组织的特点，分为大量生产、成批生产和单件生产三种类型。

（一）大量生产

大量生产是指不断地重复生产相同产品的生产。在这种生产的企业或车间中，产品的品种较少，而且比较稳定，一般专业化程度高，生产节奏性较强，如采掘、纺织、面粉、化肥、酿酒等的生产。

（二）成批生产

成批生产是指按照事先规定的产品批别和数量进行的生产。在这种生产的企业或车间中，产品品种比较多，而且各种产品的生产具有一定的重复性，如服装、机械的生产。

成批生产按照产品批量的大小，又分为大批生产和小批生产。大批生产，产品批量较大，往往在几个月内不断地重复生产一种或几种产品，其性质近于大量生产；小批生产，生产产品的批量较小，一批产品一般可以同时完工，其性质近于单件生产。

（三）单件生产

单件生产是小批生产的特例，是指根据订货单位的要求，生产个别的、性质特殊的产品的生产，如重型机器制造、船舶制造和飞机制造等生产。在这种生产的企业或车间中，产品的品种多，而且很少重复。工业企业生产类型表如表 3-1 所示。

表 3-1　工业企业生产类型表

生产特点		工业企业生产类型	典型企业
按生产工艺过程分	按生产组织特点分		
单步骤生产	大量生产	大批大量单步骤生产	供水、供电采掘、冶金
	成批生产　大批生产		
	成批生产　小批生产	一般不存在	
	单件生产		
多步骤生产（连续式、装配式）	大量生产	大批大量连续式多步骤生产 大批大量装配式多步骤生产	纺织、造纸机械、家电
	成批生产　大批生产		
	成批生产　小批生产	小批单件多步骤装配生产	船舶、重机专用设备
	单件生产		

三、成本管理要求

成本计算方法的确定除了要考虑产品的生产类型外，还要考虑成本管理的要求。成本管理要求企业在组织成本核算时，要以满足企业经营管理的需要为前提，确定成本计算方法的各个要素，分清主次，区别对待。成本计算应为管理提供所需要的成本资料。如在多步骤生产企业管理中要求分步骤计算成本，以提供各步骤半成品的成本资料，因此以各步骤的半成品和最终产品作为成本计算对象；如果管理上不要求分步骤计算成本，只要求提供库存商品的成本资料，则以产品品种作为成本计算对象。

四、生产特点和管理要求对产品成本计算方法的影响

生产类型不同，对成本进行管理的要求也不一样。而生产特点和管理要求又必然对产品成本计算产生影响。这一影响主要表现在成本计算对象、成本计算期、完工产品和在产品之间费用的分配三个方面。

（一）对成本计算对象的影响

成本计算对象，就是生产费用归集的对象，就是计算什么的成本。根据管理的需要，工业企业成本计算对象通常分为产品的品种、产品的批别和产品的生产步骤。

从产品生产工艺特点看，在单步骤生产中，其工艺过程不能间断，只能按照生产产品的品种计算成本，因而不可能也不需要按照生产步骤计算产品成本。在多步骤生产中，往往为了加强各个生产步骤的成本管理，要求按照产品生产的步骤计算成本，还要求在其步骤下按照产品的品种或批别计算成本。但是，如果企业的规模较小，也可以不按照生产步骤计算成本，而只按照产品品种或批别计算成本，这就是管理上不要求按照生产步骤核算生产费用、计算产品成本。

从产品生产组织特点看，在大量生产情况下，连续不断地重复生产一种或若干种产品，一方面涉及同样的原材料不断投入；另一方面涉及相同的产品不断产出，因而管理上只要求，而且也只能按照产品的品种计算成本。在大批生产的情况下，往往集中投料，生产一批零部件供几批产品耗用；耗用量较多的零部件，也可以另行分批生产。在这种情况下，零部件生产的批别与产品生产的批别往往是不一致的，因而也就不能按照产品的批别计算成本，而只能按照产品的品种计算成本。在小批、单件生产的情况下，由于其生产的产品批量小，一批产品一般可以同时完工，因而有可能按照产品的批别或件别，归集生产费用，计算产品成本。从管理要求看，为了分析和考核各批产品成本水平，也要求按照产品批别或件别计算成本。

因此，在产品成本计算工作中有着三种不同的成本计算对象：

（1）以产品品种为成本计算对象；

（2）以产品批别为成本计算对象；

（3）以产品生产步骤为成本计算对象。

成本计算对象的确定，是设置产品成本明细账、归集生产费用、计算产品成本的前提，是构成成本计算方法的主要标志，因而也是区别各种成本计算基本方法的主要标志。

（二）对成本计算期的影响

成本计算期通常指隔多长时间计算产品成本。产品成本计算既包括完工产品成本的计算也包括在产品成本的计算。产品成本计算一般情况于每月月末进行，但在不同生产类型中也是有区别的，这主要决定于生产组织的特点。

在大量、大批生产中，由于生产连续不断地重复进行，月末一般都有完工产品和在产品，因而产品成本计算都是定期于每月月末进行，而与产品的生产周期不相一致。

在小批、单件生产中，每月不一定都有产品完工，完工产品成本有可能在某批或某件产品完工以后计算，因而完工产品成本的计算是不定期的，而与生产周期相一致。在

这类企业中，有的采用更简化的方法，即只在有产品完工的月份才对完工产品进行成本计算，而对未完工的在产品，只以总数反映在基本生产成本二级账中，而不分产品计算在产品成本。

（三）对本期完工产品和期末在产品之间费用分配的影响

根据生产类型的特点，到月末进行成本计算时要考虑有没有在产品，是否需要在完工产品与在产品之间分配费用的问题。在单步骤生产中，生产过程不能间断，生产周期也短，一般没有在产品，或者在产品数量很少，因而计算产品成本时，生产费用不必在完工产品与在产品之间进行分配。在多步骤生产中，是否需要在完工产品与在产品之间分配费用，在很大程度上取决于生产组织的特点。

在大量、大批生产中，由于生产连续不断地进行，而且经常存在在产品，因而在计算成本时，就需要采用适当的方法，将生产费用在完工产品与在产品之间进行分配。

在小批、单件生产中，在每批、每件产品完工前，产品成本明细账中所记录的生产费用就是在产品的成本，完工后所记录费用就是完工产品的成本，因而不存在在完工产品与在产品之间分配费用的问题。

五、产品成本计算的基本方法

根据生产特点和成本管理要求，在产品成本计算工作中有着三种不同的成本计算对象：产品品种、产品批别和产品的生产步骤，因而以成本计算对象为主要标志的产品成本计算也有三种基本方法。

（一）品种法

在大量、大批单步骤生产企业中，或者管理上不要求分步计算产品成本的多步骤生产的企业中，只需以产品品种作为成本计算对象来归集和分配生产费用，计算各种产品的总成本和单位成本的方法，称为品种法。

在大量、大批生产的企业中，月末产品不可能全部完工，也不可能等到产品完工以后才计算其实际总成本，因此成本计算期与生产周期不一致，而只能与会计报告期一致，通常定期按月计算。但在按月计算成本时，有些单步骤生产企业没有月末在产品，这时本月生产费用就是本月完工产品成本，不需要在本月完工产品和月末在产品之间分配费用。但在管理上不要求分步计算产品成本的大量大批多步骤生产企业中，月末需要在本月完工产品和月末在产品之间分配生产费用。

（二）分批法

在单件、小批生产企业中，以客户的订单为依据，即产品批别为成本计算对象归集和分配生产费用，计算出各批产品的实际总成本和单位成本的产品成本计算方法，称为分批法。

在单件、小批生产的企业中，由于成本计算对象是产品的批别，只有到该批产品全部完工时，才能计算出其实际总成本和单位产品成本，因此，成本计算期与生产周期一致，其计算期并不固定，不需要计算本月完工产品和在产品成本。

（三）分步法

在大量、大批多步骤生产企业中，企业管理上也要求按生产步骤作为成本计算对象归集和分配生产费用计算产品成本的方法，称为分步法。

在大量、大批的多步骤生产企业中不可能等到全部产品完工以后才计算成本，因而，只能定期按月计算以产成品及其所经生产步骤作为成本核算对象的生产费用，月末需要把生产费用在本月完工产品和在产品之间进行分配。

产品成本计算基本方法的区别如表 3-2 所示。

产品成本计算基本方法	品种法	分批法	分步法
成本计算对象	产品品种	产品批别	产品的生产步骤
生产的特点和管理要求	大量、大批单步骤生产或管理上不要求分步计算成本的多步骤生产	小批、单件单步骤生产或管理上不要求分步计算成本的多步骤生产	大量、大批生产、管理上要求分步计算成本的多步骤生产
成本计算期	定期按月	不定期，与生产周期一致	定期按月
本月完工产品和在产品费用的分配	有在产品时需要分配	不一定需要分配	有在产品时需要分配

无论采用哪一种方法，最后都应计算出各种产品成本的实际总成本和单位成本，因此，品种法是最基本的成本计算方法。

六、产品成本计算的辅助方法

（一）分类法

在产品品种、规格繁多的工业企业中，如针织厂、灯泡厂等，为了简化成本计算工作，以产品的类别作为成本计算对象归集和分配费用，类内采用一定标准分配费用的一种简便的产品成本计算方法，叫作分类法。

（二）定额法

在定额管理工作基础好的工业企业中，为了配合和加强定额管理，加强成本控制，更有效地发挥成本计算的分析性和监督性作用，还应用一种将符合定额的费用和脱离定额的差异分别核算的产品成本计算方法，叫作定额法。

分类法和定额法与生产类型的特点没有直接联系，不涉及成本计算对象；它们的应用或者是为了简化成本计算工作，或者是为了加强成本管理，只要具备条件，在哪种生产类型企业都能用。因此，从计算产品实际成本的角度来说，它们不是必不可少的。基于上述情况，这些方法通称为辅助方法，一般应与各种类型生产中采用的基本方法结合起来使用，而不能单独使用。

（三）变动成本法

变动成本法是只将变动成本计入产品成本，而将固定成本全部作为期间成本，直接计入当期损益的一种成本计算方法。

（四）标准成本法

标准成本法是只计算产品的标准成本，而将实际成本和标准成本的差异直接计入当期损益的一种成本计算方法。

成本管理会计

· 68 ·

（五）作业成本法

作业成本法以作业成本作为将成本分配给其他成本对象（产品、服务或客户）的基础，并以成本动因来决定间接成本库的数量和每一间接成本库的最佳分配基础。

一、品种法的概念

产品成本计算的品种法，是以产品品种作为成本计算对象归集和分配生产费用，计算产品成本的一种方法。

各种成本计算方法最终都要计算出各种产品品种的实际总成本和单位成本，按照产品品种计算产品成本是成本计算最起码的要求，因此，品种法是企业成本计算最基本的方法。

二、品种法的特点

（一）成本计算对象是产品品种

在采用品种法计算产品成本的企业或车间里，成本核算对象就是产品品种。如果只生产一种产品，按照该种产品品种开设产品成本明细账，账内按成本项目设立专栏或专行计算产品成本。在这种情况下，所发生的全部生产费用都是直接计入费用，可以直接计入该产品成本明细账的有关成本项目中，不存在在各成本计算对象之间分配费用的问题。如果是生产多种产品，就要按照产品品种分别设置产品成本明细账，发生生产费用时，能分得清是哪种产品耗用的，可以直接记入各该产品成本明细账的有关成本项目中，不能直接计入的，则要采用适当的分配方法，在各成本计算对象之间进行分配，然后分别记入各产品成本明细账的有关成本项目中。

（二）成本计算期是定期按月进行

在大量、大批的单步骤生产中，由于是不断地重复生产一种或几种产品，不能在产品制造完工时立即计算它的成本，因而成本计算一般定期于每月月末进行。在大量、大批的多步骤生产中，如采用品种法计算成本，成本计算一般也都是定期于每月月末进行。

（三）生产费用在完工产品和在产品之间分配

在单步骤生产中，月末计算成本时如果不存在尚未完工的在产品，或者在产品数量很小，那么可以不计算在产品成本。在这种情况下，产品成本明细账中按成本项目归集的生产费用，就是该种产品的总成本，除以该种产品的产量，即可求得该种产品的单位成本。

在一些规模较小，而且管理上又不要求按照生产步骤计算成本的大量、大批的多步骤生产中，月末一般都有在产品，而且数量较多，这就需要将产品成本明细账中归集的生产费用，选择适当的分配方法，在完工产品与月末在产品之间进行分配，以计算完工产品成本和月末在产品成本。

三、品种法的适用范围

品种法主要适用于大量、大批的单步骤生产，如发电、采掘等生产，也适用于大量、大批的多步骤生产，这类生产管理上不要求按照生产步骤计算产品成本，如小型水泥厂、织布厂等的生产。企业的辅助生产单位的生产，如供水、供电、蒸汽车间等，也可采用品种法计算其产品或劳务的成本。

四、品种法的成本计算程序

（一）按照产品品种设置有关成本明细账

企业应在"生产成本"总账账户下设置"基本生产成本"和"辅助生产成本"二级账，"基本生产成本"按照产品品种成本核算对象设置产品生产成本明细账，"辅助生产成本"按照辅助生产车间或辅助生产单位提供的产品或劳务品种设置明细账，这两个账都按成本项目设置专栏。企业还应在"制造费用"总账账户下，按照车间、分厂等生产单位设置制造费用明细账，其账内按照费用项目设置专栏。

（二）按照发生的要素费用，归集和分配本月发生的各项费用

企业应根据发生的要素费用的原始凭证和其他有关凭证归集和分配材料费用、人工费用和其他各项费用，编制会计分录。凡能直接计入有关生产成本明细账的应直接计入，不能直接计入的，应按照受益原则，再根据有关费用分配表分配计入相关生产成本明细账，辅助生产车间发生的计入辅助生产成本，各生产单位发生的制造费用，先通过制造费用归集，计入其明细账。不计入产品成本的期间费用，直接计入"管理费用""销售费用""财务费用"，并分别计入其明细账。

（三）分配辅助生产费用

根据辅助生产成本明细账归集的本月辅助生产费用，按照企业确定的辅助生产费用分配方法，计算并编制"辅助生产费用分配表"，根据分配结果，编制会计分录，按照受益对象分别计入有关产品生产成本明细账、制造费用明细账和期间费用明细账。

（四）分配基本生产车间制造费用

根据各基本生产车间制造费用明细账归集的本月制造费用，按照企业确定的制造费用分配方法，计算并编制"制造费用分配表"，根据分配结果，编制会计分录，并分别计入有关产品生产成本明细账。

（五）计算本月完工产品总成本和单位成本

根据各种产品成本明细账归集的本月生产费用，加上月初在产品的成本，采用适当的完工产品和在产品的分配方法，计算出完工产品总成本和在产品成本，各种完工产品总成本分别除以产量，计算出该种产品本月实际单位成本。

（六）结转本月完工产品成本

根据各种产品适当的完工产品和在产品的分配方法，计算出完工产品总成本，编制本月"完工产品成本汇总表"，编制结转完工产品成本的会计分录，并分别计入有关产品成本明细账。

五、品种法实例

【例3-1】东南公司生产甲、乙两种产品，设有一个基本生产车间（二个一级会计科目：基本生产成本、制造费用）、两个辅助生产车间（一个一级会计科目：辅助生产成本，不设制造费用一级科目），2020年8月有关资料如下：

（一）本月有关成本计算资料

1. 月初在产品成本

甲、乙两种产品的月初在产品成本如表3-3所示。

表3-3　月初在产品成本资料表

2020年8月

单位：元

摘要	直接材料	直接人工	制造费用	合计
甲产品月初在产品成本	164 000	32 470	3 675	200 145
乙产品月初在产品成本	123 740	16 400	3 350	143 490

2. 本月生产数量

甲产品本月完工500件，月末在产品100件，实际生产工时100 000小时；乙产品本月完工200件，月末在产品40件，实际生产工时50 000小时。甲、乙两种产品的原材料都在生产开始时一次投入，加工费用发生比较均衡，月末在产品完工程度均为50%。

本月发生生产费用如下：

（1）本月发出材料汇总表如表3-4所示。

表3-4　发出材料汇总表

2020年8月

单位：元

领料部门和用途		材料类别			合计
		原材料	包装物	低值易耗品	
基本生产车间	甲产品耗用	800 000	10 000		810 000
	乙产品耗用	600 000	4 000		604 000
	甲、乙产品共同耗用	28 000			28 000
	车间一般耗用	2 000		100	2 100
辅助生产车间	供电车间耗用	1 000			1 000
	供热车间耗用	1 200			1 200
厂部管理部门耗用		1 200		400	1 600
合计		1 433 400	14 000	500	1 447 900

备注：生产甲、乙两种产品共同耗用的材料，按甲、乙两种产品直接耗用原材料的比例进行分配。

（2）本月职工薪酬汇总表如表3-5所示。

表3-5　职工薪酬汇总表

2020年8月　　　　　　　　　　　　　　　　单位：元

人员类别		工资	社会保险费	合计
基本生产车间	产品生产人员	420 000	58 800	478 800
	车间管理人员	20 000	2 800	22 800
辅助生产车间	供电车间人员	8 000	1 120	9 120
	供热车间人员	7 000	980	7 980
厂部管理人员		40 000	5 600	45 600
合计		495 000	69 300	564 300

（3）本月以现金支付的其他费用为2 500元，其中，基本生产车间办公费为315元；供电车间承担的市内交通费为145元；供热车间承担的外部加工费为480元；厂部管理部门承担的办公费为1 360元，材料市内运输费为200元。

（4）本月以银行存款支付的其他费用为14 700元，其中，基本生产车间承担的办公费用为7 000元；供电车间承担的外部修理费为2 300元；供热车间承担的办公费为400元；厂部管理部门负担的办公费为5 000元。

（5）本月应计提固定资产折旧费为22 000元，其中，基本生产车间折旧10 000元，供电车间折旧2 000元，供热车间折旧4 000元，厂部管理部门折旧6 000元。

（6）本月应付财产保险费为3 195元，其中供电车间承担800元，供热车间承担600元，基本生产车间承担1 195元，厂部管理部门承担600元。

（7）有关费用分配方法如下：

①共同耗用材料按甲、乙两种产品直接耗用原材料的比例分配；

②工资及社会保险费按甲、乙两种产品的实际生产工时比例分配；

③辅助生产费用按计划成本分配法分配；

④制造费用按甲、乙两种产品的生产工时比例分配；

⑤采用约当产量法计算甲、乙两种产品的月末在产品。

本月供电和供热车间提供的劳务量如表3-6所示。每度电的计划成本为0.34元，每平方米供热的计划成本为3.50元；成本差异全部由管理费用承担。

表3-6　本月供电和供热车间提供的劳务量表

受益部门		供电车间/度	供热车间/平方米
供电车间			400
供热车间		3 000	
基本生产车间	产品生产	27 000	
	一般耗费	6 000	3 000
厂部管理部门		10 000	1 100
合计		46 000	4 500

（二）相关费用的分配及会计分录的编制

1. 分配各项要素费用（表 3-7 至表 3-12）并编制会计分录。

表 3-7　甲、乙产品共同耗用材料分配表

2020 年 8 月　　　　　　　　　　　　　　　　　　单位：元

产品名称	直接耗用原材料	分配率	分配共耗材料
甲产品	800 000		16 000
乙产品	600 000	0.02	12 000
合计	1 400 000		28 000

表 3-8　材料费用分配表

2020 年 8 月　　　　　　　　　　　　　　　　　　单位：元

会计科目	明细科目	原材料	包装物	低值易耗品	合计
基本生产成本	甲产品 乙产品 小计	816 000 612 000 1 428 000	10 000 4 000 14 000		826 000 616 000 1 442 000
辅助生产成本	供电车间 供热车间 小计	1 000 1 200 2 200			1 000 1 200 2 200
制造费用	基本生产车间	2 000		100	2 100
管理费用		1 200		400	1 600
合计		1 433 400	14 000	500	1 447 900

借：基本生产成本——甲　　　　　　　　　　　　826 000

　　　　　　　　——乙　　　　　　　　　　　　616 000

　　辅助生产成本——供电　　　　　　　　　　　 1 000

　　　　　　　　——供热　　　　　　　　　　　 1 200

　　制造费用　　　　　　　　　　　　　　　　　 2 100

　　管理费用　　　　　　　　　　　　　　　　　 1 600

　　贷：原材料　　　　　　　　　　　　　　　1 433 400

　　　　周转材料——包装物　　　　　　　　　　14 000

　　　　　　　　——低值易耗品　　　　　　　　　 500

表 3-9　职工薪酬分配表

2020 年 8 月　　　　　　　　　　　　　　　单位：元

分配对象		工资			社会保险费	
会计科目	明细科目	分配标准	分配率	分配额	分配率	分配额
基本生产成本	甲产品	100 000		280 000		39 200
	乙产品	50 000	2.80	140 000	0.392	19 600
	小计	150 000		420 000		58 800
辅助生产成本	供电车间			8 000		1 120
	供热车间			7 000		980
	小计			15 000		2 100
制造费用				20 000		2 800
管理费用				40 000		5 600
合计				495 000		69 300

借：基本生产成本——甲产品　　　　　　　　　　　　　　319 200

　　　　　　　——乙产品　　　　　　　　　　　　　　159 600

　　辅助生产成本——供电　　　　　　　　　　　　　　9 120

　　　　　　　——供热　　　　　　　　　　　　　　　7 980

　　制造费用　　　　　　　　　　　　　　　　　　　　22 800

　　管理费用　　　　　　　　　　　　　　　　　　　　45 600

　　贷：应付职工薪酬——工资　　　　　　　　　　　　　　495 000

　　　　　　　　——社会保险费　　　　　　　　　　　　69 300

表 3-10　折旧费用计算表

2020 年 8 月　　　　　　　　　　　　　　　单位：元

会计科目	明细科目	费用项目	分配金额
制造费用	基本生产车间	折旧费用	10 000
辅助生产成本	供电	折旧费用	2 000
	供热	折旧费用	4 000
管理费用		折旧费用	6 000
合计			22 000

借：制造费用——基本生产车间　　　　　　　　　　　　10 000

　　辅助生产成本——供电　　　　　　　　　　　　　　2 000

　　　　　　　——供热　　　　　　　　　　　　　　　4 000

　　管理费用　　　　　　　　　　　　　　　　　　　　6 000

　　贷：累计折旧　　　　　　　　　　　　　　　　　　　22 000

表 3-11 财产保险费分配表

2020 年 8 月　　　　　　　　　　　　　　单位：元

会计科目	明细科目	费用项目	分配金额
制造费用	基本生产车间	财产保险费	1 195
辅助生产成本	供电	财产保险费	800
	供热	财产保险费	600
管理费用		财产保险费	600
合计			3 195

借：制造费用——基本生产车间　　　　　　　　　1 195

　　辅助生产成本——供电　　　　　　　　　　　　800

　　　　　　　　——供热　　　　　　　　　　　　600

　　管理费用　　　　　　　　　　　　　　　　　　600

　贷：应付账款　　　　　　　　　　　　　　　　　　　3 195

表 3-12 其他费用分配表

2020 年 8 月　　　　　　　　　　　　　　单位：元

会计科目	明细科目	现金支付	存款支付	合计
制造费用	基本生产车间	315	7 000	7 315
辅助生产成本	供电	145	2 300	2 445
	供热	480	400	880
管理费用		1 560	5 000	6 560
合计		2 500	14 700	17 200

借：制造费用——基本生产车间　　　　　　　　　7 315

　　辅助生产成本——供电　　　　　　　　　　　2 445

　　　　　　　　——供热　　　　　　　　　　　　880

　　管理费用　　　　　　　　　　　　　　　　　6 560

　贷：库存现金　　　　　　　　　　　　　　　　　　2 500

　　　银行存款　　　　　　　　　　　　　　　　　14 700

2. 分配辅助生产费用（表 3-13 至表 3-16）并编制会计分录。

表 3-13 辅助生产成本明细账

车间名称：供电车间　　　　　　　　　　　　单位：元

2020 年		摘要	直接材料	直接人工	其他	合计
月	日					
8	31	根据分配表 3-16	1 000			1 000
	31	根据分配表 3-17		9 120		9 120

第三章　产品成本的计算方法

· 75 ·

表3-13（续）

2020年		摘要	直接材料	直接人工	其他	合计
月	日					
	31	折旧费用			2 000	2 000
	31	财产保险费			800	800
	31	其他费用			2 445	2 445
	31	本期发生额合计	1 000	9 120	5 245	15 365

表 3-14　辅助生产成本明细账

车间名称：供热车间　　　　　　　　　　　　　　　　　　　　　　　单位：元

2020年		摘要	直接材料	直接人工	其他	合计
月	日					
8	31	材料费用	1 200			1 200
	31	职工薪酬工资费用		7 000		7 000
	31	社会保险费		980		980
	31	折旧费用			4 000	4 000
	31	财产保险费			600	600
	31	其他费用			880	880
	31	本月合计	1 200	7 980	5 480	14 660

表 3-15　辅助生产费用分配表

2020 年 8 月　　　　　　　　　　　　　　　　　　　　　　　　单位：元

受益部门		供电（单位成本0.34元）		供热（单位成本3.50元）	
		用电度数	计划成本	供热方数	计划成本
供电车间				400	1 400
供热车间		3 000	1 020		
基本生产车间	产品生产	27 000	9 180	—	—
	一般耗费	6 000	2 040	3 000	10 500
厂部管理部门		10 000	3 400	1 100	3 850
合计		46 000	15 640	4 500	15 750
实际成本			16 765		15 680
成本差异			+1 125		−70

备注：基本生产车间耗用劳务量包括产品生产劳务量和一般耗费劳务量。

表 3-16　产品生产用电分配表

2020 年 8 月　　　　　　　　　　　　　　　　　单位：元

产品	生产工时	分配率	分配金额
甲产品	100 000		6 120
乙产品	50 000	0.061 2	3 060
合计	150 000		9 180

借：基本生产成本——甲　　　　　　　　　　　　　　6 120

　　　　　　　　——乙　　　　　　　　　　　　　　3 060

　　辅助生产成本——供电　　　　　　　　　　　　　1 400

　　　　　　　　——供热　　　　　　　　　　　　　1 020

　　制造费用——基本生产车间　　　　　　　　　　 12 540

　　管理费用　　　　　　　　　　　　　　　　　　　7 250

　　贷：辅助生产成本——供电　　　　　　　　　　　15 640

　　　　　　　　　　——供热　　　　　　　　　　　15 750

借：辅助生产成本——供热　　　　　　　　　　　　　　 70

　　管理费用　　　　　　　　　　　　　　　　　　　1 055

　　贷：辅助生产成本——供电　　　　　　　　　　　 1 125

3. 分配制造费用（表 3-17、表 3-18）并编制会计分录。

表 3-17　制造费用明细账

车间名称：基本生产车间　　　　　　　　　　　　　　　　单位：元

2020 年		摘要	材料费	人工费	折旧费	其他	合计
月	日						
8	31	材料费用分配表	2 100				2 100
8	31	职工薪酬分配表		22 800			22 800
8	31	折旧费用分配表			10 000		10 000
8	31	财务保险分配表				1 195	1 195
8	31	其他费用分配表				7 315	7 315
8	31	辅助生产分配表				12 540	12 540
8	31	本期发生额	2 100	22 800	10 000	21 050	55 950
8	31	期末结转制造费用	2 100	22 800	10 000	21 050	55 950

表 3-18 制造费用分配表

车间名称：基本生产车间 　　　　　　　　　　　　　　　　　　　　　　单位：元

产品	生产工时	分配率	分配金额
甲产品	100 000		37 300
乙产品	50 000	0.373	18 650
合计	150 000		55 950

借：基本生产成本——甲产品　　　　　　　　　　　　　　　　　37 300

　　　　　　　　　　——乙产品　　　　　　　　　　　　　　　18 650

贷：制造费用——基本生产车间　　　　　　　　　　　　　　　　　　55 950

4. 计算甲、乙产品成本（表 3-19、表 3-20）并填列明细账（表 3-21、表 3-22）。

表 3-19 在产品约当产量计算表

产品名称：甲产品 　　　　　　　　　　　　　　　　　　　　　　单位：件

成本项目	在产品数量	投料程度/%	约当产量
直接材料	100	100	100
直接人工	100	50	50
制造费用	100	50	50

表 3-20 在产品约当产量计算表

产品名称：乙产品 　　　　　　　　　　　　　　　　　　　　　　单位：件

成本项目	在产品数量	投料程度/%	约当产量
直接材料	40	100	40
直接人工	40	50	20
制造费用	40	50	20

表 3-21 基本生产成本明细账

产品名称：甲产品 　　　　　　　　　　　　　　　　　　　　　　单位：元

2010 年 月	2010 年 日	摘要	直接材料	直接人工	制造费用	合计
		月初在产品成本	164 000	32 470	3 675	200 145
		本月生产费用合计	826 000	319 200	43 420	1 188 620
		本月累计	990 000	351 670	47 095	1 388 765
		完工产品数量	500	500	500	
		月末在产品约当量	100	50	50	
		生产量合计	600	550	550	
		单位成本	1 650	639.4	85.63	

表3-21（续）

2010 年		摘要	直接材料	直接人工	制造费用	合计
月	日					
		完工产品总成本	825 000	319 700	42 815	1 187 515
		月末在产品成本	165 000	31 970	4 280	201 250

表3-22 基本生产成本明细账

产品名称：乙产品 单位：元

2010 年		摘要	直接材料	直接人工	制造费用	合计
月	日					
		月初在产品成本	123 740	16 400	3 350	143 490
		本月生产费用合计	616 000	159 600	21 710	797 310
		本月累计	739 740	176 000	25 060	940 800
		完工产品数量	200	200	200	
		月末在产品约当量	40	20	20	
		生产量合计	240	220	220	
		单位成本	3 082.25	800	113.91	
		完工产品总成本	616 450	160 000	22 782	799 232
		月末在产品成本	123 290	16 000	2 278	141 568

5. 编制完工产品成本计算表（表3-23），并结转完工产品成本。

表3-23 完工产品成本计算表 单位：元

成本项目	甲产品		乙产品	
	总成本	单位成本	总成本	单位成本
直接材料	825 000	1 650	616 450	3 082.25
直接人工	319 700	639.4	160 000	800
制造费用	42 815	85.63	22 782	113.91
合计	1 187 515	2 375.03	799 232	3 996.16

借：库存商品——甲产品   1 187 515
       ——乙产品   799 232
  贷：基本生产成本——甲产品   1 187 515
       ——乙产品   799 232

第三节 产品成本计算的分批法

一、分批法的概念

产品成本计算的分批法，是以产品的批别作为成本核算对象归集生产费用，计算产品成本的一种方法。

二、分批法的特点

（一）以产品批别作为成本计算对象

在小批和单件生产中，产品的种类和每批产品的批量，大多是根据购买单位的订单确定，因而按批别、按件别计算产品成本，往往也就是按照订单计算产品成本。但是，订单和批别并不是一个概念，通常一张订单可以作为一个批别；也可以将一张订单划分为几个批别；也可几个订单合为一个批别。如果在一张订单中规定有几种产品或虽然只有一种产品但其数量较大而又要求分批交货时，这时如按订货单位的订单组织生产，就不利于按产品品种考核、分析成本计划的完成情况，从生产管理上也不便于集中一次投料或满足不了分批交货的要求。针对这种情况，企业生产计划部门可以将上述订单按照产品品种划分批别组织生产或将同类产品划分数批组织生产，计算产品成本。如果在一张订单中只预订一件产品，但其属于大型复杂产品，价值较大，生产周期较长，如大型船舶制造，也可以按照产品的组成部分分批组织生产，计算产品成本。如果在同一时期内，企业接到不同购货单位要求生产同一产品的几张订单，为了经济合理地组织生产，企业生产计划部门也可以将其合并为一批组织生产计算产品成本。在这种情况下，分批法的成本计算对象，就不是购货单位的订货单，而是企业生产计划部门签发下达的生产任务通知单，单内应对该批生产任务进行编号，这些编号被称为产品批号或生产令号。会计部门应根据产品批号设立产品成本明细账，归集生产费用计算产品成本。

（二）成本计算期与生产周期一致

在分批法下，各批号、各订单产品的实际生产成本必须在产品完工后才能计算出来，各期所投产的各批号、各订单产品的生产周期又长短不一，因而完工产品成本计算是不定期的，其成本计算期与产品的生产周期基本一致，而与核算报告期不一致。

（三）月末一般不存在生产费用在完工产品与在产品之间的分配

在小批、单件生产下，由于完工产品成本计算期与产品的生产周期一致，因而在月末计算产品成本时，一般不存在完工产品与在产品之间分配费用的问题。

在单件生产中，产品完工前，产品成本明细账所记录的生产费用，都是在产品成本；产品完工时，产品成本明细账所记录的生产费用，就是完工产品的成本，因而在月末计算成本时，不存在完工产品与在产品之间费用分配的问题。

在小批生产中，由于产品批量较小，批内产品一般都能同时完工，或者在相距不久的时间内全部完工。月末计算成本时，或是全都已经完工，或是全都没有完工，因而一般也不存在完工产品与在产品之间费用分配的问题。

在小批生产中，如果批内产品有跨月陆续完工的情况出现，在月末计算成本时，一部分产品已完工，另一部分产品尚未完工，这时就有必要在完工产品与在产品之间分配费用，以便计算完工产品成本和月末在产品成本。如果跨月陆续完工的情况较少，月末完工产品数量占批量比重较小，可以采用简便的方法计算完工产品成本，将完工产品成本从产品成本明细账中转出，剩余数额即为在产品成本。在该批产品全部完工时，还应计算该批产品的实际总成本和单位成本，但对已经转账的完工产品成本，不作账面调整。简便的方法通常按计划单位成本、定额单位成本或近期相同产品的实际单位成本等计算。这样做主要是为了计算先交货的成本。这种分配方法核算工作虽简单，但分配结果不够正确。因而，在批内产品跨月陆续完工情况较多，月末完工产品数量占批量比重较大时，为了提高成本计算的正确性，应采用适当的方法，在完工产品与月末在产品之间分配费用，计算完工产品成本和月末在产品成本。为了使同一批产品尽量同时完工，避免跨月陆续完工的情况，减少完工产品与月末在产品之间分配费用的工作，在合理组织生产的前提下，可以适当缩小产品的批量。

三、分批法的适用范围

分批法主要适用于小批、单件、单步骤生产或者管理上不要求分步骤计算成本的多步骤生产，如重型机器制造、船舶制造、精密工具仪器制造以及服装、印刷工业等。在这种生产类型企业中，由于生产是根据购货单位的订货单组织的，因此，分批法也称为订单法。

在大量、大批生产类型的企业中，主要产品生产之外的新产品试制、来料加工、自制设备等成本计算也可采用分批法计算产品成本。

四、分批法的成本计算程序

（一）按照产品批别设置生产成本明细账

分批法以产品批别作为成本核算对象，并设立其产品成本明细账，归集和分配生产费用，计算各批产品的实际总成本和单位成本。

（二）按照产品批别归集和分配本月发生的各种费用

企业当月发生的生产费用，能够按照产品批别直接计入费用，包括直接材料、直接人工等，要在费用原始凭证上注明产品批别，以便直接记入各批产品成本明细账；对于多批别产品共同发生的直接材料和直接人工等费用，则应在费用原始凭证上注明费用的用途，以便按费用项目归集，按照企业确定的费用分配方法，在各批产品之间进行分配后，再记入各批产品生产成本明细账。

（三）分配辅助生产费用

在设有辅助生产单位的企业，月末应将归集的辅助生产费用，采用适当的分配方法，按照受益对象分配辅助生产费用。

（四）分配基本生产车间的制造费用

基本生产车间的制造费用应由该生产车间的各批产品成本负担，月末采用适当的方法，分配基本生产车间的制造费用。

（五）计算并结转完工产品成本

采用分批法一般不需要月末把生产费用在完工产品与在产品之间进行分配。如果某批产品出现跨月陆续完工，但跨月陆续完工情况较少，应采用简便的方法计算转出完工产品成本；而如果跨月陆续完工情况较多，则应采用恰当的方法计算完工产品成本和在产品成本。期末，根据成本计算结果结转本期完工产品成本。

五、简化的分批法

（一）简化分批法的概念

在小批、单件生产的企业或车间中，如果同一月份投产的产品批数很多，达到几十批甚至上百批，且月末完工的批数较少，未完工的批次较多，在这种情况下，如果将当月发生的间接计入费用全部分配给各批产品，而不管各批产品是否已经完工，费用分配的核算工作将非常繁重。因此，在这类企业或车间中还采用着一种简化的分批法。

简化分批法按照产品批别设立产品成本明细账，只是在各批产品完工之前，账内只需按月登记直接计入费用（如原材料费用）和生产工时，没有登记间接计入费用。因此，简化分批法必须设置基本生产成本二级账，将每月发生的间接计入费用，不是按月在各批产品之间进行分配，而是先将其在基本生产成本二级账中，按成本项目分别累计起来，只有在有产品完工的那个月份，才对完工产品，按照其累计工时的比例，分配间接计入费用，计算完工产品成本；而全部产品的在产品应负担的间接计入费用，则以总数反映在基本生产成本二级账中，不进行分配，不分批计算在产品成本。因此，这种方法可称为不分批计算在产品成本的分批法。

相关计算公式如下：

$$\frac{\text{全部产品某项累计}}{\text{间接计入费用分配率}} = \text{全部产品该项累计间接计入费用／全部产品累计工时}$$

$$\frac{\text{某批完工产品应负担}}{\text{的某项间接计入费用}} = \frac{\text{该批完工产品}}{\text{累计生产工时}} \times \frac{\text{全部产品该项累计}}{\text{间接计入费用分配率}}$$

（二）简化分批法的特点

1. 必须设置生产成本二级账

采用简化的分批法必须设立基本生产成本二级账。从计算产品实际成本的角度来说，采用其他成本计算方法，可以不设立基本生产成本二级账；但采用简化的分批法，则必须设立这种二级账。按月提供企业或车间全部产品的累计生产费用即直接计入费用和间接计入费用以及生产工时资料；在有产品完工的月份，按照上列公式计算和登记全部产品累计间接计入费用分配率；根据完工产品累计生产工时和累计间接计入费用分配率，计算和登记完工产品应负担的累计间接计入费用，并计算完工产品总成本；以全部产品累计生产费用减去本月完工产品总成本，计算和登记月末各批在产品总成本。

2. 不分批次计算月末在产品成本

每月发生的间接计入费用，不是按月在各批产品之间进行分配，而是先在基本生产成本二级账中累计起来，在有产品完工的月份，才按上列公式，在各批完工产品之间进行分配，计算完工产品成本；对未完工的在产品则不分配间接计入费用，只以总数反映在二级账中，即不分批计算在产品成本。显然，采用这种分批法，可以简化费用的分配和登记工作；月末未完工产品的批数越多，核算工作就越简化。

3. 通过计算累计间接计入费用分配率来分配间接计入费用

采用简化的分批法，各批产品之间分配间接计入费用的工作以及完工产品与月末在产品之间分配间接计入费用的工作，即生产费用的横向分配和纵向分配工作，都是利用累计间接计入费用分配率，到产品完工时合并在一起进行的。换言之，各项累计间接计入费用分配率，既是在各批完工产品之间，也是在完工产品批别与月末在产品批别之间，以及某批产品的完工产品与月末在产品之间分配各该费用的依据。基于这一特点，这种简化的分批法也称为累计间接计入费用分配法。

（三）简化分批法的适用范围

这种简化的分批法适用于同一月份投产的产品批数很多，且月末完工批数也较少的企业。如果月末未完工的批数不多，则不宜采用。因为在这种情况下，绝大多数产品的批号仍然要分配登记各项间接计入费用，核算工作减少不多。另外，由于在这种方法下间接计入费用累计计算分配率，因而这种方法在各月间接计入费用水平相差悬殊的情况下也不宜采用。例如，前几个月的间接计入费用水平低，而本月高，某批产品本月投产，当月完工，这时，按累计间接计入费用分配率分配计算该批完工产品成本，就会发生不应有的偏低情况。

6. 分批法实例

【例3-2】某制造企业根据客户订单小批生产甲、乙两种产品，采用分批法计算产品成本。2020年8月份生产情况及生产费用发生情况如下：

（1）本月份生产产品的批号。

801号：甲产品10台，6月份投产，本月全部完工；

802号：甲产品20台，7月份投产，本月完工12台，未完工8台；

811号：乙产品18台，本月投产，计划10月完工，本月提前完工2台。

（2）本月的成本资料。

①各批产品的上月末累计生产费用如表3-24所示。

表3-24　上月末累计生产费用明细表　　　单位：元

批号	直接材料	燃料及动力	直接人工	制造费用	合计
801	13 000	14 000	7 000	3 500	37 500
802	25 000	20 000	11 000	7 700	63 700

②根据各种费用分配表，汇总各批产品本月发生的生产费用（表3-25）。

表3-25　本月生产费用明细表　　　单位：元

批号	直接材料	燃料及动力	直接人工	制造费用	合计
801		6 300	6 000	1 900	14 200
802		7 500	12 000	5 400	24 900
811	18 000	16 000	11 500	6 100	51 600

③各批完工产品与在产品之间分配费用的方法。

802 号甲产品：本月完工产品占该批产品比重较大，采用约当产量法将本月累计生产费用在完工产品与月末在产品之间分配。原材料在生产开始时一次投入，月末在产品完工程度为 50%。

811 号乙产品：本月完工数量占该批产品比重较小，为简化核算，完工产品成本按定额成本结转。每台完工产品定额成本为直接材料 1 100 元，燃料及动力 900 元，直接人工 600 元，制造费用 350 元，合计 2 950 元。

要求：根据上述资料，登记各批产品基本生产成本明细账（表 3-26、表 3-27、表 3-28），计算产品成本（表 3-29）。

【答案】

表 3-26　基本生产成本明细账

产品批号：801　　　　　　　　　　　　　　　　　　　　　　投产日期：

产品名称：　　　　批量：　　　　　　单位：元　　　　完工日期：

项目	直接材料	燃料及动力	直接人工	制造费用	合计
月初在产品成本	13 000	14 000	7 000	3 500	37 500
本月发生费用		6 300	6 000	1 900	14 200
合计	13 000	20 300	13 000	5 400	51 700
完工产品成本	13 000	20 300	13 000	5 400	51 700
单位成本	1 300	2 030	1 300	540	5 170
月末在产品成本					

表 3-27　基本生产成本明细账

产品批号：802　　　　　　　　　　　　　　　　　　　　　　投产日期：

产品名称：　　　　批量：　　　　　　单位：元　　　　完工日期：

项目	直接材料	燃料及动力	直接人工	制造费用	合计
月初在产品成本	25 000	20 000	11 000	7 700	63 700
本月发生费用		7 500	12 000	5 400	24 900
合计	25 000	27 500	23 000	13 100	88 600
完工产品成本	15 000	20 625	17 250	9 825	62 700
单位成本	1 250	1 718.75	1 437.5	818.75	5 225
月末在产品成本	10 000	6 875	5 750	3 275	25 900

表 3-28　基本生产成本明细账

产品批号：811　　　　　　　　　　　　　　　　　　　　　　投产日期：

产品名称：　　　　批量：　　　　　　单位：元　　　　完工日期：

项目	直接材料	燃料及动力	直接人工	制造费用	合计
本月发生费用	18 000	16 000	11 500	6 100	51 600

表3-28(续)

项目	直接材料	燃料及动力	直接人工	制造费用	合计
单位定额成本	1 100	900	600	350	2 950
完工2台定额成本	2 200	1 800	1 200	700	5 900
在产品成本	15 800	14 200	10 300	5 400	45 700

表 3-29　产品成本计算单　　　　　　　　　单位：元

批号	直接材料	燃料及动力	直接人工	制造费用	合计
801	13 000	20 300	13 000	5 400	51 700
802	15 000	20 625	17 250	9 825	62 700
811	2 200	1 800	1 200	700	5 900

七、简化分批法实例

【例3-3】某制造企业属于小批生产企业，产品批次多，为了简化核算，采用简化分批法计算产品成本。

（1）该厂2020年6月份产品批号

401批：A产品16件，4月份投产，本月完工；

502批：B产品30件，5月份投产，本月完工20件，该批产品原材料在生产开始时一次投入，本月末在产品定额工时为11 000小时；

603批：D产品25件，6月份投产，尚未完工。

（2）月初在产品成本

5月末累计生产费用837 000元，其中，直接材料525 000元（401批次300 000元，502批次225 000元），直接人工131 000元，制造费用181 000元。累计生产工时71 000小时，其中，401批次48 900小时，502批次22 100小时。

（3）本月发生生产费用

本月发生直接材料费275 000元，全部为603批次D产品所耗用，本月发生直接人工158 000元，制造费用210 000元；本月实际生产工时129 000小时，其中，401批次39 100小时，502批次38 900小时，603批次51 000小时。

要求：根据上述资料，登记基本生产成本二级账（表3-30）和基本生产成本明细账（表3-31、表3-32和表3-33），计算完工产品成本（表3-34）。

【答案】

表 3-30　基本生产成本二级账　　　　　　　单位：元

项目	直接材料	生产工时	直接人工	制造费用	合计
月初在产品成本	525 000	71 000	131 000	181 000	
本月发生费用	275 000	129 000	158 000	210 000	
合计	800 000	200 000	289 000	391 000	

第三章　产品成本的计算方法

成本管理会计

表3-30（续）

项目	直接材料	生产工时	直接人工	制造费用	合计
全部产品累计间接费用分配率			1.445	1.955	
完工产品总成本	450 000	138 000	199 410	269 790	919 200
月末在产品成本					

表 3-31　基本生产成本明细账

产品批号：401　　　　　　　　　　　　　　　　　　　　　投产日期：4 月

产品名称：A 产品　　　　批量：16 件　　　　单位：元　　　完工日期：6 月

项目	直接材料	生产工时	直接人工	制造费用	合计
月初在产品成本	300 000	48 900			
本月发生费用		39 100			
合计	300 000	88 000			
完工产品成本	300 000	88 000	127 160	172 040	599 200
单位成本	18 750	5 500	7 947.5	10 752.5	37 450

表 3-32　基本生产成本明细账

产品批号：502　　　　　　　　　　　　　　　　　　　　　投产日期：5 月

产品名称：B 产品　　　　批量：30 件　　　单位：元　　　完工日期：6 月（完工 20 件）

项目	直接材料	生产工时	直接人工	制造费用	合计
月初在产品成本	225 000	22 100			
本月发生费用		38 900			
合计	225 000	61 000	1.445	1.955	
完工产品成本	150 000	50 000	72 250	97 750	320 000
单位成本	7 500		3 612.5	4 887.5	16 000
月末在产品成本	75 000	11 000			

表 3-33　基本生产成本明细账

产品批号：603　　　　　　　　　　　　　　　　　　　　　投产日期：6 月

产品名称：D 产品　　　　批量：25 件　　　单位：元　　　完工日期：

批号	直接材料	生产工时	直接人工	制造费用	合计
本月发生生产费用	275 000	51 000			

表 3-34　完工产品成本汇总表　　　　　　　　　　　　　单位：元

批号	产量/件	工时	直接材料	直接人工	制造费用	合计
401	16	88 000	300 000	127 160	172 040	599 200
502	20	50 000	150 000	72 250	97 750	320 000
合计	36	138 000	450 000	199 410	269 790	919 200

第四节 产品成本计算的分步法

一、分步法的概念及特点

产品成本计算的分步法，是按照产品的生产步骤归集生产费用，计算产品成本的一种方法。分步法的特点如下：

（一）成本计算对象是各种产品的生产步骤

如果只生产一种产品，成本计算对象就是该种产成品及其所经过的各生产步骤，产品成本明细账应该按照产品的生产步骤设立。如果生产多种产品，成本计算对象则应是各种产成品及其所经过的各生产步骤。产品成本明细账应该按照每种产品的各个步骤设立。在进行成本计算时，应按照产品的生产步骤分产品分配和归集生产费用，单设成本项目的直接计入费用，直接计入各成本计算对象；单设成本项目的间接计入费用，应分配计入各成本计算对象；不单设成本项目的费用，一般是先按车间、部门或者费用用途归集为综合费用，月末再直接计入或者分配计入各成本计算对象。

在实际工作中产品成本计算对象步骤的确定是分车间。如果企业生产规模很大，车间内又分成几个生产步骤，而管理上又要求分步计算成本时，也可以在车间内再分步计算成本。如果企业规模很小，管理上也不要求分车间计算成本，也可将几个车间合并为一个步骤计算成本。总之，应根据生产的特点和管理的要求，遵循简化计算工作的原则，确定成本计算对象。

（二）成本计算期是定期按月计算

在大量、大批的多步骤生产中，由于生产过程较长，可以间断，而且往往都是跨月陆续完工的，因此，与产品的生产周期不一致，其成本计算一般按月、定期地进行。

（三）生产费用在各步骤的完工产品与在产品之间的分配

由于大量、大批多步骤生产的产品往往跨月陆续完工，月末各步骤一般都存在未完工的在产品。因此，在计算成本时，还需要采用适当的分配方法，将汇集在各种产品、各生产步骤产品成本明细账中的生产费用，在完工产品与在产品之间进行分配，计算各该产品、各该生产步骤的完工产品成本和在产品成本。

（四）根据各步骤之间成本的结转方式不同分为逐步结转分步法和平行结转分步法

由于产品生产是分步骤进行的，上一步骤生产的半成品是下一步骤的加工对象。因此，为了计算各种产品的产成品成本，还需要按照产品品种结转各步骤成本。也就是说，与其他成本计算方法不同，在采用分步法计算产品成本时，在各步骤之间还有个成本结转问题。这是分步法的一个重要特点。

由于各个企业生产工艺过程的特点和成本管理对各步骤成本资料的要求不同，以及对简化成本计算工作的考虑，各生产步骤成本的计算和结转采用逐步结转和平行结转两种不同的方法。因而，产品成本计算的分步法也就分为逐步结转分步法和平行结转分步法两种。

二、分步法的适用范围

分步法主要适用于多步骤生产，并且管理上需要分步骤核算生产。在这样的企业中，产品的生产可以划分为若干个生产步骤进行。例如，纺织企业生产可分为纺纱、织布等步骤；冶金企业生产可分为炼铁、炼钢、轧钢等步骤；机器制造企业生产可分为铸造、加工、装配等步骤。为了加强成本管理，不仅要求按照产品品种归集生产费用，计算产品成本，而且要求按照产品的生产步骤归集生产费用，计算各步骤产品成本，提供反映各种产品及其各生产步骤成本计划执行情况的资料。

（一）逐步结转分步法

逐步结转分步法是按照生产步骤逐步计算并结转半成品成本，直到最后步骤计算出产成品成本的方法。逐步结转分步法的显著特征就是计算各生产步骤所产半成品成本，因此，逐步结转分步法也称作计算半成品成本分步法。

在采用分步法计算成本的大量、大批多步骤生产中，有的产品制造过程是由一系列循序渐进的、性质不同的加工步骤所组成，如棉纺织企业，其生产工艺过程包括纺纱和织布两大步骤。在纺纱步骤中，原料（原棉）投入生产后，经过清花、梳棉、并条、粗纺、细纱等工序，纺成各种棉纱；然后送往织布步骤，经过络经、整经、浆纱、穿箱、织造等工序，织成各种棉布，再经过整理、打包，即可入库待售。在这类生产中，从原料投入到产品制成，中间要经过几个生产步骤的逐步加工，前面各步骤生产的都是半成品，只有最后这个步骤生产的才是产成品。

为了加强对各生产步骤成本的管理，不仅要求计算各种产成品成本，而且要求计算各步骤半成品成本。首先，这是企业成本计算的需要。有一些半成品为本企业几种产品共同耗用，为了分别计算各种产成品的成本，也先要计算这些半成品的成本。其次，这是企业成本控制的要求。实行厂内经济责任制的企业，为了有效地控制各生产步骤内部的生产耗费和资金占用水平，也要求计算并在各生产步骤之间结转半成品成本。最后，这是企业对外销售计算损益的需要。有些企业生产的半成品不完全为企业自用，还作为商品对外销售。为了计算外售半成品成本，全面考核和分析其成本计划的执行情况，也要求计算这些半成品的成本。

（二）平行结转分步法

平行结转分步法是将各生产步骤应计入相同产成品成本的份额平行汇总，以求得产成品成本的方法。平行结转分步法按照生产步骤归集生产费用，但只计算各生产步骤应计入最终成产品成本"份额"，不计算和结转各生产步骤半成品成本。因此，平行结转分步法也称作不计算半成品成本的分步法。

在采用分步法计算成本的大量、大批多步骤生产中，有的产品生产过程，首先是对各种原材料平行地进行连续加工，成为各种半成品——零件和部件，然后再装配成各种产成品。例如，机械制造企业的车间一般按生产工艺过程设置，设有铸工、锻工、加工、装配等车间。铸工车间利用生铁、钢、铜等各种原料熔铸各种铸件；锻工车间利用各种外购钢材锻造各种锻件。铸件和锻件都是用来进一步加工的毛坯。加工车间对各种铸件、锻件、外购半成品和外购材料进行加工，制造各种产品的零件和部件；然后转入装配车间进行装配，生产各种机械产品。由于在这类生产企业中，各生产步骤所产半成品的种类很多，但半成品外售的情况却较少，在管理上不要求计算半成品成本，因而为了简化和加速成本计算工作，在计算产品成本时，可以不计算各步骤所产半成品成本，也不计算各步骤所耗上一步骤的半成品成本，即各步骤之间不结转所耗半成品成本，而只计算本步骤所发生的各项生产费用以及这些费用中应计入产成品的份额。然后，将各步骤应计入同一产成品成本的份额平行结转、汇总，即可计算出该种产品的产成品成本。

三、逐步结转分步法

（一）逐步结转分步法的特点

采用逐步结转分步法，各步骤所耗用的上一步骤半成品的成本，要随着半成品实物的转移，从上一步骤的产品成本明细账转入下一步骤相同产品的产品成本明细账中，以便逐步计算各步骤的半成品成本和最后步骤的产成品成本。各步骤半成品可以入各自的半成品库，也可以直接将半成品成本在各步骤的产品成本明细账之间直接结转。

采用逐步结转分步法，每月月末各步骤归集各项生产费用，包括所耗上一步骤半成品成本，如果该步骤既有完工的半成品（最后步骤为产成品），又有正在加工中的在产品即狭义在成品，为了计算完工的半成品（最后步骤为产成品）和正在加工中在产品即狭义在产品的成本，还应采用适当的分配方法，在完工半成品（最后步骤为产成品）与正在加工中的在产品即狭义在成品之间进行分配。依次计算，每一个生产步骤都是一个品种法，因此，逐步结转分步法实际上是品种法的多次连接应用。

（二）逐步结转分步法的计算程序

计算第一步骤所产半成品成本，并将其转入第二步骤；将第二步骤发生的各项费用，加上第一步骤转入的半成品成本，计算出第二步骤所产的另一种半成品成本，并将其转入第三步骤……依次计算，在最后这个步骤计算出完工产成品成本。

（三）逐步结转分步法的优缺点

逐步结转分步法的优点：①能够提供各个生产步骤的半成品成本资料；②各生产步骤的成本随着半成品实物转移而逐步结转，各生产步骤产品成本明细账结存的数量和成本，即为各该步骤加工中在产品的数量和成本，因而能够为各生产步骤在产品的实物管理和资金管理提供资料；③各生产步骤的产品成本包括所耗用的直接材料费用、半成品费用和各项加工费用，能够全面地反映各步骤产品的生产耗费水平，能够较好地满足这些生产步骤成本管理的要求。

逐步结转分步法的缺点：①各个生产步骤逐步结转半成品成本，会影响成本核算的及时性；②在需要按照原始成本项目提供产成品成本的企业中，如果采用综合结转法，还要进行成本还原；如果采用分项结转法，虽然不必进行成本还原，但各步成本结转的工作量较大。这些都不利于简化和加快成本核算工作。

（四）逐步结转分步法分类

采用逐步结转分步法，按照结转的半成品成本在下一步骤产品成本明细账中的反映方法，分为综合结转和分项结转两种方法。

1. 综合结转法

综合结转法的特点是将各步骤所耗用的上一步骤半成品成本，以总数记入各该步骤的产品成本明细账的"直接材料"或专设的"半成品"成本项目中。半成品计价可以按照实际成本结转，也可以按照计划成本结转。

综合结转法的优点：可以在各生产步骤的产品成本明细账中反映各步骤所耗半成品费用的水平和本步骤加工费用的水平，有利于各个生产步骤的成本管理。

综合结转法的缺点：为了从整个企业的角度反映产品成本的构成，加强企业综合的成本管理，必须进行成本还原，从而要增加核算工作。因此，综合结转法一般只在管理上要求计算各步骤完工产品所耗的半成品费用，而不要求在进行成本还原的情况下采用。

采用综合结转法结转成本，各步骤所耗半成品的成本是以"半成品""原材料"或"直接材料"项目综合反映的，这样计算出来的产成品成本，不能提供按原始成本项目反映的成本资料；在生产步骤较多的情况下，逐步综合结转以后，表现在产成品成本中的绝大部分费用是最后一个步骤所耗半成品的费用；其他费用只是最后一个步骤的加工费用，在产成品成本中所占的比重很小。这显然不符合企业产品成本结构的实际情况，因而不能据以从整个企业的角度来考核和分析产品成本的构成和水平。因此，需要进行成本还原。

综合结转法的成本还原，从最后一个步骤起，把各步骤所耗上一步骤半成品的综合成本，逐步分解，还原成直接材料、直接人工和制造费用等原始成本项目，从而求得按原始成本项目反映的产成品成本资料，也就是将本月产成品所耗上一步骤半成品的综合成本，按照本月所产这种半成品的成本结构进行还原。还原分配率的计算公式为：

还原分配率＝本月产成品成本所耗上一步骤半成品成本合计/本月所产该种半成品成本合计

以还原分配率分别乘以本月所产该种半成品各个成本项目的费用，即可将本月产成品所耗该种半成品的综合费用，按照本月所产这种半成品的成本结构进行分解、还原，求得按原始成本项目反映的产成品成本。

整个还原工作，应从最后一个步骤开始，依次向前一步骤类推，直至"半成品"项目的综合费用全部分解、还原为原始成本项目时为止。

如果半成品的定额成本或计划成本比较准确，为了简化成本还原工作，并提高还原结果的正确性，产成品所耗半成品费用也可以按半成品定额成本或计划成本的结构进行还原。

【例3-4】锦城企业A产品生产由第一和第二两个车间进行。第一车间为第二车间提供半成品。半成品经验收后入半成品库。第二车间所耗半成品费用采用加权平均法计算。两车间月末在产品成本均按定额成本确定。

（1）第一车间产品成本明细账（表3-35）

表3-35 产品成本明细账

第一车间：A半成品　　　　　　　　　　　　　　　　　　　　　　　　　　单位：元

月	日	摘要	产量/件	直接材料	直接工资	燃料及动力	制造费用	合计
4	30	在产品成本（定额成本）		5 420	1 860	2 420	1 320	11 020
5	31	本月生产费用		31 000	16 200	19 800	8 600	75 600
	31	生产费用合计						
	31	完工半成品成本转出	4 000					
	31	在产品成本（定额成本）		3 320	1 140	1 482	808	6 750

（2）自制半成品明细账（表3-36）

表3-36 自制半成品明细账

月份	月初余额		本月增加		合计			本月减少	
	数量	实际成本	数量	实际成本	数量	实际成本	单位成本	数量	实际成本
5	1 600	58 600						4 820	
6									

（3）第二车间产品成本明细账（表3-37）

表3-37 产品成本明细账

第二车间：A完工产品　　　　　　　　　　　　　　　　　　　　　　　　　单位：元

月	日	摘要	产量/件	直接材料	直接工资	燃料及动力	制造费用	成本合计
4	30	在产品成本（定额成本）		12 400	1 160	1 520	980	16 060
5	31	本月生产费用			14 200	20 000	12 600	
	31	生产费用合计						
	31	完工成品成本转出	2 000					
	31	完工成品单位成本						
	31	在产品成本（定额成本）		22 100	2 068	2 710	1 746	28 624

要求：

（1）计算第一车间完工半成品成本。

（2）填制第一车间产品成本明细账和自制半成品明细账，编制会计分录。

（3）计算第二车间完工产品成本。

（4）填制第二车间产品成本明细账，编制会计分录。

【答案】

（1）第一车间完工半成品成本

直接材料 = 5 420+31 000-3 320 = 33 100（元）

直接人工 = 1 860+16 200-1 140 = 16 920（元）

燃料及动力 = 2 420+19 800-1 482 = 20 738（元）

制造费用 = 1 320+8 600-808 = 9 112（元）

合计：33 100+16 920+20 738+9 112 = 79 870（元）

（2）编制产品成本，自制半成品明细账（表3-38、表3-39）

表 3-38　产品成本明细账

第一车间：A半成品

月	日	摘要	产量/件	直接材料	直接工资	燃料及动力	制造费用	合计
4	30	在产品成本（定额成本）		5 420	1 860	2 420	1 320	11 020
5	31	本月生产费用		31 000	16 200	19 800	8 600	75 600
	31	生产费用合计		36 420	18 060	22 220	9 920	86 620
	31	完工半成品成本转出	4 000	33 100	16 920	20 738	9 112	79 870
	31	在产品成本（定额成本）		3 320	1 140	1 482	808	6 750

表 3-39　自制半成品明细账

月份	月初余额		本月增加		合计			本月减少	
	数量	实际成本	数量	实际成本	数量	实际成本	单位成本	数量	实际成本
5	1 600	58 600	4 000	79 870	5 600	138 470	24.73	4 820	119 198.60
6									

借：自制半成品——A半成品　　　　　　　　　　　　　　79 870

　　贷：基本生产成本——第一车间　　　　　　　　　　　　　　79 870

（3）计算第二车间完工产品成本

直接材料 = 12 400+119 198.60-22 100 = 109 498.6（元）

直接人工 = 1 160+14 200-2 068 = 13 292（元）

燃料及动力 = 1 520+20 000-2 710 = 18 810（元）

制造费用 = 980-12 600-1 746 = 11 834（元）

合计：109 498.6+13 292+18 810+11 834 = 153 434.6（元）

（4）编制产品成本明细账（表3-40）

表3-40　产品成本明细账

第二车间：A完工产品　　　　　　　　　　　　　　　　　　　　　　　　　单位：元

月	日	摘要	产量/件	直接材料	直接人工	燃料及动力	制造费用	成本合计
4	30	在产品成本（定额成本）		12 400	1 160	1 520	980	16 060
5	31	本月生产费用		119 198.60	14 200	20 000	12 600	165 998.6
	31	生产费用合计		131 598.6	15 360	21 520	13 580	182 058.6
	31	完工成品成本转出	2 000	109 498.6	13 292	18 810	11 834	153 434.6
	31	完工成品单位成本		54.749 3	6.646	9.405	5.917	76.717 3
	31	在产品成本（定额成本）		22 100	2 068	2 710	1 746	28 624

借：基本生产成本——第二车间　　　　　　　　　　　119 198.60
　　贷：自制半成品——A半成品　　　　　　　　　　　　　　119 198.60
借：库存商品　　　　　　　　　　　　　　153 434.6
　　贷：基本生产成本——第二车间　　　　　　　　　　　　153 434.6

2. 分项结转法

分项结转法的特点是将各步骤所耗用的上一步骤半成品成本，以成本项目分项转入各该步骤产品成本明细账的各个成本项目中。如果半成品通过半成品库收发，在自制半成品明细账中登记半成品成本时，也要按照成本项目分别登记。

分项结转半成品的计价可以按照实际成本结转，也可以按照计划成本结转，然后按成本项目分项调整成本差异。由于后一种做法计算工作量较大，因而一般多采用按实际成本分项结转的方法。采用分项结转法结转半成品成本，可以直接、正确地提供按原始成本项目反映的企业产品成本资料，便于从整个企业的角度考核和分析产品成本计划的执行情况，不需要进行成本还原。这一方法的成本结转工作比较复杂，而且在各步骤完工产品成本中看不出所耗上一步骤半成品费用是多少，本步骤加工费用是多少，不便于进行各步骤完工产品的成本分析。因此，分项结转法一般在管理上不要求计算各步骤完工产品所耗半成品费用和本步骤加工费用，而要求按原始成本项目计算产品成本的情况下采用。

【例3-5】锦城企业甲产品由第一、第二两个生产车间加工完成。成本计算采用逐步结转分步法进行，两车间之间的半成品直接结转。

本月第一车间结转计入第二车间的半成品成本为129 800元，其中，直接材料76 000元，直接人工13 200元，燃料及动力4 600元，制造费用36 000元；

本月第二车间发生的生产费用为35 500元，其中，直接人工8 800元，燃料及动力2 400元，制造费用24 300元；

第二车间月初在产品成本为14 580元，其中，直接材料8 200元，直接人工3 600元，燃料及动力980元，制造费用1 800元；

第二车间月末在产品成本按定额成本计算为 24 520 元，其中，直接材料 12 260 元，直接人工 6 200 元，燃料及动力 1 960 元，制造费用 4 100 元。

要求：采用分项结转分步法计算甲完工产品成本。

【答案】

编制产品成本计算单如表 3-41 所示。

表 3-41　产品成本计算单

第二车间：甲完工产品　　　　　　　　　　　　　　　　　　　　　　　　　单位：元

项目	直接材料	直接人工	燃料及动力	制造费用	合计
月初在产品成本（定额成本）1	8 200	3 600	980	1 800	14 580
转入半成品成本 2	76 000	13 200	4 600	36 000	129 800
本月发生生产费用 3		8 800	2 400	24 300	35 500
本月生产费用合计 4 =1+2+3	84 200	25 600	7 980	62 100	179 880
完工成品成本 5 = 4 -6	71 940	19 400	6 020	58 000	155 360
月末在产品成本（定额成本）6	12 260	6 200	1 960	4 100	24 520

四、平行结转分步法

采用平行结转分步法，各生产步骤不计算、也不逐步结转半成品成本，只是在企业的产成品入库时，才将各步骤费用中应计入产成品成本的份额，从各步骤产品成本明细账中转出，因此，采用这一方法，不论半成品是在各生产步骤之间直接转移，还是通过半成品库收发，都不通过"自制半成品"账户进行总分类核算。

采用平行结转分步法，每一生产步骤的生产费用也要在其完工产品与月末在产品之间进行分配。但这里的完工产品，是指企业最后完工的产成品；每一生产步骤完工产品的费用，都是该步骤生产费用中用于产成品成本的份额。这里的在产品是指尚未产成的全部在产品和半成品，包括：尚在本步骤加工中的在产品；本步骤已完工转入半成品库的半成品；已从半成品库转到以后各步骤进一步加工、尚未最后产成的在产品。这是就整个企业而言的广义在产品。由此可见，在平行结转分步法下，各步骤的生产费用不包括所耗上一步骤的半成品费用，要在最终产成品与广义在产品之间进行分配，计算这些费用在产成品成本和广义在产品成本中所占的份额。

在平行结转分步法下，通常采用在产品按定额成本计价法或定额比例法。因为采用这两种方法，作为分配费用标准的定额资料比较容易取得：产成品的定额消耗量或定额费用，可以根据产成品数量乘以消耗定额或费用定额计算；在产品的定额消耗量或定额费用，可以通过月初和本月投入的定额，用倒挤方法计算，因而也较简便。如果消耗定额或费用定额不稳定和准确，也可采用约当产量比例法。

（一）平行结转分步法的计算程序

首先由各生产步骤计算某产品在本步骤所发生的各种费用，然后将各生产步骤该产品所发生的费用在本月最终产成品与月末广义在成品之间进行分配，确定各生产步骤应计入产成品成本的"份额"，最后将各步骤应计入相同产成品成本的份额直接汇总，计算出最终产成品的实际总成本。

（二）平行结转分步法的优缺点

平行结转分步法的优点：各步骤可以同时计算产品成本，平行汇总计入产成品成本，不必逐步结转半成品成本；能够直接提供按原始成本项目反映的产成品成本资料，不必进行成本还原，因而能够简化和加速成本计算工作。

平行结转分步法的缺点：不能提供各个步骤的半成品成本资料；在产品的费用在最后产成以前，不随实物转出而转出，即不按其所在的地点登记，而按其发生的地点登记，因而不能为各个生产步骤在产品的实物管理和资金管理提供资料；各生产步骤的产品成本不包括所耗半成品费用，因而不能全面地反映各步骤产品的生产耗费水平（第一步骤除外），不能更好地满足这些步骤成本管理的要求。

【例3-6】锦城企业生产甲产品分三个步骤连续加工，原材料在生产开始时一次投入，各步骤发生的费用已填列在成本计算单中，三个步骤的产量记录如表3-42至表3-46所示。

表3-42　三个步骤的产量记录表

计量单位：件

项目	第一步骤	第二步骤	第三步骤
月初结存在产品成本	300	400	200
本月投入（或转入）数量	800	1 000	1 200
本月完工转出数量	1 000	1 200	1 100
月末结存在产品数量	100	200	300
月末在产品完工程度	60%	50%	50%

表3-43　产品成本计算单

单位：元

第一步骤　　　　　　　　　　　　　　　　　　　　　　　产量：

摘要	直接材料	直接工资	制造费用	合计
月初在产品成本	103 500	11 700	8 700	123 900
本月产品费用	100 500	13 200	9 975	123 675
费用合计				
单位成本（分配率）				
应计入产成品成本份额				
广义在产品成本				

表 3-44　产品成本计算单　　　　　　　　　　　　　　　单位：元

第二步骤　　　　　　　　　　　　　　　　　　　　　　　产量：

摘要	直接材料	直接工资	制造费用	合计
月初在产品成本		5 560	4 140	9 700
本月产品费用		15 440	11 610	27 050
费用合计				
单位成本（分配率）				
应计入产成品成本份额				
广义在产品成本				

表 3-45　产品成本计算单　　　　　　　　　　　　　　　单位：元

第三步骤　　　　　　　　　　　　　　　　　　　　　　　产量：

摘要	直接材料	直接工资	制造费用	合计
月初在产品成本		1 800	1 300	3 100
本月产品费用		20 700	14 950	35 650
费用合计				
单位成本（分配率）				
应计入产成品成本份额				
广义在产品成本				

表 3-46　产品成本计算单　　　　　　　　　　　　　　　单位：元

甲产品　　　　　　　　　　　　　　　　　　　　　　　产量：

摘要	直接材料	直接工资	制造费用	合计
第一步骤份额				
第二步骤份额				
第三步骤份额				
完工产品总成本				
单位成本				

要求：

（1）按约当产量比例法的要求，计算各步骤的总约当产量。

（2）计算各步骤应计入产成品成本的份额。

（3）编制产品成本计算表，并做产成品入库的会计分录。

【答案】

（1）计算各步骤的总约当产量

第一步骤：直接材料项目＝1 100+300+200+100×100%＝1 700（元）

其他费用项目＝1 100+300+200+100×60%＝1 660（元）

第二步骤：其他费用项目＝1 100+300+200×50%＝1 500（元）

第三步骤：其他费用项目＝1 100＋300×50%＝1 250（元）

（2）编制产品成本计算单（表3-47至表3-50）

表3-47 产品成本计算单　　　　　　　　　　单位：元

第一步骤　　　　　　　　　　　　　　　　　　　产量：

摘要	直接材料	直接工资	制造费用	合计
月初在产品成本	103 500	11 700	8 700	123 900
本月产品费用	100 500	13 200	9 975	123 675
费用合计	204 000	24 900	18 675	247 575
单位成本（分配率）	120	15	11.25	146.25
应计入产成品成本份额	132 000	16 500	12 375	160 875
广义在产品成本	72 000	8 400	6 300	86 700

表3-48 产品成本计算单　　　　　　　　　　单位：元

第二步骤　　　　　　　　　　　　　　　　　　　产量：

摘要	直接材料	直接工资	制造费用	合计
月初在产品成本		5 560	4 140	9 700
本月产品费用		15 440	11 610	27 050
费用合计		21 000	15 750	36 750
单位成本（分配率）		14	10.5	24.5
应计入产成品成本份额		15 400	11 550	26 950
广义在产品成本		5 600	4 200	9 800

表3-49 产品成本计算单　　　　　　　　　　单位：元

第三步骤　　　　　　　　　　　　　　　　　　　产量：

摘要	直接材料	直接工资	制造费用	合计
月初在产品成本		1 800	1 300	3 100
本月产品费用		20 700	14 950	35 650
费用合计		22 500	16 250	
单位成本（分配率）		18	13	
应计入产成品成本份额		19 800	14 300	34 100
广义在产品成本		2 700	1 950	4 650

表3-50 产品成本计算单　　　　　　　　　　单位：元

甲产品　　　　　　　　　　　　　　　　　　　产量：

摘要	直接材料	直接工资	制造费用	合计
第一步骤份额	132 000	16 500	12 375	160 875
第二步骤份额		15 400	11 550	26 950

表3-50（续）

摘要	直接材料	直接工资	制造费用	合计
第三步骤份额		19 800	14 300	34 100
完工产品总成本	132 000	51 700	38 225	221 925
单位成本	120	47	34.75	201.75

（3）编制会计分录

借：库存商品　　　　　　　　　　　　　　　　221 925

　　贷：生产成本——第一步骤　　　　　　　　　　　　160 875

　　　　　　　　——第二步骤　　　　　　　　　　　　26 950

　　　　　　　　——第三步骤　　　　　　　　　　　　34 100

第五节　产品成本计算的分类法

一、分类法的概念

产品成本计算的分类法是产品类别作为成本计算对象，归集生产费用，计算各类产品成本，并在此基础上类内采用一定标准在各种产品之间分配费用的一种方法。

产品成本计算的分类法与生产类型无直接关系，因而可以在各种类型的生产中应用。分类法是在生产的产品品种、规格繁多，但可以按照一定标准分类的情况下，为了简化计算工作而采用的一种辅助方法分类法在实际工作中常常与品种法结合使用。

二、分类法的特点

产品成本计算的分类法的特点：

（1）类别的划分。根据产品的结构、所用原材料和工艺过程的不同，将产品划分为若干类，按照产品类别归集生产费用、计算产品成本。

（2）类内各种产品成本采用一定的分配标准分配确定。

三、分类法的适用范围

（一）联产品

在生产过程中对同一原料进行加工，生产出几种主要产品，这些产品即为联产品，可归类计算成本。例如，原油经过提炼，可以炼出各种汽油、煤油和柴油等产品。

（二）主副产品

在生产主要产品的同时，附带生产出非主要产品即副产品，可将主副产品归类计算产品成本，然后将主副产品进行分离，分别计算主要产品和副产品的成本。

（三）零星产品

在生产主要产品以外，还可能生产一些零星产品，零星产品虽然内部结构、所耗原材料和工艺过程不一定完全相近，但是它们的品种、规格多，而且数量少，费用比重小。为了简化成本计算工作，可归类计算成本。

（四）等级品

企业可能生产出品种相同但质量不同的产品。如果这些产品的结构、所用的原材料和工艺过程完全相同，产品质量上的差别是由于工人操作差别而造成的，其不同等级产品的单位成本相同，因而不能用分类法的原理计算成本。如果因内部结构、所用原材料的质量或工艺技术上的要求不同而产生的不同质量的产品，这些产品应是同一品种不同规格的产品，可归类计算成本。

四、分类法成本计算程序

（一）成本计算对象是产品类别

按照产品的类别作为成本计算对象，设立产品成本明细账，归集产品的生产费用，计算各类产品成本。

（二）类内选择合理的分配标准，分配计算每类产品内各种产品的成本

类内各种产品之间分配费用的标准可以是定额消耗量、定额费用、售价，以及产品的体积、长度和重量等。

1. 定额比例法

类内各种产品之间分配费用的标准是定额消耗量、定额费用、定额工时比例分配，计算某类完工产品总成本的一种方法。直接材料费用项目可按材料定额费用或材料定额消耗量比例分配，直接人工费用、制造费用等其他费用项目可按定额工时比例分配。

$$某类产品某项费用的分配率 = \frac{该类完工产品的某项实际费用}{该类内各种产品该项费用的定额耗用量}$$

$$类内某产品某项实际成本 = \begin{matrix}类内该种产品该项费用的\\定额耗用量\end{matrix} \times 该类产品该项费用的分配率$$

2. 系数法

系数法是将分配标准折算成相对固定的系数，按照固定的系数分配同类产品内各种产品的成本的一种方法。

首先，确定系数。一般是在同类产品中选择一种产量较大、生产比较稳定或规格折中的产品作为标准产品，把其分配标准额的系数定为"1"；用其他各种产品的分配标准额与标准产品的分配标准额相比，求出其他产品的分配标准额与标准产品的分配标准额的比率，即系数。系数一经确定，应相对稳定不变。

其次，把各种产品的产量乘以系数，折合为标准产品的产量。

最后，按照标准产品产量的比例分配类内各种产品成本。相关公式如下：

某种产品标准产量＝该种产品实际产量×该产品系数

某种产品某项费用的分配率＝该类完工产品该项费用总额÷该类各种产品标准产量之和

某种产品应负担某项费用＝该种产品标准产量×该种产品某项费用的分配率

五、分类法的优缺点、应用条件及应用

（一）分类法的优缺点

分类法的优点：采用分类法计算产品成本，每类产品内各种产品的生产费用，不论是间接计入费用还是直接计入费用，都采用分配方法分配计算，因而领料凭证、工时记录和各种费用分配表都可以按照产品类别填列，产品成本明细账也可以按照产品类别设立，从而简化成本计算工作，而且还能够在产品品种、规格繁多的情况下，分类掌握产品成本的水平。

分类法的缺点：由于同类产品内各种产品的成本均按一定的比例分配计算，因而计算结果有着一定的假定性。

（二）分类法的应用条件

1. 产品类别的确定要适当

采用分类法，需要对各种产品按照一定要求进行分类，而且在进行产品分类时，类距要恰当，既不宜定得过小，使成本计算工作复杂，也不能定得过大，造成成本计算的"大锅烩"。

2. 类内分配标准的确定要适当

在选择分配标准时，要选择与成本水平高低有密切联系的分配标准分配费用。当产品结构、所用原材料或工艺过程发生较大变动时，应该修订分配系数或考虑另选分配标准，以保证成本计算的正确。

同类产品内各种产品之间分配费用时，各成本项目可以采用同一分配标准分配；也可以按照成本项目的性质，分别采用不同的分配标准分配，以使分配结果更加合理。

六、副产品的成本计算

（一）副产品成本计算的特点

副产品是在主要产品的生产过程中附带生产出来的非主要产品。例如，炼铁生产中产生的高炉煤气；提炼原油过程中产生的渣油、石油焦，以及制皂生产中产生的甘油等。若副产品的比重较大，为了正确计算主、副产品的成本，应该将主、副产品视同联产品计算成本。若副产品的比重不大，为了简化成本计算工作，可以将副产品与主产品合为一类设立产品成本明细账，归集费用、计算成本；然后将副产品按照一定的方法计价，从总成本中扣除，以扣除后的成本作为主产品的成本。

副产品的计价方法通常有两种：一种是可以按照售价减去按正常利润率计算的销售利润后的余额计价；二是按照企业制定的副产品的计划成本或定额成本计价。副产品的计价额，一般从总成本的"原材料"或"直接材料"项目中扣除。

对副产品进行正确的计价，对于正确计算主副产品的成本很重要。副产品计价既不能过高，以免把主产品的超支转嫁到副产品上；也不能过低，以免把销售副产品的亏损转嫁到主产品上。如果副产品的售价不能抵偿其销售费用，则副产品不应计价，也就是说不从主产品成本中扣除副产品价值。

（二）副产品的成本计算

1. 分离后需进一步加工的副产品

副产品与主产品分离以后，需进一步加工，还要加入某些辅助材料，经过一定的加工处理，还应根据副产品加工生产的特点和管理要求，采用适当的方法单独计算副产品的成本。

2. 分离后不需要进一步加工的副产品

如果副产品加工处理所需时间不长，费用不大，为了简化成本计算工作，副产品也可以按计划单位成本计价，而不计算副产品的实际成本。这样，从主、副产品的生产费用总额中扣除按计划单位成本计算的副产品成本以后的余额，即为主产品的成本。

有一些工业企业，在生产过程中会产生一些废气、废液和废料。对于"三废"的综合利用，例如从废气、废液中回收稀有金属，利用炉渣制造水泥、耐火砖等。随着生产的发展和科学技术的进步，对"三废"的综合利用能力也是不断发展的。"三废"一经利用也就成了副产品，就应该按照副产品的成本计算方法计算成本。

有一些工业企业，除了生产主要产品以外，有时还为其他企业提供少量加工、修理等作业。如果这些作业费用的比重很小，为了简化成本计算工作，也可以比照副产品的成本计算方法，与主要产品合为一类归集费用，然后将这些作业按照固定价格或计划单位成本计价，从总的生产费用中扣除，以其余额作为主要产品成本。

 本章练习

一、简答题

1. 为什么一个企业在确定产品成本计算方法时，必须同时考虑企业的生产特点和进行成本管理的要求？

2. 生产特点和管理要求对成本计算的影响主要表现在哪些方面？

3. 什么是产品成本计算的基本方法？什么是产品成本计算的辅助方法？区分这两种方法的主要标志是什么？

4. 为什么品种法是产品成本计算的最基本方法？

5. 品种法、分批法和分步法各自的主要特点是什么？它们的适用范围有何不同？

6. 如何理解简化分批法的主要特点、适用情况和应用条件？

7. 逐步结转法与平行结转分步法各自适用于什么情况？

8. 与逐步结转分步法相比较，平行结转分步法具有哪些优缺点？

二、案例题

【资料】锦城火力发电厂除生产电力外还生产一部分热力。生产技术过程不能间断，没有在产品和半成品。火力发电是利用燃料燃烧所产生的高热，使锅炉里的水变成蒸汽，推动汽轮机迅速旋转，借以带动发电机转动，产生电力。因而火力发电厂一般设有下列基本生产分厂（车间）：燃料分厂、锅炉分厂、汽机分厂、电气分厂。由于产电兼供热，汽机分厂还划分为两个部分，即电力化部分和热力化部分。

要求：结合上述情况，讨论以下问题。

（1）分析和说明该厂在成本核算中所应采取的成本计算方法。

（2）对于该厂生产的电力和热力应如何设置成本项目？

三、计算分析题

1. 宏达造纸厂 2019 年 6 月份为进行产品生产而发生下列业务：耗用外购主要材料 250 000 元、外购辅助材料 80 000 元、外购低值易耗品 70 000 元。其中生产甲产品耗用外购主要材料 150 000 元、外购辅助材料 50 000 元、自制材料 20 000 元，生产工人工资 80 000 元，基本生产车间一般消耗外购主要材料 50 000 元、辅助材料 30 000 元、低值易耗品 70 000 元、车间设备折旧费 5 000 元、车间管理人员工资 60 000 元；厂部管理人员工资 100 000 元、厂部办公用房及其设备折旧费 55 000 元。该企业各月实际发生的职工福利费相差较大，本月根据工资总额的 14% 估计职工福利费。

要求：

（1）计算费用要素：外购材料、折旧费、职工薪酬的金额。

（2）计算产品成本项目：直接材料、直接人工和制造费用的金额。

2. 某企业采用品种法计算产品成本。该企业生产 A、B 两种产品，月末在产品按所耗原材料费用计价，A、B 两种产品的共同费用按工人工资的比例分配。该企业 A 产品 2019 年 6 月初无在产品，B 产品的在产品实际成本为 4 400 元；6 月末，B 产品在产品负担的原材料费用为 6 800 元，A 产品全部完工。6 月份发生下列经济业务：

（1）基本生产车间领用原材料，实际成本为 28 000 元，其中 A 产品耗用 8 000 元，B 产品耗用 20 000 元。

（2）基本生产车间领用低值易耗品，实际成本为 1 000 元，该企业低值易耗品采用一次摊销法。

（3）计提固定资产折旧费 2 400 元，其中车间折旧费 2 000 元，厂部管理部门折旧费 400 元。

（4）结算本月应付工资 10 000 元，其中生产工人工资 6 000 元（A 产品负担 2 400 元，B 产品负担 3 600 元），车间管理人员工资 1 000 元，厂部管理人员工资 3 000 元。提取职工福利费 1 400 元，其中生产工人 840 元（A 产品 336 元，B 产品 504 元），车间管理人员 140 元，厂部管理人员 420 元。

（5）分配制造费用。

要求：

（1）根据上述经济业务编制会计分录。

（2）分别计算 A、B 两种产品的产成品总成本及 B 产品在产品成本。

3. 品种法成本计算练习题

锦城工业企业生产甲乙两种产品，有一个基本生产车间和一个供电车间。产品成本采用品种法计算。

本月有关成本计算资料如下：

基本生产车间本月发生原材料费用 66 000 元；甲产品耗用 A 材料 20 000 元，乙产品耗用 B 材料 28 000 元，甲、乙产品共同耗用 C 材料 16 000 元，车间一般耗用 C 材料 2 000 元。C 材料定额消耗量：甲产品 6 000 千克，乙产品 4 000 千克。

基本生产车间本月发生应付职工薪酬 28 600 元，其中基本车间生产工人职工薪酬 24 000 元，基本车间管理人员职工薪酬 4 600 元。基本生产车间产品生产工时：甲产品 300 小时，乙产品 500 小时。

基本生产车间月初在用固定资产原值为 600 000 元，固定资产月折旧率为 2%。

供电车间供电 1 200 度，计 9 600 元：提供给基本生产车间 800 度，其中甲产品 300 度，乙产品 400 度，车间管理部门 100 度；提供给企业管理部门 400 度。

甲产品完工 200 件，月末没有在产品。乙产品本月完工 160 件，月末在产品 40 件，完工程度为 50%，原材料在生产开始时一次投入。甲产品月初在产品成本为 12 000 元，其中，直接材料 5 000 元，职工薪酬 2 632 元，燃料及动力 368 元，制造费用 4 000 元；乙产品月初在产品成本为 25 000 元，其中，直接材料 14 000 元，职工薪酬 4 386 元，燃料及动力 614 元，制造费用 6 000 元。

要求：

（1）对各项要素费用进行分配（C 材料按定额消耗量比例分配，基本生产工人职工薪酬按产品生产工时比例分配）。

（2）对辅助生产费用进行分配。

（3）对制造费用进行分配（按产品生产工时比例分配）。

（4）登记甲、乙产品生产成本明细账（表 3-51、表 3-52），计算甲、乙产品成本

（5）编制甲、乙产品完工产品成本汇总表（表 3-53）

表 3-51　生产成本明细账

产品名称：甲产品　　　　　　　　　　年　月　　　　　　　　　　产量：200 件

摘要	直接材料	直接工资	燃料及动力	制造费用	总计
月初在产品成本					
本月发生生产费用					
本月合计					
减：月末在产品成本					
完工产品成本					
单位成本					

表 3-52　生产成本明细账

产品名称：乙产品　　　　　　　　　　年　月　　　　　　　　　　产量：160 件

摘要	直接材料	直接工资	燃料及动力	制造费用	总计
月初在产品成本					
本月发生生产费用					
本月合计					

表3-52（续）

摘要	直接材料	直接工资	燃料及动力	制造费用	总计
减：月末在产品成本					
完工产品成本					
单位成本					

表3-53　甲、乙产品完工产品成本汇总表

产品名称	产量/件	直接材料	直接工资	燃料及动力	制造费用	合计	单位成本
甲产品							
乙产品							
合计	—						

· 104 ·

4. 练习产品成本计算的一般分批法

锦城工业企业生产甲、乙两种产品，生产组织属于小批生产，采用分批法计算成本。2019年4月份和5月份的生产情况和生产费用资料如下：

（1）4月份生产的产品

401批号：甲产品12台，本月投产，本月完工8台，未完工4台；

402批号：乙产品10台，本月投产，计划下月完工，月末提前完工2台。

（2）4月份的生产费用资料（表3-54）

表3-54　4月份生产资料费用表　　单位：元

批号	直接材料	燃料及动力	直接人工	制造费用
401	6 720	1 392	4 704	2 592
402	9 200	1 900	8 100	5 200

401批号：甲产品完工数量较大，完工产品与月末在产品之间的费用分配采用约当产量比例法，在产品的完工程度为40%。原材料在生产开始时一次投入。

402批号：乙产品完工数量少，按计划成本结转完工产品成本。每台计划成本为：直接材料900元，燃料及动力费180元，直接人工820元，制造费用530元，合计2 430元。

（3）5月份继续生产的产品

401批号：甲产品4台，月末全部完工。

402批号：乙产品8台，月末全部完工。

（4）5月份的生产费用资料（表3-55）

表3-55　5月份生产费用资料表　　单位：元

批号	直接材料	燃料及动力	直接人工	制造费用
401		400	1 200	560
402		100	300	220

要求：

（1）填制 4 月份和 5 月份各批完工产品成本。

（2）编制 4 月份和 5 月份的结转完工入库产品成本的会计分录。

【答案】

（1）完工产品成本计算（表 3-56、表 3-57）

表 3-56　产品成本明细账

批号：401 甲产品　　　　　　　　　　　　　　　　　　　　　　　　　　　批量：12 台

	项目	直接材料	燃料及动力	直接人工	制造费用	合计
4月份	本月费用					
	分配率					
	本月完工产品成本					
	月末在产品成本					
5月份	本月费用					
	分配率					
	本月完工产品成本					
	月末在产品成本					

表 3-57　产品成本明细账

批号：402 乙产品　　　　　　　　　　　　　　　　　　　　　　　　　　　批量：10 台

	项目	直接材料	燃料及动力	直接人工	制造费用	合计
4月份	本月费用					
	分配率					
	本月完工产品成本					
	月末在产品成本					
5月份	本月费用					
	分配率					
	本月完工产品成本					
	月末在产品成本					

5. 练习简化分批法

某企业采用简化分批法计算产品成本，相关资料如下：

（1）6 月份投产的产品批号及产品完工情况

601 批号：A 产品 30 件，6 月 1 日投产，6 月 25 日完工。

602 批号：B 产品 20 件，6 月 5 日投产，月末完工 10 件。

603 批号：C 产品 10 件，6 月 15 日投产，尚未完工。

（2）各批号产品的原材料费用（生产开始时一次投入）和生产工时

601 批号：原材料 12 000 元，工时 3 200 小时。

602 批号：原材料 7 360 元，工时 1 500 小时，其中完工 10 件产品，工时 960 小时，在产品 10 件，工时 540 小时。

603 批号：原材料 2 800 元，工时 5 560 小时。

（3）6 月全部产品直接人工费用 7 182 元，制造费用 11 286 元。

要求：

（1）计算累计间接计入费用分配率。

（2）计算各批产品完工产品成本和全部完工产品总成本。

6. 分步法成本计算练习题

某企业生产甲产品，有三个生产车间，生产开始时一次投入全部材料，顺序进行加工，第三车间生产出产成品。在产品按定额成本法计价，车间之间半成品直接转移，不通过半成品库。该企业 2020 年 10 月份各种产品的产量、工时和成本资料如下：

（1）产量记录如表 3-58 所示

表 3-58　产量记录表　　　　　单位：件

项目	一车间	二车间	三车间
月初在产品	40	20	30
本月投入	600	625	620
本月产成品	625	620	640
月末在产品	15	25	10

（2）月初各车间在产品定额成本资料如表 3-59 所示

表 3-59　各车间在产品定额成本资料　　　　　单位：元

车间	直接材料	直接人工	制造费用
一车间	1 800	342	118
二车间	1 000	228	172
三车间	1 500	684	486

（3）单位在产品定额成本资料如表 3-60 所示

表 3-60　单位在产品定额成本资料　　　　　单位：元

车间	直接材料	直接人工	制造费用
一车间	45	8.55	2.95
二车间	50	11.4	8.6
三车间	50	22.8	17.2

（4）各车间各种产品本月发生的生产费用资料如表3-61所示

表3-61　各车间各种产品本月发生的生产费用资料　　　　　单位：元

车间	直接材料	直接人工	制造费用
一车间	25 000	9 348	5 142
二车间		4 332	3 240
三车间		3 648	3 102

要求：采用综合结转分步法计算产品成本（表3-62）。

表3-62　产品成本计算表　　　　　单位：元

成本项目	第一步骤		第二步骤		第三步骤	
	在产品成本	完工半成品成本	在产品成本	完工半成品成本	在产品成本	完工产成品成本
直接材料（半成品）						
直接人工						
制造费用						
合计						

7. 某企业生产的甲产品顺序经过第一个、第二个和第三个基本生产车间生产，原材料在第一车间生产开始时一次投入，各车间工资和费用的发生比较均衡，月末本车间在产品完工程度均为50%，本月有关成本计算资料如下：

（1）产量资料如表3-63所示

表3-63　产量资料表

产品：甲产品　　　　　单位：件

项目	第一车间	第二车间	第三车间
月初在产品	100	200	400
本月投入或上步转入	1 100	1 000	1 000
本月完工转入下步或交库	1 000	1 000	1 100
月末在产品	200	200	300

（2）生产费用资料如表 3-64 所示

表 3-64　生产费用资料

产品：甲产品　　　　　　　　　　　　　　　　　　　　　　　　　　　　单位：元

项目	第一车间	第二车间	第三车间
月初在产品成本	64 250	35 000	14 000
其中：直接材料	35 000		
直接人工	16 250	20 000	8 000
制造费用	13 000	15 000	6 000
本月本步发生生产费用	102 250	70 000	73 500
其中：直接材料	55 000		
直接人工	26 250	40 000	42 000
制造费用	21 000	30 000	31 500

要求：

（1）根据资料采用平行结转分步法计算甲产品成本，记入产品生产成本明细账（表 3-65 至表 3-67）和产品成本计算汇总表（表 3-68）。

（2）根据产品成本计算汇总表编制会计分录。

表 3-65　第一车间产品生产成本明细账

产品：甲产品　　　　　　　　　　　　　　　　　　　　　　　　　　　　单位：元

摘要		直接材料	直接人工	制造费用	合计
月初在产品成本		35 000	16 250	13 000	64 250
本月发生生产费用		55 000	26 250	21 000	102 250
生产费用合计					
最终产成品数量					
在产品约当产量	本月在产品约当产量				
	已交下步未完工在产品				
约当总产量（分配标准）					
单位产成品成本份额					
结转 1 100 件产成品成本份额					
月末在产品成本					

表 3-66　第二车间产品生产成本明细账

产品：甲产品　　　　　　　　　　　　　　　　　　　　　　　　　　　　单位：元

摘要	直接人工	制造费用	合计
月初在产品成本	20 000	15 000	35 000
本月发生生产费用	40 000	30 000	70 000
生产费用合计			
最终产成品数量			

表3-66（续）

摘要		直接人工	制造费用	合计
在产品约当产量	本月在产品约当产量			
	已交下步未完工在产品			
约当总产量（分配标准）				
单位产成品成本份额				
结转1 100件产成品成本份额				
月末在产品成本				

表 3-67　第三车间产品生产成本明细账

产品：甲产品　　　　　　　　　　　　　　　　　　　　　　单位：元

摘要	直接人工	制造费用	合计
月初在产品成本	8 000	6 000	14 000
本月发生生产费用	42 000	31 500	73 500
生产费用合计			
最终产成品数量			
本步在产品约当产量			
约当总产量（分配标准）			
单位产成品成本份额			
结转1 100件产成品成本份额			
月末在产品成本			

表 3-68　产品成本计算汇总表

产品：甲产品　　　　　　　产量：1 100 件　　　　　　　单位：元

车间	直接材料	直接人工	制造费用	合计
第一车间				
第二车间				
第三车间				
完工产品总成本				
完工产品单位成本				

第四章

作业成本法

一、作业成本法的演进背景

伴随着知识经济时代的到来，第三产业飞速发展，信息技术得到普及应用，传统的企业经营方式和生产环境发生了翻天覆地的变化，影响并不断冲击着传统的企业管理思想、管理模式，对传统成本管理方法带来巨大挑战。这主要体现在成本会计的理论基础与技术支持以及企业的制造环境等方面。就成本会计的理论基础而言，这种变化表现为：新的管理理念、理论与方法不断涌现，不断创新。传统成本管理方法已逐渐成为企业生产经营决策的桎梏。一些先进企业对成本核算和作业管理展开了积极的探索与实践，而作业成本法就是企业成本结构变化以及追求精确成本信息的产物。

（一）新制造环境挑战传统企业管理

（1）技术变革加速。技术变革速度越来越快，迫使企业管理部门更加注重规划、控制、交流和协调等职能，而这些都需要准确的成本信息。同时，技术变革加速导致产品的同质化和寿命的缩短，加剧了市场竞争，加剧了企业组织规模、生产方式及管理技术、管理方法的变革。

（2）组织规模变化。信息技术的运用带来电子商务的普及，大大缩短了生产厂家与最终用户之间在供应链上的距离，同时改变了传统市场的结构，减少了中间环节，降低了交易成本。在工业经济条件下，企业知名度与企业规模成正比，但电子商务使规模差距的竞争已变得微不足道。在网络载体上，企业不分大小，都可用大体相同的费用在网上发布电子公告，进行商品宣传，平等地利用网络提供的信息开展经营活动，积极主动地将产品信息推向主要的分销商和消费者，而将市场动态、市场计划、R&D 信息推向战略伙伴。这样企业不分大小都大大降低了成本，提高了产品的市场竞争能力，也因此需要更加精确的信息和控制系统。

（3）企业成本结构巨变。企业产品成本一般包括料、工、费三部分，但伴随技术的进步、企业自动化程度的提高，直接人工越来越少，间接费用在成本中的比重越来越大。以前间接费用仅是直接人工费用的 50%~60%，而现在却高达 400%~500%；以前直接人工成本占产品成本的 40%~50%，而现在不到 10%，甚至仅占产品成本的 3%~5%。产品成本结构的巨变直接影响传统的成本分配和核算方法，使传统成本核算偏差增大，要求采用新的成本方法对企业产品成本进行核算和管理。

（4）顾客需求多样化。技术进步使人们在产品的选择中拥有了更多的余地，使产品需求个性化、多样化。而需求的个性化、多样化在给生产厂商带来更多机会的同时加剧了公司间的竞争。迫使企业改变生产模式，把传统的少品种大批量生产模式转变为适应顾客需要的多品种小批量的生产模式，企业对生产和经营的控制需求越来越迫切。

（二）新制造模式冲击传统成本管理

1. 计算机集成制造系统（CIMS）被广泛应用于企业作业控制

计算机集成制造系统（computer integrated manufacturing system，CIMS）是计算机应用技术在工业生产领域的主要分支技术之一。集成制造的发展可以追溯到 20 世纪 60 年代美国的物料需求计划（material requirement planning，MRP），即根据生产计划表上何时需要什么物料来订货的物料需求计划。20 世纪 70 年代 MRP 又纳入了生产能力需求计划、车间作业计划、采购作业计划等功能，形成一个闭环系统。20 世纪 80 年代集成制造发展成为集生产、供应和财务等功能于一体的系统−制造资源计划（manufacturing resource planning，为了区别 MRP，称之为 MRP Ⅱ）。20 世纪 90 年代出现的企业资源计划（enterprise resource planning，ERP），迅速发展成为管理信息系统的核心，在这种新的制造模式下，企业的物流、资金流和信息流被集成在一起。对 CIMS 的通俗解释是"用计算机通过信息集成实现现代化的生产制造，以求得企业的总体效益"。整个 CIMS 的研究开发体现了系统的总体性和一致性。CIMS 的实施，在经营管理方面，CIMS 的实施使企业的经营决策和生产管理趋于科学化。使企业能够在市场竞争中，快速、准确地报价，赢得时间；在实际生产中，能解决"瓶颈"问题，减少在制品，同时降低库存的资金占用。

2. 弹性制造系统（FMS）成为企业作业调整的关键

弹性制造系统（flexible manufacturing system，FMS）是为了高效地制造呈弹性变化的多种类产品而组成的一个一体化的集合，由自动化生产线、材料搬运系统和计算机控制中心几个主要硬件设施构成，对产品的形状差异、数量变化等具有充分的适应能力。所谓"弹性"，从市场层面上讲，本质上是对需求多元化、产品细分化和产品生命周期缩短的适应性，更具体地说是对市场要求多品种小批量产品的适应。在弹性制造系统下，企业可以更好地对生产和经营过程中的各个作业进行监控，识别增值和非增值作业，并且能迅速作出调整，从而达到优化作业链、业务流程升级的目的。为此需要科学的成本管理手段来提供精确的成本信息。

3. 适时生产系统（JIT）触发企业作业成本管理变革

适时生产系统（just in time system，JIT）是一种严格的需求带动生产制度，要求企业生产经营管理各环节紧密协调配合，原材料、零部件、产成品保质、保量并适时地送到后一加工（或销售）环节，它引发了现代企业的成本倒推和成本管理（costing management，CM）的变革。JIT 的目的是使原材料、在产品及产成品等各类存货保持在最低水平，尽可能实现"零存货"，以降低存货成本。与传统的生产组织系统相比，JIT 是一种需求拉动型生产，它采用适时采购（供应）和预防性维护，强调全面质量管理和全员参与。在采用 JIT 的企业，从收到原材料到产品制成所耗用的时间大幅缩短，而且期末存货量也变得很小，使得传统的分批或分步成本法详细记录各类存货的必要性受到怀疑。正是由于 JIT 比传统的生产组织系统在管理思想和生产组织方法上有了较大的进步，所以对传统的管理会计形成了严峻的挑战。在新的经济环境中，各种新技术的应用使企业成本构成发生了根本性的变化，传统成本核算和管理上所存在的问题逐渐暴露出来，要求对成本管理进行相应的变革。

二、作业成本法的产生与发展

（一）作业成本法的萌芽

作业成本法（activity based costing，ABC）作为一种挑战传统理念的新思想，来自20 世纪 30 年代末 40 年代初美国会计学家科勒（E. Kolher）的作业会计思想。科勒在1938—1941 年担任田纳西河谷管理局的会计长和内部审计师期间，根据水力发电的行业和成本构成的特点，形成了早期作业成本计算法的基本思想。科勒当时所面临的问题是，如何正确计算水力发电行业的成本。水力发电的主要成本是发电设施等固定资产的折旧和维护费用等间接费用，原材料水不需要从市场上购进，人工主要用于对设备进行监控和维护。在水力发电生产过程中，直接人工和直接材料（这里指水源）成本都很低廉，而间接费用所占的比重相对很高，采用传统的以人工小时来分配间接费用，显然不能正确反映成本。因此，科勒提出了"作业成本计算法"。但是，科勒的这一思想在当时并未受到重视。科勒提出的会计思想主要有以下观点：①作业（activity），指的是一个组织单位对一项工程、一个大型建设项目、一个规划或重要经营事项的具体活动所做的贡献，或者说某一个部门的某一类活动；作业在现实生产活动中是一直存在的，只是此时才第一次被运用到成本核算和生产管理之中。②作业账户（activity account），对每一项作业设置一个作业账户，对其相关的作用（贡献）和费用进行核算，对作业的责任人，要能进行控制，即同一个责任人控制的作业活动才是一项独立的作业。③作业账户的设置方法是，从最低层、最具体、最详细的作业开始，逐级向上设置，一直到最高层的作业总账，类似于传统科目的明细账、二级账和总账。④作业会计的假设是，所有的成本都是变动的，所有的成本都能够找出具体责任人，控制由责任人实施。在会计史上，科勒的作业会计思想第一次把作业的观念引入会计和管理之中，尽管其在理论上并不系统，但仍被认为是 ABC 成本法的萌芽。

（二）作业成本法的发展

斯拖布斯（G. T. Staubus）是另一位早期研究作业成本法的学者。他在 1954 年发表的《收益的会计概念》一文中揭开了全面研究"决策有用性目标"的序幕，并以此作为其理论研究的基点来研究作业成本法。他在 1971 年和 1988 年相继发表的《作业成本计算和投入产出会计》《服务与决策的作业成本计算——决策有用框架中的成本会计》等著作，提出了一系列的作业成本观念。斯拖布斯的理论要点有：①会计是一个信息系统，而作业会计是一个与决策有用性目标相联系的会计，同时，研究作业会计首先应该明确其基本概念，如作业、成本、会计目标（决策有用性）。②要揭示收益的本质，首先必须揭示报表目标。报表的目标是履行托管责任或受托责任，为投资决策提供信心，减少不确定性，报表中的收益和利润，与成本密切相关。ABC 揭示的成本不是一种存量，而是一种流量。③要较好地解决成本计算和分配问题，成本计算的对象就应该是作业，而不是某种完工产品或其对应的工时等单一标准。成本不应该硬性分为直接材料、直接人工和制造费用，更不是根据每种产品的工时来计算分配全部资源成本（无论直接的或间接的），而是应该根据资源的投入量和消耗额，计算消耗的每种资源的"完全消耗成本"。这并不排除最后把每种产品的成本逐一计算出来，而是说，关注的核心应该是从资源到完工产品的各个作业和生产过程中，资源是如何被一步步消耗的，而不是完工产品这一结果。

（三）作业成本法的全面兴起

20 世纪 80 年代中后期，随着以 MRP II 为核心的管理信息系统的广泛应用，以及计算机集成制造系统（CIMS）的兴起，生产自动化、智能化程度日益提高，直接人工费用普遍减少，间接成本相对增加，明显突破了传统成本法中"直接成本比例较大"的假定。美国实业界普遍感到产品成本信息与现实脱节，传统成本法中按照人工工时、工作量等分配间接成本的思路，使成本扭曲程度令人吃惊，而产品成本信息的扭曲又严重影响了公司的盈利能力和战略决策。同时，产品的多样化也使得传统的标准成本管理系统失去了意义。在此背景下，美国芝加哥大学的罗宾·库珀（R. Cooper）和哈佛大学的卡普兰（R. Kaplan）教授，在对美国公司调查研究之后，对作业成本计算方法进行了系统、深入的理论和应用研究，对作业成本法给予了明确的解释。1988 年，库珀在夏季号《成本管理》杂志上发表了《一论 ABC 的兴起：什么是 ABC 系统?》。他认为：产品成本就是制造和运送产品所需全部作业的成本总和，成本计算的最基本对象是作业。ABC 所赖以存在的基础是：作业消耗资源，产品消耗作业。随后库珀又连续发表了《二论 ABC 的兴起：何时需要 ABC 系统?》《三论 ABC 的兴起：需要多少成本动因并如何选择》《四论 ABC 的兴起：ABC 系统看起来到底像什么?》。库珀还与卡普兰合作在 1988 年九月和十月的《哈佛商业评论》上发表《计量成本的正确性：制定正确的决策》，对作业成本法的现实意义、运作程序、成本动因选择、成本库的建立等重要问题进行了全面深入的分析，奠定了作业成本法研究的基石、理论基础，并带来了一场真正的成本会计的革命。卡普兰教授在其著作《管理会计相关性消失》一书中提出，传统管理会计的相关性和可行性下降，应有一个全新的思路来研究成本，即作业成本法。由于卡普兰教授等专家对于 ABC 的研究更加深入、具体而完善，使之上升为系统化的成本和管理理论并得到广泛宣传，卡普兰教授本人被认为是 ABC 的集大成者。其理论观点有：①产品成本是制造和运输产品所需全部作业的成本总和，成本计算的最基本对象是作业，ABC 赖以存在的基础是产量耗用作业，作业耗用资源，即对价值的研究着眼于"资源→作业→产品"的过程，而不是传统的"资源→产品"的过程。②卡普兰认为 ABC 的本质就是以作业作为确定分配间接费用的基础，引导管理人员将注意力集中在成本发生的原因及成本动因上，而不仅仅是关注成本计算结果本身，通过对作业成本的计算和有效控制，就可以较好地克服传统制造成本法中间接费用责任不清的缺点，并且使以往一些不可控的间接费用在 ABC 系统中变为可控。所以，ABC 不仅仅是一种成本计算方法，更是一种成本控制和企业管理手段。在此之后，《管理会计》（Management Accounting）、《成本管理杂志》（Journal of Cost Management）以及《哈佛商业评论》（Harvard Business Review）等刊物陆续发表了数百篇研究作业成本法的文章，作业成本理论日趋完善。

三、作业成本法基本概念

作业是作业成本法下最基本的概念，是进行作业成本计算的核心和基础。一般认为，作业是企业为了提供一定产量的产品或劳务所消耗的人力、技术、原材料、方法和环境的集合体。通俗地讲，作业也就是基于一定目的、以人为主体、消耗一定资源的特定范围内的工作。

（一）作业分类

1. 按照作业受益的范围分类

（1）单位作业（unit activity）

单位作业是使单位产品受益的作业，此类作业是重复性的，每生产一单位产品即需要作业一次，所耗成本将随产品数量的增加而增加，与产品产量成比例变动，如直接材料、直接人工等。

（2）批别作业（batch activity）

批别作业是使一批产品受益的作业，这些作业的成本与产品的批数增加成比例增加。例如对每批产品的检验、订单处理、机器准备、原材料处理等。

（3）产品作业（product activity）

产品作业是使某种产品的每个单位都受益的作业，这种作业的成本与产品产量及批数无关，但与产品项目成比例变动。例如对每一种产品编制数控规划、材料清单。

（4）维持性作业（sustaining activity）

维持性作业即使某个机构或某个部门受益的作业，它与产品的种类和某种产品的多少无关。例如厂房维修、职工培训、生产现场监督管理、厂务管理、人事管理等。

2. 按照作业是否能增加产品或服务的价值分类

（1）增值作业

增值作业是为企业生产经营所必需的且能为顾客带来价值的作业。例如采购订单的获取、在产品及完工产品的包装等。

（2）非增值作业

非增值作业并非企业生产经营所必需的，不能为顾客带来价值。例如原材料、在产品及产成品的存储等作业。

（二）作业链和价值链的概念

（1）作业链

作业成本法认为，企业管理深入作业层次以后，现代企业实质上是一个为了满足顾客需要而建立的一系列有序的作业集合体，这形成了一个由此及彼、由内向外的作业链。

（2）价值链

每完成一项作业要消耗一定量的资源，而作业的产出又形成一定的价值，转移给下一个作业，按此逐步推移，直至最终把产品提供给企业外部的顾客。最终产品，作为企业内部一系列需要的总产出，凝结了在各个作业上形成而最终转移给顾客的价值。因此，作业链同时也表现为价值链，作业的推移，同时也表现为价值在企业内部顾客的逐步积累和转移，最后形成转移给外部顾客的总价值，这个总价值即是产品的成本。

（三）成本动因

作业成本法的核心在于把"作业量"与传统成本计算系统中的"数量"（如人工工时、机器小时）区别开来，并主张以作业量作为分配大多数间接成本的基础。1987年库珀和卡普兰提出了成本动因的概念。他们认为ABC成本法要把间接成本与隐藏其后的推动力联系起来，这种推动力就是成本动因。

所谓成本动因就是决定成本发生的那些重要的活动或事项。成本动因可以是一个事件、一项活动或作业，它支配成本行为，决定成本的产生。所以，要把间接成本分配到各产品中去，必须要了解成本行为，识别恰当的成本动因。

根据成本动因在资源流动中所处的位置，通常可将其分为资源动因和作业动因两类。

1. 资源动因

所谓资源动因，就是资源被各种作业消耗的方式和原因，它反映作业中心对资源的消耗情况，是资源成本分配到作业中心的标准。例如，如果人工方面的费用主要与从事各项作业的人数相关，那么就可以按照人数来向各作业中心（作业成本库）分配人工方面的费用。在这里，从事各项作业的人数就是一个资源动因。

2. 作业动因

所谓作业动因，就是各项作业被最终产品或劳务消耗的方式和原因。它反映产品消耗作业的情况，是作业中心的成本分配到产品中的标准。例如，如果在各种产品或劳务的每份订单上所耗用的费用基本相当，那么就可以按照订单份数来向各种产品或劳务分配订单作业成本。在这里，订单的份数就是一项作业动因。

四、作业成本法的优点

（一）拓宽了成本核算的范围

作业成本法把作业、作业中心、顾客和市场纳入了成本核算的范围，形成了以作业为核心的成本核算对象体系，不仅核算产品成本，而且核算作业成本和动因成本。这种以作业为核心而建立起来的、由多维成本对象组成的成本核算体系，可以抓住资源向成本对象流动的关键，便于合理计算成本，有利于全面分析企业的特定产品、劳务、顾客

第四章　作业成本法

·115·

和市场及其组合，以及各相应作业上盈利性的差别。

（二）提供了相对准确的成本信息

作业成本法能够改变传统成本计算中标准成本背离实际成本的事实。它从成本对象与资源耗费的因果关系着手，根据资源动因将间接费用分配到作业，再按作业动因将作业计入成本对象，从而揭示了资源与成本对象真正的"一对一"的本质联系，克服了传统成本计算假定的缺陷。作业成本计算分配基础的广泛化，使间接费用的分配更具精确性和合理性，克服了传统成本计算按单一的分配标准分配间接费用所造成的对成本信息的严重扭曲，提供了相对准确的成本信息。

（三）作业成本信息可以有效地改进企业战略决策

作业成本法由于间接成本不是均衡地在产品间进行分配，而是通过成本动因追踪到产品，因而有助于改进产品定价决策，并为是否停产老产品、引进新产品和指导销售提供准确的信息。除了定价、资源分配及优化产品组合决策之外，作业成本信息也有助于对竞争对手的"价格—产量"决策做出适当反应。因此，作业成本法不仅仅是一种先进的成本计算方法，也是管理咨询服务的工具，而且是管理会计师提高企业发展能力、获利能力、工作效率的方法。

（四）提供了便于不断改进的业绩评价体系

作业成本法关注那些使成本增加和复杂化的因素，揭示在产品之间分配间接成本时"苦乐不均"所产生的后果。而传统成本计算忽视了可供资源与实际需用资源之间的差异，将未使用资源和非增值作业耗费的资源也计入成本对象的成本，严重影响了业绩评价的客观性。在评价作业时，作业成本法的宗旨就是利用具体的作业信息，提高增值作业效率，力图规避无效作业。作业成本法业绩评价清晰地反映了作业、资源在增加顾客价值中所起的作用，揭示了增值作业、非增值作业以及可供资源、实际使用资源和实际需用资源之间的差别，可为改进作业管理、优化资源配置提供有用信息。

（五）便于调动各部门挖掘盈利潜力的积极性

作业成本法的成本计算过程实际上是贯穿于资源流动始终的因果分析过程，便于明确与落实各部门的岗位责任，揭露存在的问题，从而推动它们不断挖掘盈利潜力，优化经营管理决策，使整个企业处于不断改进的环境中。

（六）有利于企业杜绝浪费，提高经济效益

作业成本法通过对成本动因的分析，揭示了资源耗费、成本发生的前因后果，指明了深入作业水平，对企业供、产、销各个环节的基本活动进行改进与提高的途径，从而有利于消除一切可能形成的浪费，全面提高企业生产经营整体的经济效益。

五、作业成本法的局限性（缺点）

（一）在成本动因的选择上有一定的主观性

作业成本计算的目的是更为全面、精细地将各项作业耗费分配到消耗这些作业的产品成本中去，在成本计算过程中，需要确认资源和作业，设立作业成本库，并为每一作业成本库选择最佳的成本动因。在这一过程中，难免带有主观性和一定程度的武断性，尤其是所选择的成本动因，并不总是客观的和可以验证的，有些甚至很难进行恰当选

择。例如，厂房租赁费用和车间的一些维持性成本，就很难选择合适的成本动因。这些因素不仅为作业成本的有效实施增加了难度，同时也为管理当局人为地操纵成本提供了可能，导致对这种操纵结果进行审计更加困难。

（二）实施作业成本计算的费用较高

作业成本计算的优越性是可以为企业提供更为相关、更为精细的成本信息。但是，全面实施作业成本计算对于企业来说无疑是一项相当庞大的系统工程。尤其是在企业业务量大、生产经营过程复杂的情况下，不仅成本计算过程相当复杂，而且需要做许多基础性的工作，并且随着企业生产经营环节的变化、技术的创新及产品结构的调整，又需要重新进行作业的划分或调整工作，工作成本比较高。

（三）作业成本计算的实施将会降低成本信息的纵向和横向可比性

作业成本法较传统的成本计算法，无论在产品成本所包括的内容上还是费用的分配原理上都存在很大的差别。就产品成本所包括的内容来说，传统的产品成本计算只包括直接材料、直接人工和制造费用，而作业成本法下的产品成本，其内涵要广泛得多，可以包括一切为生产该产品而发生的费用，即产品成本是"全部成本"的概念（为了进行比较，在作业成本法举例中，我们假设产品成本只包括直接材料、直接人工和制造费用）。至于在费用分配原理上的差别，则不必多说。因此，在两种成本核算系统下，不仅同一个企业（或车间）所取得的成本信息会有重大差别，而且同一种产品的成本信息也会大不相同。不言而喻，这种成本信息上的差别，必然会使企业有关资产价值的计量以及企业损益的计算发生变化。而成本信息变化以及由此而带来的有关资产价值和企业损益的变化，会使企业前后期的会计信息，以及与其他企业有关的会计信息失去可比性。

六、作业成本法的实施条件

作业成本法是一种较为科学的成本计算方法。鉴于我国企业在成本计算和成本管理上存在诸多问题，我们应该借鉴和吸收这种成本计算方法的原理和精髓，以提高成本信息的决策相关性，提高成本管理的有效性。但是，在借鉴时，我们必须充分考虑企业的具体情况和作业成本法本身的局限性。有鉴于此，可以首先在原材料供应较为充裕、市场竞争激烈、生产线成熟、自动化程度高、产品技术含量大、基本具备了实施作业成本计算条件的企业试用，并且在应用的方式方法上可以多种多样。在借鉴和应用作业成本计算时，企业应特别注意以下几个方面的问题：

首先，要充分认识企业的具体情况，注意把作业成本法的实施与企业成本管理水平的改进和提高结合起来，从现实需要出发，来设计作业成本计算系统。就目前我国企业的实际情况来说，应用作业成本计算，主要还是应用其成本计算的原理，来为我们的成本管理服务，而不是以作业成本法完全取代传统的成本计算方法。在条件较为成熟的企业可以较为全面地试行作业成本计算，而就多数企业来说，则应该是在生产经营的某些环节或者对局部某些费用的分配方法上引入作业成本法的原理，以提高成本信息的质量，使之更好地为企业生产经营和决策服务。

其次，要充分认识作业成本法在费用分配上的本质要求，切忌主观武断。企业在实施作业成本法时，应全面、精细地对生产经营过程进行作业分析，并在此基础上建立作业成本库和选择成本动因。

最后，要充分考虑成本效益原则，力求有效地解决企业生产经营过程和成本管理中存在的问题。实施作业成本计算是一项较为庞大的系统工程，即使是局部的采用也是一个较为复杂的工作。因此，实施作业成本法预计成效如何、需要耗费的成本怎样，是企业应研究的重要问题。为此，企业在实施作业成本法时，首先必须认真地分析企业生产经营过程和成本核算中存在哪些问题，采用作业成本法和作业成本管理是否有助于这些问题的解决，以及其成本效益如何，以便有效地、有针对性地解决这些问题，并使耗费的成本较小。如果企业需要耗费较大的人力、物力和财力，需要进行复杂的成本核算，但并不能解决所存在的主要问题，则不应盲目实施作业成本计算。

第二节　作业成本法的基本理论

作业成本法被誉为成本会计的第三次革命。第一次革命是成本核算由账外演变为账内，第二次革命是产品成本计算与控制相结合，表现为责任成本控制系统。作业成本法是一种会计工具，它能帮助组织确定与每一项产品和服务相关的实际成本；作业成本法是一种成本方法，能够为管理者提供有益的信息，以了解每个客户创造的价值，明确如何最大化地完成和实施合理的利润增长战略；作业成本法是一种系统的因果方法，它基于"产品消耗作业"的基础之上，将作业成本分配至产品、服务、顾客或任何成本对象；作业成本法没有消减或改变成本，仅仅是提供了成本如何被实际消耗的数据。作业成本法是一个以作业为基础的管理信息系统。所谓作业成本法就是把企业的产品或服务看成由一系列的作业组成，根据作业动因分配产品成本的方法。它以作业为中心，而作业的划分是从产品设计开始到物料供应，从生产工艺流程（各车间）的各个环节、质量检验、总装到发运销售的全过程，通过对作业及作业成本的确认、计量，最终计算出相对真实的产品成本。因此，作业成本法计算出的成本能满足企业生产经营决策多方面的需要。作业成本法以作业为基础。它最重要的优点就是它能够促使管理人员想方设法进行成本控制。它通过对所有与产品相关联作业活动的追踪分析，为尽可能消除"不增值作业"，改进"增值作业"，优化"作业链"和"价值链"，增加"顾客价值"，提供有用信息，促使损失浪费降低到最低限度，提高决策、计划、控制的科学性和有效性，最终达到提高企业的市场竞争力和赢利能力增加企业价值的目的。作业成本法不仅可以提供相对准确的成本信息，还可依据作业链和价值链的分析，进行作业管理，满足经营控制的需要。它以作业为中心分析成本性态：一方面，它将作业与相应的成本消耗联系起来，从而识别引发成本支出的因素；另一方面，将产品与其消耗的作业联系起来提供相对准确的成本信息。作业成本法适应现代企业的制造环境而产生，弥补了传统成本会计在现代企业制造系统中的缺陷。

一、作业成本法的理论基础

成本动因分析是作业成本法的理论基础。成本动因支配着成本行为，决定着成本的产生，并可作为分配成本的标准。在作业成本计算法中，具有相同性质的成本动因则组成若干个成本库，亦称作业中心，并要求应以同质的成本库来归集费用和单独分配费用。一个成本库所汇集的成本可以按其具有代表性的成本动因进行分配，使之归属于各有关产品。成本动因是作业成本计算法的核心内容，一个企业成本动因数量的多少与该企业生产经营活动的复杂程度密切相关。若企业的生产经营活动越复杂，其成本动因也就越多；而成本动因的选定是否合理，将直接关系到作业成本计算法的应用效果，因此企业必须审慎考虑成本动因选定问题。作业成本计算法在为每一间接成本项目确定合理的成本动因后，将具有相同性质的成本动因组成若干个成本库（作业中心），而一个成本库所汇集的可追溯成本则可按成本库分配率在各产品之间进行分配，即"产品消耗作业，作业消耗资源并导致成本发生"。

二、作业成本法的核心

作业、作业链和价值链的概念及相互关系分析是作业成本法的核心。作业成本法理论认为，作业是指企业为了达到其生产经营目标所发生的各项活动。现代企业实质上是一个为最终满足顾客需要而设计的"一系列作业"的有序集合体，这个有序的集合体就是作业链。在这条作业链上，存在着这样一种关系："资源—作业—产品"，即"作业耗用资源，产品耗用作业"，作业成为沟通企业资源与企业最终产品之间的桥梁。因而，当企业每完成一项作业，就会有一定量的资源被消耗，同时又有一定价值量的产出转移到下一项作业，直至最终形成产品。产品作为企业内部各作业链的最后一环，凝结了各个作业链所形成并最终提供给客户的价值，作业耗费与作业产出配比的结果就是企业的盈利。在企业的各项作业中，并不是所有的作业都能够创造价值。作业成本计算法根据适时生产系统将企业的所有作业区分为能为最终产品增加价值的作业和不能为最终产品增加价值的作业，以力求把不能为最终产品增加价值的作业尽可能缩减到最低限度，并通过计量和分析不增加价值的作业，溯本求源，从而为企业消灭浪费、改善经营管理提供了有效的方法。

三、作业成本法的机理

作业成本法是一种集成本计算与成本管理为一体的成本方法。从纵向看由顾客需求拉动产品生产，产品生产驱动作业发生，作业发生消耗资源，对资源的消耗进行科学合理的确认与计量实现成本的计算。从横向看，作业的发生必然存在着成本动因，从而识别有效作业（增值作业）和无效作业（非增值作业）。对成本动因进行分析，因成本动因不同为费用计入产品成本确定多级标准，克服传统成本法对成本信息的扭曲。另外，作业成本法能确定与战略相统一的成本管理评价标准，对成本管理的业绩进行有效评价，从而对成本管理进行反馈，为下一周期的成本管理提供改进信息，实现成本管理的良性循环。

四、作业成本法的实施步骤

作业成本法首先追溯成本到作业，然后追溯作业成本到产品和其他成本对象。作业成本法的指导思想是产品和其他成本对象消耗作业，作业消耗资源。ABC 系统的实施，有六个基本步骤：①作业认定；②分配资源到作业；③分配二级作业的成本到一级作业；④识别成本对象和确定特定成本对象消耗各种作业的数量；⑤计算一级作业分配率；⑥分配作业成本到成本对象。

（一）作业认定

作业是作业成本法的重点，是产品成本计算和成本持续改进的基础。因此，识别、定义作业和作业的关键属性并进行分类，是实施 ABC 系统的基础。

（1）作业的识别。作业识别是作业认定的第一步，它等同于描述所采取的行动。将识别出的作业简单列表，称为"作业目录"（activity inventory）。

（2）作业的定义。一旦有了作业目录，就可以用作业属性（activity attributes）定义作业。作业属性是描述个别作业的财务和非财务信息项目。属性的选择取决于所要达到的目标。服务于产品成本计算目标的作业属性包括对作业进行描述的任务、作业消耗资源的类型、工人执行作业所花的时间比例、消耗作业的成本对象和作业消耗的计量标准（作业动因）。

（3）作业分类。作业分类便于实现产品或顾客成本计算、持续改进、全面质量管理以及环境成本管理等关键管理目标。属性是作业分类的基础。在实施 ABC 系统前，需要先对期望的作业属性和作业基本分类进行说明，以便于归集必要的数据。

根据服务的层次和范围，可将作业划分为以下四类：①单位水平作业。单位水平作业是使单位产品或服务受益的作业，它对资源的消耗量往往与产品的产量或销量成正比。常见的单位水平作业如加工零件、每件产品进行的检验等。②批次水平作业。批次水平作业是使一批产品受益的作业，作业的成本与产品的批次数量成正比。常见的批次水平作业有设备调试、生产准备等。③产品水平作业。产品水平作业是使某种产品的每个单位都受益的作业，如产品工艺设计作业等。④支持水平作业。支持水平作业是为维持企业正常生产，而使所有产品都受益的作业，作业的成本与产品数量无相关关系。常见的支持水平作业如厂房维修等。通常认为前三个类别以外的所有作业均是支持作业。

根据作业的增值属性，可将作业划分为以下两类：增值作业（value-added activity），指能够增加顾客价值的作业；非增值作业（non value-added activity），指不能增加顾客价值的作业。

根据计算成本的目的，可将作业划分为以下两类：一级作业（primary activity），指由最终的成本计算对象（产品和顾客）消耗的作业；二级作业（secondary activity），指由中间成本计算对象（一级作业、材料或其他二级作业）消耗的作业。

（二）分配资源到作业

在作业认定的基础上，可以将资源成本按成本动因（资源动因）分配给各个作业。将资源费用分配给作业的方法有三种：直接分配法、估计分配法和人为分配法。

（1）直接分配法。直接分配法是按客观、真实的尺度来对资源进行计量，即指测算作业所消耗资源的实际数额。例如，机器运行所耗用的能源成本可以直接用机器运行的时间来进行分配；信息处理成本可以按利用信息的组织单位的业务量进行分配。直接分配法对于提高 ABC 系统的精确性是必需的，但在实施对实际消耗数额的测算工作时却很烦琐，从成本效益原则考虑，这种方法未必能完全适用。

（2）估计分配法。估计分配法指在缺乏或很难经济地进行直接分配时，往往采用调查和询问的方式来估测作业所消耗的资源费用。如通过询问车间和其他业务部门的现场管理人员，从而掌握员工进行各项作业的时间资料，或直接把作业一览表交付管理人员填列。当然也可以在更为详尽的调查基础上进行估测。

（3）人为分配法。人为分配法带有许多主观和随意的成分。在找不到适当的分配方法时允许这种判断的存在。如为各个车间进行后勤服务的作业有时只能采用按人数比例进行分配的方法。

（三）分配二级作业的成本到一级作业

把资源成本分配到作业后，ABC 核算的第一阶段就此结束。在第一阶段，作业分为一级作业和二级作业。如果有二级作业，那么在把一级作业的成本分配到产品以前，必须先把一级作业消耗的二级作业成本分配到这些一级作业。

（四）识别成本对象和确定特定成本对象消耗各种作业的数量

一旦一级作业的成本确定下来，就可使用作业分配率把这些成本分配到产品或其他的成本对象。成本计算对象是作业成本流向的终极目标。因此，在进行分配前，必须识别成本对象。ABC 系统下典型的成本计算对象有：某种最终产品、某项服务、某个项目或承包的业务单元，甚至于某个客户。在 ABC 系统的设计过程中必须充分、全面地把握成本计算对象，无论遗漏了哪一种最终产品或服务，都会使其他的最终产品或服务承担过高的成本。

（五）计算一级作业分配率

用实际作业能力除以预算作业成本，就可计算出一级作业的分配率。其中，作业能力是指作业产出量（用作业动因计量）。实际能力是指高效率执行作业时能够产生的作业产出。这些分配率提供了使用作业应承担的费用率。

（六）分配作业成本到成本对象

在作业成本核算的最后阶段，将一级作业和材料的成本分配到产品或顾客。作业成本向各最终产品归集与资源向各个作业的分配形式基本相同，即直接分配、估计分配和人为分配三种形式。

（1）直接分配法。直接分配法是按客观、真实的尺度来对作业进行计量，但只有传统成本计算制度资源费用向最终产品的直接计算才算是真正意义上的直接归集。在金融、保险等服务行业中，可能存在为特定客户进行的作业，作业与计算对象间呈一对一的简单对应关系，则在这种情况下的成本归集应当视作作业向最终产出的直接成本归集。但是如此单纯的"直接归集"情况并不常见，特别是就涵盖制造业、金融业、电信等服务业的全部成本管理应用领域而言，直接归集更难以成为一种一般化的形式。

（2）人为分配法。人为分配法带有主观随意性，尽管它容易实施，耗费低，但由此得到的成本数据未必比传统制度精确，有时还可能造成更大的扭曲。

（3）估计分配法。估计分配法较之直接归集所费精力较少，较之人为分配更强调作业成本与产品成本之间的关联，精确性和可靠性更高。并且实践证明，估计分配法也是一种最为可行的方法。

第四章　作业成本法

五、作业成本法与传统成本核算手段的对比

（一）作业成本法与传统成本核算手段的区别

作业成本法是适应新环境决策需要的成本核算方法。采用作业成本法不仅能给企业成本提供精确的信息，而且能揭示出成本发生的真正原因，与传统的产品成本计算比较，从内容到形式，作业成本法都是一种更为合理的成本计算方法。它与传统的成本计算方法的区别主要有：

1. 适用条件不同

传统成本核算方法的应用前提是少品种、大批量生产。在此前提下，生产设备、生产方法和使用的原材料都处于长期基本稳定的状态，生产作业有循环反复的特征。但在技术快速进步的今天，多品种、小批量成为生产的主要特征，传统的成本计算方法已不再适用。

2. 成本计算对象不同

传统成本的计算对象仅仅是企业所生产的各种产品，而且往往是最终产品，而ABC作业成本法，不仅关注产品本身结果，更关注产品形成过程和成本形成的前因和后果，成本计算对象具有多层次性，资源、作业、最终产品等都是成本计算的对象。作业既是成本形成的载体，又是成本计算的对象，当企业每完成一项作业，就会有一定量的资源被消耗，同时又有一定价值量的产出转移到下一项作业，照此逐步结转到下去，直到最终把产品提供给顾客。资源、作业、最终产品之间是通过成本动因有机联系在一起的。

3. 核算程序不同

企业传统的成本核算采用两步程序分配间接费用。首先将归集起来的辅助生产部门（动力车间、维修车间等）费用分配到各生产部门，然后将归集的生产部门总费用分配到各产品上去。作业成本计算法虽然也应用两个层次分配制造费用，但它首先依据资源动因，将费用分配到作业，以作业作为归集成本的成本库，然后再依据多种作业动因，将作业成本分配到最终产品上去。

4. 分配基础不同

作业成本法与传统成本计算方法相比，分配基础（成本动因）不仅发生了量变，而且发生了质变。它不再局限于传统成本计算所采用的单一数量分配基准，而是采用多元分配基准，并且集财务变量与非财务变量于一体，强调非财务变量如产品的零部件数量、调整准备次数、运输距离、质量检测时间等。企业传统的成本核算在把生产部门的费用追踪到单个产品上时，传统成本用直接人工工时或机器工时作为分配基础。由于工时、机时、原材料消耗量这类分配基础与产品数量有关，故可称为"数量基础分配方法"。而作业成本法通过采用多种成本动因，使得成本的可归属性大大提高，所得到的产品成本能够较准确地反映产品所耗费资源的真实情况。因而作业成本采用的分配基础是作业的数量化，是成本动因。

5. 产品成本的经济实质不同

传统的成本核算方法认为成本的经济实质是生产经营过程中所耗费的生产资料转移

的价值和劳动者为自己所创造的价值的货币表现，即 c+v。而作业成本法认为产品成本表现为价值在企业顾客的逐步积累和转移，最后形成转移给外部顾客的总价值。

6. 产品成本的经济内容不同

在传统成本核算方法下，产品成本是指其制造成本，只包括制造产品过程中与生产产品直接相关的费用，而用于管理和组织生产的费用支出则作为期间费用处理。而在作业成本法下，产品成本则是完全成本。制造过程中的所有费用，只要是合理的、有效的，都是对最终产出有益的支出，因而都应计入产品成本。也就是说，作业成本法强调费用支出的合理有效性，而不管其是否与产出直接有关。在作业成本法中，也使用期间费用的概念，但此时期间费用汇集的是所有无效的、不合理的支出，而不是与生产无直接关系的支出。

作业成本计算法与传统成本计算系统的最大区别在于：它不是就成本论成本，而是将重点放在成本形成的前因和后果上，对成本进行"溯本求源"。即从前因上看，成本是由作业引起的，对价值链的分析，应首先从产品的设计环节开始；从后果上看，作业成本计算法主要看作业的执行以至完成实际耗费了多少资源，这些资源是如何实现价值转移的，且最终转移给客户的价值是多少。因此，对价值链的分析，最终要分析到从客户收回多少价值为止，而对价值链所进行的一系列分析，则是企业挖掘降低成本潜力、减少浪费的有效途径。

（二）作业成本法与传统成本核算手段的联系

作业成本核算与传统成本核算既有区别又有联系。作业成本与传统成本核算的联系在于：作业成本是责任成本与传统成本核算的结合点。责任成本按内部单位界定费用，处于相对静止的状态，传统成本核算是按工艺过程进行归属，处于一种运动状态。但二者的最终目的都是计算最终产出成本（产品、劳务或顾客）。

（三）作业成本法与传统成本法相比存在的优势

1. 作业成本法使成本信息更加科学，解决了传统成本信息失真的问题

同一种产品的单位成本在作业成本法下和制造成本法下计算出的结果常有差异，甚至相差悬殊。为什么呢？原因主要在于两种方法对间接费用的分配不同。制造成本法把每单位产品耗用的某一项成本标准（如产品耗用的工时占总工时的比率），当成了对所有费用（如在电器开关制造类企业中，包括备料、液压、喷漆、加盐、检查和折旧费等）进行分配的比率。事实上，产品分别耗用各种费用所占各种费用总额的比例，绝不是仅仅用工时比例这样的单一指标所能代表的（尤其是间接费用）。这样的实例有很多，比如，生产工时或机器工时耗用较多的产品，其耗用的产品质量检验费用就多了吗？显然未必，因为检验费用的多少与生产时间的长短没有直接的正比例关系。又如，某产品的工时耗用比重大，也许是由于在集体劳动中（劳动密集型产业），许多工人在较短的时间内共同在车间劳动造成的，而不是占用车间的绝对时间很多，也就不应该分摊较多的厂房折旧费用。所以，制造成本法下按照单一的工时等标准分配间接费用的做法，显得草率武断，必然造成有些产品成本有些虚增，有些虚减，不符合"谁受益，谁负担；多受益，多负担"的公平配比原则和信息相关性原则，导致成本信息失真。作业成本法针对生产过程中每种作业选取属于自己的分配率，按各产品消耗成本动因或作业

的数量将成本库的成本逐一分配到产品总成本中去，这样，成本核算的核心就集中在了生产对资源一步步消耗的各个具体环节中，抓住了许多动态变量，就真正消除了传统成本法中用人工工时等作为唯一标准去分配全部间接费用的不合理性，解决了传统成本法带来的成本信息失真问题，使成本核算更准确，更具有相关性和配比性。

2. 作业成本法使企业产销决策更加合理

产销决策和产品定价合理性的基础是成本计算的科学性。随着知识经济的到来，企业生产的自动化、智能化程度越来越高，生产工人工资等直接成本所占的比例大大减少（许多企业直接人工只占总成本的 5%~10%），间接成本所占比例大幅度增加，传统成本法失真信息的数额越来越巨大；而且，随着买方市场的到来，厂商之间竞争日益激烈，许多产品的市场单价已经逼近成本，容纳不了太多的成本误差。如果此时仍然根据传统成本信息做出产销决策，常常使有些产品本来是赢利的（尤其是在单价很低时，其真实的赢利率还是很高的），却让企业误以为是亏损的（比如高产量的产品成本就被高估，获利水平被低估），从而错误地拒绝了订单，丧失了市场机会，在竞争十分激烈的买方市场下，非常可惜。而有的产品，实际上是亏损的（尤其是在单价很高时，其真实的亏损率是难以容忍的），但是在传统的成本法下，企业误以为是赢利的（比如低产量产品的成本就被低估，导致利润被高估），从而错误地接受了订单。这样，传统成本法进一步造成了利润报告的严重失真。这就是出现"订单单价都高于单位成本，但最终却亏损"这一奇怪现象的原因。作业成本法的本质决定了它就是解决这一问题的答案，因为采用作业成本法后，成本信息更具有科学性、相关性，从而使产销和定价决策更加合理、利润信息更加真实。

3. 作业成本法对企业优化资源配置的意义

实施作业成本法还有利于我们通过对资源如何一步一步消耗的过程的细致而具体的分析和控制，来优化作业链、价值链和产品种类与生产数量的组合，从而优化资源配置，发挥企业内部各部门之间、各工艺和生产环节之间的协同作用，充分利用资源，实现"一加一大于二"的规模效益目标。

4. 作业成本法对企业内部管理的意义

实施作业成本法的深刻意义还在于，在作业中心的基础上建立责任中心，有利于建立新的责任会计系统，调动各部门挖掘盈利潜力的积极性，进行业绩评价，能够更有效地实现责任会计目标。这样，作业成本法就把管理者的注意力引向了资源消耗的原因上，有利于更好地执行责任会计制度，改善内部管理。

5. 作业成本法对企业战略成本管理的意义

实施作业成本法对企业的深刻意义，还在于它突破了传统管理会计的局限性，体现了先进的战略成本管理思想，能有效改善企业的战略决策，增强企业竞争能力，获得并维持竞争优势。作业成本法有利于扩大市场份额，提高竞争能力；有助于企业降低成本，制定并实施低成本战略。作业成本法及作业管理为企业实行全面成本管理，有效实施事前成本控制，及全面降低产品成本提供了极为丰富的手段，有利于增强企业的竞争能力。作业成本法的合理运用，能改善企业经营管理，使企业竞争能力显著提高，有利于企业合理选择经营品种、客源、销售渠道、销售市场。

6. 实施作业成本法的深刻意义，远远不局限于企业自身

在控制和制止国有资产流失方面，作业成本法能够更科学地核算效益，向政府反馈准确的信息，使政府进行有效的管理控制，防止个别人利用传统成本法的缺陷侵蚀国家利益，有效地保护国有资产。加入世界贸易组织（WTO）后，国际资本流动日益频繁，尤其是先进的外国企业实行了作业成本法后，国内企业如果仍然采用传统的成本法，则不仅会使企业处于十分不利的局面，而且跨国企业还可能故意利用传统成本法的不科学性、隐蔽地实现转移定价，把利润转移到税率较低的国家和地区，造成资本外流，使国家税收等宏观利益遭受损失。而推广应用作业成本法，则有助于在国际贸易和跨国资本流动中维护国家的利益。总之，作业成本法对企业进行科学的核算和管理决策，有着极其重要的意义。

第三节 作业成本法的应用

【例4-1】甲企业生产 A、B 两种产品，应客户要求 B 产品采用小批量、多样化生产方式，且 B 产品的自动化程度比 A 产品高。甲企业 2018 年 9 月接受 A 产品订单 40 张，共订购 A 产品 1 500 件，B 产品订单 160 张，共订购 B 产品 900 件。A、B 两种产品耗用的直接材料分别为 150 000 元、190 000 元；直接人工分别为 28 000 元、16 000 元；生产产品的直接人工工时分别为 12 000 小时、4 800 小时；两种产品制造费用总额为 65 760 元，其中，与材料有关的制造费用 20 400 元，与生产有关的制造费用 16 800 元，其他间接制造费用 28 560 元（包括订单处理成本 7 200 元，设备调整费 10 000 元，产品检验费11 360元）。A 产品设备调整 10 次，B 产品设备调整 90 次。A 产品的检验次数 160 次，B 产品的检验次数 240 次。

传统成本计算法制造费用分类方式及分摊基础，见表4-1。

表4-1 传统成本计算法制造费用分类方式及分摊基础表

制造费用分类	分摊基础
与材料有关的制造费用	以直接材料成本为基础
与生产有关的制造费用	以直接人工小时为基础
其他间接制造费用	以直接人工小时为基础

以上传统成本计算法，在 B 产品实施少量多样的生产策略后，管理者发现这种成本制度无法确定反映间接成本的增加与产量策略改变的关系。因为该企业以间接成本的增加为对象进行研究，发现间接成本的增加主要来自订单处理活动的增加及设备调整活动的增加，订单数量和设备调整次数多少是造成成本差异的主要原因，因而传统成本计算法将这类与产品生产工时无关的费用以直接人工小时为基础分配，必将造成产品成本的扭曲。该企业先将这类费用改为以成本动因为基础进行分配。作业成本法制造费用分类方式及分摊基础，见表4-2。

表 4-2　作业成本法制造费用分类方式及分摊基础表

制造费用分类	分摊基础
与材料有关的制造费用	以直接材料成本为基础
与生产有关的制造费用	以直接人工小时为基础
其他间接制造费用 （1）订单处理费 （2）设备调整费 （3）检验费	 （1）以订单总数为基础 （2）以调整次数为基础 （3）以检验次数为基础

现根据上述资料采用两种不同的成本计算方法计算 A、B 产品成本，见表 4-3。

表 4-3　传统成本计算法与作业成本计算法计算表　　　　　单位：元

产量：A 产品 1 500 件　　　　　　　　　　　　　　　　　B 产品 900 件

项目		传统成本计算方法	作业成本计算方法
直接材料	A 产品	150 000	150 000
	B 产品	190 000	190 000
直接人工	A 产品	28 000	28 000
	B 产品	16 000	16 000
制造费用	A 产品	41 400（注 1）	27 984（注 2）
	B 产品	24 360（注 1）	37 776（注 2）
总成本	A 产品	219 400	205 984
	B 产品	230 360	243 776
单位成本	A 产品	146.27	137.32
	B 产品	255.96	270.86

用传统成本计算法计算 A、B 产品制造费用，见表 4-4。

表 4-4　传统成本计算法计算 A、B 产品制造费用表　　　　　单位：元

制造费用		分摊标准			分配率	制造费用	
项目	金额	项目	A 产品	B 产品		A 产品	B 产品
与材料有关的制造费用	20 400	以直接材料成本为基础	150 000	190 000	0.06	9 000	11 400
与生产有关的制造费用	16 800	以直接人工小时为基础	12 000	4 800	1	12 000	4 800
其他间接制造费用	28 560	以直接人工小时为基础	12 000	4 800	1.7	20 400	8 160
合计	65 760					41 400	24 360

作业成本法 A、B 产品制造费用。

（1）与材料有关的制造费用、与生产有关的制造费用见表 4-4。

（2）间接制造费用的分配，见表4-5。

表4-5 间接制造费用分摊表 单位：元

作业	成本动因	间接制造费用	成本动因单位数			成本分摊率	间接制造费用	
			A产品	B产品	小计		A产品	B产品
订单处理费	订单总数	7 200	40	160	200	36元/个	1 440	5 760
设备调整费	调整次数	10 000	10	90	100	100元/次	1 000	9 000
检验费	检验次数	11 360	160	240	400	28.4/次	4 544	6 816
合计		28 560					6 984	21 576

（3）A、B产品的制造费用。

A产品制造费用：9 000+12 000+6 984＝27 984（元）

B产品制造费用：11 400+4 800+21 576＝37 776（元）

从本例可知，采用传统成本计算法A、B产品的单位成本分别为146.27元、255.96元。而作业成本法的数据分别为137.23元和270.86元。采用作业成本法的B产品的单位成本比传统成本计算法高出14.93元。两者之所以存在上述差异，是由于它们在归集和分配制造费用的方法上存在差异。

 本章练习

一、简答题

1. 作业成本法较传统的成本计算方法在制造费用的分配上有何重要区别？

2. 作业成本法有哪些优点和局限性（缺点）？我国企业在借鉴作业成本法时应注意哪些问题？

二、案例分析题

【资料】锦城公司的一个车间生产两种产品：香味生日卡和普通生日卡。普通生日卡的生产数量是香味生日卡的10倍。香味生日卡不仅需要加入香味，而且无论从卡片的形状、花色还是文字上都比普通生日卡更加多样化。卡片成批生产。采用传统成本法得到的两种卡片的单位成本为：香味生日卡11.2元（其中单位直接成本8元，单位间接费用3.2元），普通生日卡10.78元（其中单位直接成本7.5元，单位间接费用3.28元）。采用作业成本法得到的两种卡片的单位成本为：香味生日卡20.8元（其中单位直接成本8元，单位间接费用12.8元），普通生日卡9.82元（其中单位直接成本7.5元，单位间接费用2.32元）。由此可见，相对于更加准确的作业成本法来说，传统成本法低估了产量低而复杂程度高的香味生日卡的成本，而高估了产量高而复杂程度低的普通生日卡的成本。

要求：

（1）传统成本法和作业成本法得到的两种产品成本差异如此巨大，主要原因可能是什么？

（2）试从传统成本法与作业成本法的主要区别，阐述作业成本法产生的经济背景？

（3）不同成本方法得到的两种产品不同的成本数据，可能会影响公司的哪些决策？试举例说明。

三、计算分析题

【资料】锦城服装加工厂主要有五项作业：订单、设计制样、采购、裁剪缝细、质量控制。2018年9月生产两种产品：男衬衫和女大衣。每件男衬衫耗费直接材料60元，每件女大衣耗费直接材料210元。两种产品的相关情况如表4-6所示。

表4-6　两种产品的相关情况表

产品	产量	订单份数	设计制样次数	采购次数	裁剪缝纫单位工时	质量抽检次数
男衬衫	500	1	2	1	4	10
女大衣	100	1	4	1	10	10

该服装加工厂该月发生加工成本（包括人工、折旧、水电等）33 000元。根据资源动因发现每份订单需花费1 000元，每次设计制样需花费2 000元，每次采购需花费1 000元，裁剪缝纫每小时需花费5元，每次质量抽检需花费100元。

要求：用作业成本法计算该月男衬衫和女大衣的单位产品成本。

第二篇

成本预测与决策

第五章

成本性态与变动成本法

成本性态也称为成本习性，是指成本总额与业务量之间的依存关系。其中，成本总额主要是指为取得营业收入而发生的营业成本费用，包括全部生产成本和销售费用、管理费用及财务费用等非生产成本。业务总量代表企业营运活动的作业数量，可以是销售量、机器加工小时、汽车行驶里程或者维修部分的维修次数等。成本管理会计中通常用产量或者销量表示业务量。由于成本总额与业务量之间的联系是客观存在的，具有固有的性质，所以称为"习性"。成本按性态分类是研究成本管理会计的基础。

第一节　成本性态的分类

成本按性态分类可分为固定成本、变动成本和混合成本三大类。

一、固定成本

固定成本也称固定费用，是指其发生额在一定期间和在一定范围内不受业务量变动的影响而保持不变的成本。在西方实务中，固定成本通常包括房屋设备的租赁费、保险费、广告费、管理人员薪金以及按直线法计提的固定资产折旧、土地使用税等。在我国工业企业中，可以作为固定成本看待的项目主要包括：生产成本中列入制造费用中不随产量变动的办公费、差旅费、折旧费、劳动保护费、管理人员薪金和租赁费等；销售费用中不受销量影响的销售人员薪金、广告费和折旧费等；管理费用中不受产量或销量影响的企业管理人员薪酬、折旧费、租赁费、保险费和土地使用税等；财务费用中不受产量或销量影响，各期发生额稳定的利息支出等。

（一）固定成本的基本特征及性态模型

固定成本具有以下特征：

（1）固定成本总额不受业务量变化影响而保持固定不变。这一特点是其概念的再现，在平面直角坐标图上，固定成本线是一条平行于 x 轴的直线，其总成本性态模型为 $y=a$。如图 5-1 所示。

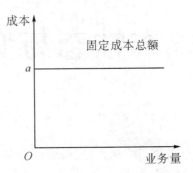

图 5-1　固定成本性态模型

（2）单位产品负担的固定成本随着业务量的增加而不断下降，是呈反比例变动的。由于上一个特征，单位产品负担的固定成本固然随着业务量的变动呈反比例变动，其单位固定成本性态模型为 $y=a/x$，反映在平面直角坐标图上是一条反比例曲线。如图 5-2 所示。

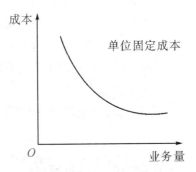

图 5-2　单位固定成本的性态模型

（3）固定成本总额不变是有条件的，在一定业务量范围内不变，超出相关范围，可能会发生变化。

（4）在实务中，固定成本的水平一般是以其总额表现。

【例 5-1】某企业从租赁公司租入一台设备用于 A 产品的生产，每年租金为 80 000 元，年最大生产能力为 400 件，租金成本与 A 产品数量之间的关系如表 5-1 所示。

表 5-1　租金成本与 A 产品数量关系表

A 产品数量/件 x	固定成本总额/元 a	单位固定成本/元 a/x
200	80 000	400
400	80 000	200
500	80 000	160
800	80 000	100

（二）固定成本的分类

在实际工作中，固定成本通常按其是否受企业管理当局短期决策行为的影响又可以进一步划分为约束性固定成本和酌量性固定成本。

（1）约束性固定成本，又称经营能力成本，它是指同企业生产经营能力的形成及其正常维护相联系的、通过管理当局的决策行为不能改变其数额的固定成本，如按直线法提取的厂房和机器设备的折旧费、财产物资保险费、房屋设备租金、财产税、取暖费、照明费、管理人员工资等，这些成本是维持企业生产能力必须负担的最基本支出，企业经营能力一经形成，在短期内难以改变，具有极大的约束性。如果削减这部分支出，势必影响企业正常运转。即使企业生产经营中断，这部分成本仍将发生。因此，对于此类成本只能从充分地利用其创造的生产经营能力的角度着手，提高产品的产量，相对降低其单位成本。

（2）酌量性固定成本，是指通过企业管理人员的决策行为可以改变其数额的固定成本，如广告宣传费、职工培训费、新产品研究开发费、科研费等，这些成本支出可以提高企业产品的销售量和质量，增强企业竞争能力，实现企业长远经营目标，一般是由企业管理人员在一定会计期间（通常为一年），根据企业的实际需要和财务状况作出增减甚至取消的决策。要想降低酌量性固定成本，只有从精打细算、厉行节约、杜绝浪费、提高利用率着手。

【例5-2】（多选）下列关于约束性固定成本和酌量性固定成本的说法正确的是（　　）。

A. 约束性固定成本属于企业"经营能力"成本

B. 酌量性固定成本属于企业"经营方针"成本

C. 约束性固定成本和酌量性固定成本应视为资产计入在产品或产成品成本

D. 约束性固定成本和酌量性固定成本应作为期间成本处理，在发生当期转为费用

答案：ABD

二、变动成本

变动成本是指在一定时期和在一定业务量范围内，成本总额随着业务量的变动而呈正比例变动的成本。在西方实务中，变动成本通常包括：生产成本中单耗稳定的直接材料、工资率稳定的直接人工和制造费用中随产量正比例变化的物料用品费、燃料费、动力费等；销售费用中按销售量支付的销售佣金、装运费和包装费等。在我国工业企业中，变动成本主要包括：生产成本中直接用于产品制造的、与产量成正比例的原材料、燃料及动力，外部加工费、外购半成品，按产量法计提的折旧费和单纯计件工资形式下的生产工人工资；销售费用、管理费用和财务费用中那些与销售量成正比例的费用项目。

（一）变动成本的基本特征及性态模型

变动成本具有以下特征：

（1）在一定期间和一定业务量范围内，变动成本总额随着业务量的增减变动而变动，与业务量呈正比例关系变动。变动成本是一条以单位变动成本为斜率的一条直线。其总成本模型为：$y=bx$。如图5-3所示。

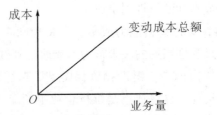

图5-3 变动成本的性态模型

（2）单位变动成本在一定时期和一定业务量范围内不受业务量变动的影响而保持不变，其性态模型为：$y=b$。如图5-4所示：

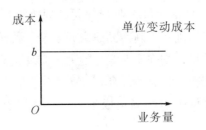

图5-4 单位变动成本的性态模型

（3）变动成本总额受业务量变动的影响而变动，单位变动成本保持稳定不变是有条件制约的，是在特定期间、特定业务范围内而言的，超出其范围则会随之发生新的变化，形成另一种形式的变动关系和不变的单位成本。

（4）在实务中，变动成本的水平一般以单位额表现。

（二）变动成本的分类

变动成本根据其发生额的变动程度约束影响进一步分为技术性变动成本和酌量性变动成本两类。

技术性变动成本指其单位成本受客观因素决定，消耗量与业务量有明确的技术和实务关系的变动成本。例如，生产成本中主要受到设计方案影响的、单耗相对稳定的外购零部件成本，在工资水平不变的前提下，流水作业生产岗位上的工人其工资和福利费等。这类变动成本与产品直接相关，只要企业利用生产能力生产产品就必然会发生，管理人员的决策行为难以改变其发生额的大小。

酌量性变动成本是指其单位成本主要受企业管理当局决策影响的那部分变动成本。例如，按产量计酬的工人薪金、按销售收入的一定比例计算的销售佣金等。这类成本的特点是企业管理人员的决策可以改变其单位变动成本的支出金额大小。

三、混合成本

混合成本是指随着业务量的增减变动，其总额将发生与之相应的、幅度不等的变动的成本，如设备维修费、检验人员工资等。在实际工作中，常常有许多成本的明细项目属于这类成本。因为成本按其性态分类，采用了"是否变动"与"是否正比例变动"双重分类标准，无论在哪个分类标准下，分类的结果都必然产生既不属于固定成本也不属于变动成本，而是游离于两者之间，即其成本总额虽然受业务量变动的影响，但其变动幅度并不同业务量的变动保持严格比例的成本。

（一）混合成本的特征

混合成本具有以下特征：

（1）成本总额随业务量的变化而变化；

（2）成本总额的变化不能与业务量的变化保持着纯粹的正比例关系。

（二）混合成本的分类

按照混合成本变动趋势的不同，可进一步将其分为半变动成本、半固定成本、延期变动成本、曲线变动成本四种。

1. 半变动成本

半变动成本，又称标准式混合成本。半变动成本通常有一个固定不变的基数，相当于固定成本，成本在这个基础之上随着业务量的变化呈正比例关系变动，类似于变动成本。例如，如人工成本、水电费等。半变动成本是混合成本最普遍的一种类型，具有广泛代表性，通常以数学模型 $y=a+bx$ 来表示。如图5-5所示。

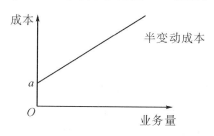

图5-5 半变动成本的习性模型

2. 半固定成本

半固定成本，又称阶梯式混合成本，这类成本在一定业务量范围内是固定不变的，但业务量超过该范围后，成本发生额呈阶梯式变动，例如，公司通过租赁仓库进行存货的存放，伴随产量的增长，库存量随之增长，当达到一定量导致老的仓库已经放满时，就需要租赁新的仓库，租金成本就阶梯上升，仓库租金成本与租用个数相关，故伴随产量呈现阶梯形变动。半固定成本的习性模型为分段函数。如图5-6所示。

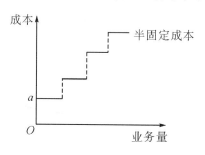

图5-6 半固定成本的习性模型

3. 延期变动成本

延期变动成本，也称底坡式混合成本，指在一定的业务量范围内其成本总额保持固定不变，一旦突破这个业务量限度，超额业务量部分的成本就相当于变动成本。例如，包月的手机费，就属于延期变动成本，因为通话时间在一定范围内，手机费是固定的，只有超过设定的范围，手机费才随着通话时间的增加而增加；又比如，当企业职工的工资实行基本工资加计时工资制时，其支付给职工的正常工作时间内的工资总额是固定不变的，但当职工的工作时间超过了正常水平，企业需按规定支付加班工资，且加班工资的大小与加班的长短存在着某种比例关系，这也属于延期变动成本。延期变动成本实际上是将横轴"延伸"至业务量"临界点"时的半变动成本，延期变动成本习性模型也为分段函数。如图5-7所示。

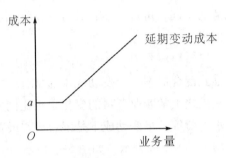

图 5-7　延期变动成本的习性模型

4. 曲线变动成本

曲线变动成本，也称曲线混合成本，是指成本总额与业务量之间表现为非线性关系的成本。这类混合成本通常有一个初始量，其金额一般不变，相当于固定成本，在这个初始量的基础上随着业务量的增长，成本也逐步增长。但其增长幅度并不与业务量保持严格的线性关系，而是曲线变化，属于变动成本的性质。曲线变动成本分为递减曲线成本和递增曲线成本。例如，热处理的电炉设备，一班需要预热，其预热成本（初始量）属固定成本性质，但预热后进行热处理的耗电成本，随着业务量的增加而逐渐上升，二者不呈正比例，而呈非线性关系，并且成本上升越来越慢，即其上升率是递减的，这属于递减曲线成本。又例如，累进计件工资、各种违约罚金等，当刚达到约定产量（或约定交货时间）时，成本是固定不变的，属于固定成本性质。但在这个基础上，随着产量或延迟时间的增加，计件工资或违约罚金就逐步上升，而其上升率是递增的，这属于递增曲线成本。曲线变动成本的习性模型如图5-8所示。

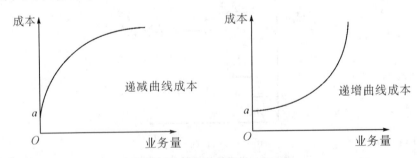

图 5-8　曲线变动成本的习性模型

（三）混合成本的分解方法

在实务中，大多数成本都包含着固定成本与变动成本这两种因素。我们只有将所有成本分解为固定成本和变动成本两部分，才能满足经营管理上多方面的需要。分解混合成本的方法一般有：

1. 高低点法

高低点法是以过去某一会计期间的总成本和业务量资料为依据，从中选取业务量最高点和业务量最低点，将总成本进行分解，得出成本性态的模型的方法。具体做法是：先分解出单位变动成本，即以两点之间的成本差额除以两点之间的业务量差额，计算出单位变动成本，然后再计算出固定成本。公式如下：

$$单位变动成本 = \frac{最高点成本 - 最低点成本}{最高点业务量 - 最低点业务量}$$

$$固定成本 = 最高点的成本总额 - 单位变动成本 \times 最高点业务量$$

高低点法由于只采用了历史成本资料中的最高点和最低点数据，因此计算较为简单，但代表性较差。

2. 回归分析法

回归分析法是根据过去一定期间的业务量和混合成本的历史资料，应用最小二乘法原理，算出最能代表业务量与混合成本关系的回归直线，借以确定混合成本中固定成本和变动成本的方法。即通过最小二乘法原理计算混合成本中的固定成本（a）和单位变动成本（b），相关计算公式如下：

$$a = \frac{\sum y - b \sum x}{n}$$

$$b = \frac{\sum xy - \sum x \sum y}{\sum x^2 - \frac{(\sum x)^2}{n}}$$

回归分析法能够把混合成本精确地分解，但计算比较复杂，工作量大。

3. 账户分析法

账户分析法又叫会计分析法或直接分析法，是根据有关成本账户及其明细账的内容，结合其与产量的依存关系，判断其比较接近哪一类成本，就视其为哪一类成本的方法。该方法仅适用于投入成本与产出数量之间有规律性联系的成本分解。即分析人员根据各有关成本明细账的发生额，结合其与业务量的依存关系，对每项成本的具体内容进行直接分析，使其分别归入固定成本或变动成本的一种方法。

在业务水平集中的情况下，账户分析法是分析成本较好的方法，但是，当某些账户同时存在变动成本和固定成本时，该方法会过于依赖专业人员的主观判断，分解结果的精确性较差。

4. 技术测定法

技术测定法又叫工业工程法或工程分析法，是根据生产过程中通过对各种材料和人工成本消耗量的技术测定来划分固定成本和变动成本的方法。具体做法是：先确定研究的成本"应该是什么"，而非"已经是什么"；进而观察成本形成的作业过程，进行工程分析，寻求最优测定标准操作，最后确定固定成本与变动成本。

该方法适用于新建企业或新产品生产，通常用于有明显投入产出关系的成本项目，具有科学性、先进性。但该方法的技术测定过程复杂且成本较高，所以一般在实务中较少采用。

第二节 变动成本法

一、变动成本法的概念

变动成本法也称直接成本法、边际成本法，是指在产品成本的计算过程中，以成本性态分析为前提，产品成本只包括产品生产过程中消耗的直接材料、直接人工和制造费用中的变动性部分，制造费用中的固定部分被视为期间成本而从相应期间的收入中全部扣除。

二、变动成本法的特点

变动成本法的特点主要有：

（一）以成本性态分析为基础计算产品成本

变动成本法将产品的制造费用按成本性态划分为变动性制造费用和固定性制造费用两部分，认为只有变动性制造费用才构成产品成本，而固定性制造费用应作为期间成本处理。这样做的理由是：固定性制造费用是为企业提供一定的生产经营条件而发生的，而生产经营条件一经形成，不管其利用程度如何，相关费用均会发生，如固定资产的折旧费，这部分固定性制造费用不会因产量的变化而发生变化，故不应当递延到下期。这样以变动成本法核算的产品成本及销货成本、存货成本中均不包含固定性制造费用，这是变动成本法与完全成本法的本质区别。

（二）强调不同的制造成本在补偿方式上存在差异

变动成本法认为产品成本和期间成本是两个不同的概念，应当予以区分。产品成本是在产品成产过程中发生的、与产品的生产密切相关的部分，其数值应随着产量的变动而变动。固定性制造费用由于只与企业的经营有关，因此，产品成本应该在其销售的收入中获得补偿，而固定性制造费用应该在其发生的当期收入中获得补偿。这样做也更符合配比原则，变动成本法下的销售收入与销货中的变动成本相配比，生产中的固定成本被视为保持企业生产经营能力而发生的成本，将其全部归入期间成本，与本期收入相配比，能够有效提高企业经营管理的有效性和财务信息更的真实性。

（三）突出计算边际贡献

变动成本法下总成本分为变动成本和固定成本，销售收入减变动成本为边际贡献，边际贡献减去固定成本得到本期利润。边际贡献能够揭示产品的盈利能力同其销售量、成本和利润之间的内在联系，是评价企业盈利能力的重要指标。

（四）强调销售环节对企业利润的贡献

由于变动成本法将固定性制造费用列作期间成本，所以在一定产量条件下，损益对销量的变化更为敏感，客观上起到了刺激销售的作用。因为变动成本法下的企业利润主要受销量的影响，与企业的生产量无关，所以这在竞争激烈的市场环境中，变动成本法可以促使企业管理者重视市场，以销定产，通过加大销售力度来提高企业经济效益，避免出现受前期固定性制造费用影响，当期销售增加反而利润下降的反常现象。

（五）主要用于企业内部的经营管理

变动成本法不仅是一种比较成熟的计算方法，而且是企业内部的一种成本会计制度。因此，成本项目必须按成本性态进行分类。成本的记录、账户的设置、成本的汇集、内部报表的编制等，也均须按此分类进行会计处理。但企业会计准则和企业会计制度仍要求按完全成本法进行存货确定和损益计算，以满足对外编制财务会计报告和进行纳税申报的要求。因此，从目前准则、制度的有关规定看，变动成本法主要用于企业内部的经营管理，是为了对成本进行事前规划、日常控制和业绩考评而产生的，已成为企业内部管理的一种重要方法。

三、变动成本法的运用

企业在实际应用中运用变动成本法计算产品成本，把固定性制造费用直接作为期间成本处理，减少了费用分摊的主观性，简化了工作。同时，使用变动成本法核算，可以更加清楚地区分成本的升降是由产量变动引起的还是由其他方面引起的。成本分析法一方面为企业的分析提供科学、合理的依据，另一方面为企业成本控制提供正确的方法。变动成本法也存在一定的局限性。按变动成本法计算的产品成本目前不符合税法的有关要求，同时对于变动成本的划分带有一定的主观性。从较长时间来看，固定成本会随着技术的进步和劳动生产率的提高而发生变动，所以变动成本法不利于企业进行长期决策和产品定价决策。

【例5-3】某企业生产甲产品，月初无存货，当月生产50件，销售40件，月末结存10件。单位产品材料费200元，单位产品人工费60元，单位变动制造费用20元。固定制造费用总额2 000元，管理费用4 000元，销售费3 000元。

设销售单价为1 000元，管理费用中变动性管理费用为2 000元，销售费用中变动性销售费用为1 000元。

按照变动成本法计算如表5-2所示。

表5-2　变动成本法计算表　　　　　　　　　单位：元

产品成本	直接材料	10 000
	直接人工	3 000
	变动制造费用	1 000
期间成本	固定制造费用	2 000
	管理费用	4 000
	销售费用	3 000

可见，产品成本总额＝10 000+3 000+1 000＝14 000（元）

产品单位成本＝14 000/50＝280（元/件）

期间成本＝2 000+4 000+3 000＝9 000（元）

边际贡献＝1 000×40-280×40-（2 000+1 000）÷50×40＝26 400（元）

营业利润＝26 400-（2 000+2 000+2 000）＝20 400（元）

【例5-4】某企业生产甲产品月初无存货，当月生产50件，销售40件，月末结存10件。单位产品材料费200元，单位产品人工费60元，单位变动制造费用20元。固定制造费用总额为2 000元，管理费用为4 000元，销售费用为3 000元。

按照变动成本法计算：

产品单位成本=200+60+20=280（元）

期末存货成本=280×10=2 800（元）

本期销货成本=280×40=11 200（元）

第三节 变动成本法与制造成本法的区别

传统的财务会计中的成本计算方法在计算产品成本和存货成本时，把一定期间内发生的直接材料、直接人工、变动制造费用和固定制造费用等全部都包括在内，故称为完全成本法。这是专门用于概括西方长期沿用的传统成本计算模式而提出来的，又被称为制造成本法。变动成本法与制造成本法的区别主要有以下四个方面：

一、应用的前提条件不同

制造成本法按成本发生的领域和经济用途分为生产成本和非生产成本，一切在生产领域中因生产产品而发生的成本即为生产成本（制造成本）。而一切发生在非生产领域因销售产品及组织管理而发生的成本则属于非生产成本（期间费用）。变动成本法将成本按性质分为变动成本和固定成本，若部分成本同时兼有固定成本和变动成本的特性，要将其进行分解，其中混合性生产成本按产量进行分解，混合性销售及管理费用按销量进行分解。

二、产品成本的构成内容不同

如前所述，变动成本法和制造成本法在产品成本构成上的主要差别，就在于变动成本法没有像制造成本法那样把固定制造费用也列入产品成本之内。

变动成本法下的成本分类如表5-3所示。

表5-3 变动成本法下的成本分类

总成本	变动成本	变动制造成本	直接材料	产品成本
			直接人工	
			变动制造费用	
		变动非制造成本	变动销售费用	期间成本
			变动管理费用	
	固定成本	固定制造成本	固定制造费用	
		固定非制造成本	固定销售费用	
			固定管理、财务费用	

制造成本法下的成本分类如表 5-4 所示。

表 5-4　制造成本法下的成本分类

		直接材料	
总成本	制造费用	直接人工	产品成本
		制造费用	
	非制造费用	销售费用	期间成本
		管理费用	
		财务费用	

由表 5-3、表 5-4 可知，两种方法的核心区别在于对固定制造费用的处理不同，如图 5-9 所示。

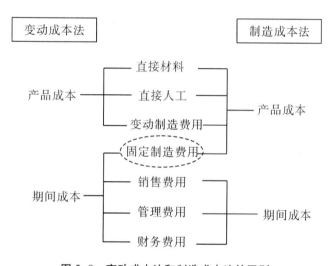

图 5-9　变动成本法和制造成本法的区别

为了便于理解，下面举例加以说明。

【例 5-5】假定某企业只生产一种产品，有关资料如下：

年生产量　　　　　　　　4 000 件
直接材料　　　　　　　　4 元/件
直接人工　　　　　　　　3 元/件
变动制造费用　　　　　　2 元/件
年固定性制造费用　　　　20 000 元

两种成本计算方法所得出的单位产品成本如表 5-5 所示。

表 5-5　两种方法单位成本计算表

项目	变动成本法	制造成本法
直接材料	4	4
直接人工	3	3

表5-5(续)

项目	变动成本法	制造成本法
变动制造费用	2	2
固定制造费用	0	5
单位产品成本	9	14

制造成本法下的产品单位成本之所以比变动成本法下的产品单位成本高出 5 元，就是由于前者的每件产品"吸收"了固定制造费用 5 (20 000/4 000) 元所致。

三、销售成本和存货成本的计算方法及内容不同

企业生产的产品有销货和存货两种实物形态。在期末存货和本期销货均不为零的条件下，本期发生的产品成本最终要表现为销货成本和存货成本。在采用变动成本法计算时，由于只将变动生产成本在已销产品和存货之间进行分配，固定性制造费用没有结转至下期，而是被作为期间成本直接计入利润表，从当期销售中扣除，所以销售成本和存货成本中均没有固定成本。

在采用完全成本法计算时，企业要将全部的生产成本（包括变动的和固定的生产成本）在已销产品和存货之间进行分配，从而使一部分固定性制造费用被期末存货吸收并递延到下一个会计期间，所以期末存货中不仅包含了变动的生产成本，而且还包含部分的固定成本，其金额必然大于采用变动成本法时的估价。另一部分则作为销售成本的一部分被计入当期损益。

从总额上来看，两种成本计算方法所计算的当期总成本仍然是相等的，都包括直接材料、直接人工、变动性制造成本、固定性制造成本、销售费用和管理费用。

两种成本计算方法都可以按下面的公式计算：

本期销售成本＝期初存货成本＋本期生产成本－期末存货成本

在期初存货量为零，前后期成本水平不变，即各期固定成本总额和单位变动生产成本均不变的条件下，变动成本法下计算的期初、期末单位存货成本和本期单位产品生产成本三者相等，所以在变动成本法下，其计算公式可以简化为：

本期销售成本＝单位产品生产成本×本期销售量

在制造成本法下，将单位产品成本中的固定性制造费用按各期产量分摊，所以，只有前后期生产成本水平不变，并且各期生产量相等，或者期初存货量等于零时才可按上述简化公式计算销售成本。

四、损益确定程序不同

变动成本法下采用的时贡献式损益确定程序，在成本按成本性态分类的前提下，先用销售收入补偿本期已售产品的全部变动成本（包括变动制造成本和变动期间成本），计算出边际贡献总额，然后再用边际贡献总额补偿固定成本，计算出当期的税前利润，用公式表示如下：

主营业务收入－变动成本＝边际贡献总额

边际贡献总额-固定成本=税前利润

其中：固定成本应当包括固定性制造费用和固定的销售费用及管理费用。

制造成本法下采用的是传统式损益确定程序，在成本按经济用途分类的前提下，先用销售收入补偿本期已售产品的销售成本（全部的生产成本），计算出销售毛利，然后用销售毛利减去非生产性成本，计算出当期税前利润，用公式表示如下：

主营业务收入-主营业务成本=销售毛利

销售毛利-销售费用-管理费用-财务费用=税前利润

综上所述，变动成本法与制造成本法的主要区别可用表5-6概括。

表5-6 变动成本法与制造成本法的主要区别对照表

标志		变动成本法	制造成本法
应用的前提条件不同		以成本形态分析为前提	以成本按经济用途分类为前提
产品成本的构成内容不同	产品成本	直接材料、直接人工、变动制造费用	直接材料、直接人工、制造费用
	期间成本	变动销售费用、变动管理费用、变动财务费用、固定制造费用、固定销售费用、固定管理费用、固定财务费用	销售费用、管理费用、财务费用
常用的销货成本计算公式不同		销货成本=单位变动生产成本×本期销售量	销货成本=期初存货成本+本期生产成本-期末存货成本
损益计算程序不同	主要公式	主营业务收入-变动成本=边际贡献总额 边际贡献总额-固定成本=税前利润	主营业务收入-主营业务成本=销售毛利 销售毛利-销售费用-管理费用-财务费用=税前利润
	损益表格式	贡献式利润表	职能式利润表
所提供信息的用途不同		满足内部管理的需要，利润与销售量之间的联系有一定规律性	满足对外提供报表的需要，利润与销售量之间的联系缺乏规律性

 本章练习

1. 某企业产销一种产品，销售单价为20元。预计第一季度各月份产销量及存货数量如表5-7所示。

表5-7 某企业第一季度各月份产销量及存货数量表 单位：件

项目	一月	二月	三月
期初存货	0	2	2
生产量	10	10	10
销售量	8	10	12
期末存货	2	2	0

预计成本资料如表5-8。

表5-8　某企业预计成本资料表

单位产品变动生产成本	7 元/件
固定生产成本	30 元
单位产品变动非生产成本	2 元/件
固定非生产成本	40 元

要求：分别采用变动成本法和完全成本法，确定第一季度各月份的营业利润。

2. 假定有四个公司，均为多产品生产企业。这四个公司分别在过去一年中的损益情况如表5-9所示。

表5-9　损益资料　　　　　　　　　　　　　　　单位：元

公司	销售收入总额	变动成本总额	边际贡献率/%	固定成本总额	净利润（或净亏损）
1	180 000	（1）	40	（2）	12 000
2	300 000	165 000	（3）	100 000	（4）
3	（5）	（6）	30	80 000	−5 000
4	400 000	260 000	（7）	（8）	30 000

要求：根据变动成本法填写上表中的空缺数值。

3. 假定某企业只产销一种产品，其有关资料如下：生产量2 000件，销售量1 800件，期初存货0件，边际贡献率60%，原材料6 000元，计件工资4 000元，其他变动性制造费用每件0.4元，固定性制造费用总额2 000元，变动性销售与管理费用每件0.2元，固定性销售与管理费用总额为300元。

要求：

（1）根据给定的边际贡献率确定售价；

（2）用两种方法计算单位产品成本；

（3）用两种成本法编制损益表；

（4）说明两种成本法计算的营业利润不同的原因。

本量利分析

一、本量利分析的概念

本量利分析是在成本性态分析和变动成本法的基础上，进一步研究成本、业务量和利润三者之间的依存关系的一种分析方法，也称 CVP 分析。它以数量化的会计模型或图形来揭示售价、销量、单位变动成本、固定成本总额以及利润等有关因素之间内在的、规律性的联系，为企业预测、决策、控制、考核提供必要的财务信息和分析手段。

运用本量利分析不仅可以为企业完成保本、保利条件下应实现的销量或销售额的预测，而且若将其与风险分析相联系，还可为企业提供化解经营风险的方法和手段，以保证企业既定目标的实现；若将其与决策分析相结合，则可帮助企业进行有关的生产决策、定价决策和投资项目的不确定性分析。此外，本量利分析还可成为编制全面预算和控制成本的基础。

二、本量利分析的基本假定

任何分析理论与方法都是建立在一定的假设基础之上的。为了便于揭示成本、业务量及利润三者之间的数量关系，在管理会计中涉及本量利分析时通常以下述假定为基本前提。

（一）成本性态分析的假定

假定企业的全部成本费用均可以明确地依照成本性态划分为变动成本与固定成本两大类，有关成本性态模型已经建立起来。在成本性态分析的基础上，变动成本总额在相关范围内随业务量正比例变动，固定成本总额在相关范围内保持不变。

（二）相关范围及线性关系的假定

假定在相关范围内，单价、单位变动成本、固定成本总额均为常数。在一定时期内，业务量总是在保持成本水平和单价水平不变的范畴内变化的，于是固定成本总额的不变性和变动成本单位额的不变性在相关范围内能够得以保证，成本函数表现为线性方程；同时，在相关范围内，单价也不因产销业务量变化而变化，收入也是直线方程。这一假定排除了在时间和业务量变动的情况下，各生产要素的价格、技术条件、工作效率和生产率以及市场条件变化的可能性。总之，假定在一定期间和一定业务量范围内，成本与销售收入分别表现为一条直线，都与业务量呈线性关系。

（三）产销平衡与品种结构稳定的假定

假定企业各期生产的产品都能在市场上找到销路，从而实现产销的平衡；在企业生产多品种的条件下，假定其各产品的销售额在全部产品销售总额中所占的比重并不发生变化。

（四）目标利润的假定

本量利分析中涉及的一个重要指标是利润。在西方管理会计中，本量利分析中的利润，通常是指"息税前利润"，在我国企业财务会计中，用于反映利润的指标主要包括营业利润、利润总额以及净利润等。若从上述利润指标的形成与企业经常性的业务活动及业务量的相关性角度分析，营业利润与成本、业务量的关系更为密切，因此以营业利润作为本量利分析中的目标利润更为恰当。

（五）变动成本法的假定

本量利分析模型是假定建立在变动成本计算模式的基础之上的，即产品成本中只包括变动生产成本，而所有的固定成本包括固定性制造费用在内，都作为期间成本处理。

以上有关本量利分析的一系列假定，是对企业日常具体而复杂的经济业务活动所进行的一种简单化的抽象，为深入揭示成本、业务量以及利润三者之间的内在联系创造了条件，而且也为理解和掌握本量利分析提供了方便。但是我们也应该看到，企业现实的生产经营活动往往会超越上述假定，这就对本量利分析方法的实际应用提出了更高的要求，即切忌盲目照搬滥用，成功的运用必须结合企业自身的实际情况。在运用本量利分析原理进行预测或规划的基础上辅之以必要的调整或修正，或从更深层次的角度研究建立适合本企业特点的诸如在完全成本法条件下、产销不平衡条件下或非线性条件下的本量利分析模型，从而克服原有本量利分析方法的局限性，使其得到广泛的应用。

三、本量利分析的基本内容

本量利分析在实际工作中有比较广泛的用途，其基本内容主要包括保本分析、保利分析及各因素变动对本量利分析的影响。

（一）保本分析

保本分析，即确定盈亏平衡点（保本点）。保本点，就是在销售单价、单位变动成本和固定成本总额不变的情况下，企业既不盈利又不亏损的销售数量（或销售额）。保本点是企业经营管理的重要信息，因为盈亏平衡既是企业获利的基础，也是企业经营安全的前提，只有在销量（或销售额）超过盈亏平衡点时，企业才能获利，企业的经营才可能安全。

（二）保利分析

在保本分析的基础上进行保利分析，即分析在销售单价、单位变动成本和固定成本总额不变的情况下，销售数量变动对利润的影响，从而确定目标利润，进行利润规划。

（三）各因素变动的影响

分析销售单价、单位变动成本和固定成本总额等因素的变动对保本点、保利点、经营的安全程度以及利润的影响。

只有对企业经营活动安全性进行正确的估量，对企业盈亏状况有一个基本了解，才能使经营决策者在管理活动中以较少的消耗取得较多的利润，并采取相应的对策，规避风险，提高企业经营效益。因此，盈亏平衡分析在规划企业经济活动和经营决策中具有广泛的用途。

四、本量利分析的基本模型

本量利分析的核心是利润，计算利润的基本公式即本量利分析的基本数学模型。根据变动成本法的原理，利润计算公式如下：

$$利润 = 销售收入总额 - 成本总额$$

由于成本总额包括变动成本和固定成本两部分，故上式可写成：

$$利润 = 销售收入总额 - （变动成本总额 + 固定成本总额）$$
$$= 销量 \times 销售单价 - 销量 \times 单位变动成本 - 固定成本总额$$
$$= 销量 \times （销售单价 - 单位变动成本） - 固定成本总额$$

上式中，各因素可分别用英文字母表示：P 代表利润；p 代表销售单价；x 代表销量（业务量）；b 代表单位变动成本；a 代表固定成本总额。那么，上式又可以表示为：

$$P = px - （a + bx） = px - bx - a = （p - b）x - a$$

之所以将其称为本量利分析的基本模型，不仅是因为保本分析、保利分析均建立在上述基本公式的基础之上，也是因为若将其分解，还能进行多因素的变动分析。

第二节　保本分析

一、保本点的概念

保本点又称盈亏平衡点、盈亏临界点、损益分界点、两平点，指企业在一定时期内收支相等、盈亏平衡、不盈不亏和利润为零的状态。当企业处于这种临界情况时，称为企业达到保本状态。保本分析实质上就是保本点分析。保本点在管理会计中是一项很重要的管理信息，是判定未来的生产经营活动是否有利可图，是否应该进行的标准。如果未来生产经营的规模超过所确定的保本点，则这种生产经营活动实际进行的结果，将会为企业带来生产经营的利润，因而它就是可行的、合理的；反之，它就是不可行的。因此，根据历史资料预计未来时期的保本点，就成了管理会计的一项十分重要的内容。

保本点有两种具体的表现形式：保本销售量和保本销售额。保本销售量，指以产品实物单位计量的保本点水平。保本销售额，指以产品价值单位（货币单位）计量的保本点水平。

二、保本分析相关概念

（一）边际贡献

边际贡献也称边际利润、贡献毛益，指产品的销售收入扣减其变动成本后的余额。边际贡献是衡量企业经济效益的重要指标，它通常有两种表现形式：一是单位边际贡献，即每种产品的单位售价减去该种产品的单位变动成本；二是边际贡献总额，即各种产品的销售收入总额减去各种产品的变动成本总额，其计算公式分别为

$$单位边际贡献 = 销售单价 - 单位变动成本 = p - b$$

$$边际贡献总额 = 销售收入总额 - 变动成本总额$$
$$= 销量 \times （销售单价 - 单位变动成本）$$
$$= 销量 \times 单位边际贡献 = x(p - b)$$

若将边际贡献代入本量利分析基本模型，则

$$利润 = 边际贡献总额 - 固定成本总额$$

由此可知，边际贡献的大小将直接影响企业产品销售盈亏水平的高低。产品销售能否保本，产品销售利润的高低将取决于边际贡献能否补偿全部固定成本，有无剩余额及剩余额的大小。在固定成本总额不变的情况下，边际贡献的增减意味着利润的增减，只有当边际贡献总额大于固定成本总额时才能为企业提供利润；否则，企业将会亏损。

（二）边际贡献率

边际贡献率也称边际利润率、贡献毛益率，指单位边际贡献占单位售价的百分比或者是边际贡献总额占销售收入的百分比，其计算公式为

$$边际贡献率 = \frac{边际贡献}{销售收入} \times 100\% = \frac{单位边际贡献}{销售单价} \times 100\%$$

（三）变动成本率

变动成本率是指产品的变动成本总额与产品的销售收入总额之间的比率，又等于单位变动成本占销售单价的百分比，它表明每增加一元销售额所增加的变动成本，其计算公式为

$$变动成本率 = \frac{变动成本总额}{销售收入总额} \times 100\% = \frac{单位变动成本}{销售单价} \times 100\%$$

（四）边际贡献率与变动成本率的关系

由于边际贡献率与变动成本率均表明边际贡献或变动成本占销售收入的百分比，因此，将这两项指标联系起来考虑，可得

$$边际贡献率 + 变动成本率 = \frac{单位边际贡献}{销售单价} + \frac{单位变动成本}{销售单价}$$

$$= \frac{单位边际贡献 + 单位变动成本}{销售单价}$$

$$= \frac{(销售单价 - 单位变动成本) + 单位变动成本}{销售单价} = 1$$

显然，边际贡献率与变动成本率具有互补关系。变动成本率低的企业，其边际贡献率高，赢利能力强；反之，变动成本率高的企业，其边际贡献率低，盈利能力弱。

三、单一产品的保本点分析

$$利润 = 销售收入总额 - 变动成本总额 - 固定成本总额$$

保本点就是使利润等于零时的销量，即

$$销售收入总额 = 变动成本总额 + 固定成本总额$$

$$销量 \times 销售单价 = 销量 \div 单位变动成本 + 固定成本总额$$

$$保本点销售量 = 固定成本总额 / （销售单价 - 单位变动成本）$$

如果用 a 表示固定成本；b 表示单位变动成本；x 表示保本点的业务量；p 表示单位价格，则

$$x = \frac{a}{p - b}$$

$$保本点销售额 = 固定成本总额 \div 边际贡献率$$

【例 6-1】某公司生产一种新产品，已知每件产品的单位变动成本为 60 元，生产该产品的固定成本总额为 60 000 元，每件售价 100 元，经过市场调研，预计可出售 2 000 件。计算保本点的销售量及销售额。

【解】　　　保本点的销售量 = 60 000 ÷ （100-60） = 1 500 （件）

边际贡献率 = （100-60） /100 = 40%

保本点的销售额 = 60 000 ÷ 40% = 150 000 （元）

四、多品种条件下保本点的计算

上述保本点的计算方法，是以产销一种产品为基础的，但是大多数企业往往不只产销一种产品，而是同时产销多种产品。在这种情况下，要进行本量利分析，确定企业保本点，就不能用实物量来表示。因为不同质的各种产品在数量上是不能相加的，而必须选用能反映各种产品销量的货币指标，即只能计算它们的保本销售额。多品种条件下保本点的计算通常有加权平均法、主要品种法、分别计算法等，这里只介绍加权平均法。

在企业生产多种产品的情况下，各种产品的边际贡献率不尽相同，因此，不能按其中一种产品的边际贡献率进行保本计算，而应综合考虑，即计算加权平均边际贡献率。

加权平均边际贡献率是指以各品种产品的边际贡献率为基础，用各产品的预计销售比重（产品销售结构）作为权数进行加权计算的，反映企业多产品综合创利能力的平均边际贡献率。该方法不要求分配固定成本总额，而是将各种产品所创造的边际贡献视为补偿企业固定成本总额的利润来源，具体步骤如下：

（1）计算每种产品的销售额占总销售额的比重。

（2）计算每种产品的边际贡献率，从而得出加权的边际贡献率。

加权的边际贡献率 = （每种产品的边际贡献率 × 该种产品的销售额占总销售额的比重）

(3) 计算综合的保本点的销售额

综合的保本点的销售额＝固定成本总额÷加权的边际贡献率

(4) 计算每种产品的保本点销售额

每种产品的保本点的销售额＝综合的保本点的销售额×该种产品的销售额占总销售额的比重

(5) 计算每种产品的保本点销售量

每种产品的保本点销售量＝每种产品的保本点的销售额÷该种产品的单价

【例 6-2】某企业生产 A、B、C 三种产品，假定产销平衡，固定成本总额为 9 900 元，其他资料如表 6-1 所示。试计算三种产品的综合保本额和各种产品的保本额与保本量。

表 6-1　某企业三种产品预计销量、销售单价、单位变动成本情况

项目	A 产品	B 产品	C 产品
销量/件	1 500	1 500	1 000
销售单位/（元/件）	20	10	5
单位变动成本/（元/件）	15	6	2

【解】

(1) 计算三种产品的边际贡献率

A 产品边际贡献率＝（20-15）÷20＝25%

B 产品边际贡献率＝（10-6）÷10＝40%

C 产品边际贡献率＝（5-2）÷5＝60%

(2) 计算三种产品的预计销售收入总额及销售结构

销售收入总额＝1 500×20+1 500×10+1 000×5＝50 000（元）

A 产品的销售比重＝1 500×20÷50 000×100%＝60%

B 产品的销售比重 1 500×10÷50 000×100%＝30%

C 产品的销售比重＝1-60%-30%＝10%

则：综合边际贡献率＝∑各种产品边际贡献率×该产品销售收入比重

＝25%×60%+40%×30%+60%×10%＝33%

(3) 计算综合保本额

综合保本额＝固定成本总额/综合边际贡献率＝9 900÷33%＝30 000（元）

(4) 计算各种产品的保本额

A 产品保本额＝综合保本额×该种产品销售额比重＝30 000×60%＝18 000（元）

B 产品保本额＝30 000×30%＝9 000（元）

C 产品保本额＝30 000×10%＝3 000（元）

(5) 计算各种产品的保本量

用每种产品的保本额分别除以该产品的销售单价，就可求出它们的保本量。

A 产品保本量＝18 000÷20＝900（件）

B 产品保本量＝9 000÷10＝900（件）

C 产品保本量 = 3 000 ÷ 5 = 600 （件）

五、企业经营安全程度评价

与保本点相关，用于评价企业经营的安全程度的指标有安全边际指标、安全边际率指标和保本点作业率指标。

（一）安全边际

企业在计算保本点的基础上，还需要确定企业的安全程度，即确定安全边际指标。安全边际是指企业产品实际或预计的销售量（销售额）超过保本点销售量（销售额）之间的差量（额），又称安全边际量（额）。由于保本点有两种表现形式，因此，安全边际也有两种表现形式：一种是用实物量表示，称为安全边际量；另一种是用货币金额表示，称为安全边际额。根据安全边际与保本点之间的关系，安全边际的计算公式如下：

$$安全边际量 = 实际（预计）销售量 - 保本点销售量$$

$$安全边际额 = 实际（预计）销售额 - 保本点销售额$$

$$= 安全边际销售量 × 销售单价$$

安全边际可以表明实际（预计）销售量（销售额）与保本销售量（销售额）之间的差距，说明企业达不到预计销售目标而又不至于亏损的范围有多大。这个范围越大，企业亏损的可能性就越小，经营的安全程度就越高。同时，只有安全边际内的销量（额）才能给企业提供利润，因为固定成本总额已被保本点所弥补，所以安全边际内的销售额减去其自身的变动成本后即为企业的利润。也就是说，安全边际范围内的边际贡献就是企业的利润，即

$$利润 = 安全边际销售量 × 单位边际贡献$$

$$= 安全边际销售额 × 边际贡献率$$

（二）安全边际率

安全边际率是指安全边际销售量（销售额）与实际（预计）销售量（销售额）的比率。安全边际率是以相对数为指标。利用安全边际率便于不同企业和不同行业之间进行比较。安全边际率越高，企业经营的安全程度就越高，发生亏损的可能性就越小，盈利的安全系数就越大；反之，企业经营的安全程度就越低，发生亏损的可能性就越大。其计算公式为

$$安全边际率 = 安全边际销售量 ÷ 实际（预计）销售量$$

$$= 安全边际销售额 ÷ 实际（预计）销售额$$

根据安全边际与利润之间的关系可得

$$销售利润率 = 安全边际率 × 边际贡献率$$

利用安全边际率评价企业经营安全程度的一般标准如表 6-2 所示。

表 6-2　评价企业经营安全程度的一般标准

安全边际率	10%以下	10%~20%	20%~30%	30%~40%	40%以上
安全程度	危险	警惕	比较安全	安全	很安全

（三）保本点作业率

安全边际率为正指标，保本点作业率为逆指标。保本点作业率又称危险率或盈亏临界点作业率，是指保本量（额）占实际（预计）情况下的销量（额）的百分比。该指标数值越小，说明企业经营越安全；反之，则说明企业的经营越危险。保本点作业率的计算公式如下：

$$保本点作业率=保本量÷实际（预计）销量×100\%$$
$$=保本额÷实际（预计）销售额×100\%$$

一般情况下，企业的生产经营能力是按正常经营条件下实现的销量（额）来规划的，所以保本点作业率实际上还可表明当企业的生产经营能力达到怎样的利用程度时，才可以保本。

我们可以看出，保本点作业率与安全边际率存在互补关系：

$$保本点作业率+安全边际率=1$$

【例6-3】根据【例6-1】某公司生产一种新产品，已知每件产品的单位变动成本为60元，生产该产品的固定成本总额为60 000元，每件售价100元，经过市场调研，预计可出售2 000件。计算企业安全边际指标、销售利润率和保本点作业率指标。

【解】

（1）保本点指标

保本点的销售量=60 000÷（100-60）=1 500（件）

保本点的销售额=60 000÷40%=150 000（元）

（2）计算安全边际和保本点作业率指标

安全边际销售量=2 000-1 500=500（件）

安全边际额=2 000×100-150 000=50 000（元）

安全边际率=500÷2 000=25%

安全边际率=50 000÷（2 000×100）=25%

保本点作业率=1-25%=75%

（3）计算利润及利润率

利润=500×（100-60）=20 000（元）

利润=50 000×（100-60）÷100=20 000（元）

销售利润率=安全边际率×边际贡献率=20%×40%=8%

第三节 保利分析

一、保利分析的意义

保本点是以企业利润为零、不盈不亏为前提的，然而，真实的企业不但要保本，还需要实现盈利，否则企业就无法生存和发展下去。保利分析是在保本分析的基础上，研究当企业实现目标利润时本量利关系的具体状况。通过保利分析，可以首先确定为实现目标利润而应达到的目标销量和目标销售额——保利点，从而以销定产，确定目标生产量、目标生产成本以及目标资金需要量等，为企业实施目标控制奠定基础，为企业短期经营确定方向。保利分析一般不考虑亏损条件下的本量利分析，因为亏损属于非正常情况，且亏损是盈利的反面，盈利条件下的本量利分析模型和方法同样适用于亏损情况。

因此，为保证预定目标利润的顺利实现，企业应在保本点分析的基础上进一步开展保利点分析，即分析为实现目标利润应完成的业务量、应控制的成本水平以及应达到的价格水平等。

二、保利点的含义及其计算

（一）保利点的含义

保利点是指在销售单价和成本水平一定的情况下，为确保预先设定的目标利润能够实现而应达到的业务量，包括实现目标利润的销量（保利量）和实现目标利润的销售额（保利额）两项指标。

（二）保利点的计算

1. 单一品种条件下保利点的计算

根据本量利基本公式，保利点的计算公式如下：

$$保利量 = \frac{固定成本 + 目标利润}{销售单价 - 单位变动成本} = \frac{固定成本 + 目标利润}{单位边际贡献}$$

$$保利额 = \frac{固定成本 + 目标利润}{边际贡献率} = \frac{固定成本 + 目标利润}{1 - 变动成本率} = 单价 \times 保利量$$

【例6-4】根据【例6-1】假设计划年度的目标利润为16 000元，价格和成本保持不变，试计算为实现上述目标应完成的销量和销售额。

【解】保利量＝（固定成本+目标利润）÷（销售单价-单位变动成本）

$$= （60\,000+16\,000）÷（100-60）= 1\,900（件）$$

保利额＝保利量×销售单价＝1 900×100＝190 000（元）

2. 多品种条件下保利点的计算

下面还是以加权平均边际贡献率法进行说明，根据保利点的含义和本量利分析的基本公式，确定保利点的计算公式为：

综合保利额＝（固定成本总额+目标利润）÷综合边际贡献率

各种产品保利额＝综合保利额×该产品销售收入比重

【例6-5】承【例6-2】，若目标利润为3 300元，试计算三种产品的综合保利额和各种产品的保利量。

【解】综合保利额＝（固定成本总额+目标利润）÷综合边际贡献率＝（9 900+3 300）÷33%＝40 000（元）

A产品综合保利额＝综合保利额×该产品销售比重＝40 000×60%＝24 000（元）

B产品综合保利额＝40 000×30%＝12 000（元）

C产品综合保利额＝40 000×10%＝4 000（元）

A产品保利量＝该产品保利额÷该产品销售单价＝24 000÷20＝1 200（件）

B产品保利量＝12 000÷10＝1 200（件）

C 产品保利量 = 4 000 ÷ 5 = 800（件）

三、保净利点的含义及其计算

（一）保净利点的含义

目标净利润也称税后目标利润，是企业在一定时期缴纳所得税后实现的利润目标。对于企业的所有者而言，只有企业在一定时期所实现的税后利润才归属所有者，它是所有者取得投资报酬、实现资本保值增值的重要保证，也是企业提取盈余公积、分配股利、形成企业内部积累的重要依据。因此，企业的税后目标利润以及确保税后目标利润实现的保利分析，更受投资者关注，也更受企业管理人员重视。

保净利点是指在单价和成本水平确定的情况下，为确保预先确定的税后净利润目标能够实现，而应达到的销售量或销售额。保净利点也称实现目标净利润的业务量。具体包括实现目标净利润销售量（保净利量）和实现目标净利润销售额（保净利额）两项指标。在计算保净利点的过程中，除了需要考虑目标净利润外，还必须考虑所得税因素。

（二）保净利点的计算

保净利点的具体计算公式如下：

$$保净利量 = \frac{固定成本 + \dfrac{目标净利润}{1 - 所得税税率}}{单价 - 单位变动成本}$$

$$保净利额 = \frac{固定成本 + \dfrac{目标净利润}{1 - 所得税税率}}{边际贡献率}$$

【例6-6】承【例6-4】，若计划年度所得税税率为25%，欲实现目标税后利润15 000元。试分别计算为实现上述目标税后利润应完成的保净利量和保净利额。

【解】

$$保净利量 = \frac{60\,000 + \dfrac{15\,000}{1 - 25\%}}{100 - 60} = 2\,000（件）$$

保净利额 = 保净利量×销售单价 = 2 000×100 = 200 000（元）

第四节　本量利分析图

一、本量利关系图

在平面直角坐标系上反映本量利关系的图形，称为本量利分析图，也称为保本图、盈亏临界点图、损益平衡图等。本量利分析图有多种形式，但它们都能够直观地从动态角度揭示本量利之间的相互依存关系。

（一）标准本量利图

标准本量利图也称传统式本量利图，是最常见的并能反映最基本的本量利关系的图形，其绘制方法如下：

（1）建立平面直角坐标系。一般以横轴表示业务量，纵轴表示收入或成本的金额。

（2）以原点 O 为出发点，以销售单价为斜率，绘制销售收入线。

（3）在纵轴上以固定成本总额为截距，画与横轴平行的固定成本线。

（4）绘制总成本线。由于"成本总额＝固定成本总额＋单位变动成本×销量"，因此总成本线是起始于固定成本线与纵轴交点之处的一条直线，此线可根据实际资料给出。

在标准本量利图上，总收入与总成本的交点即为保本点，对应于该点的销量或销售额使企业处于不盈不亏的状态，亏损区及利润区如图 6-1 所示。

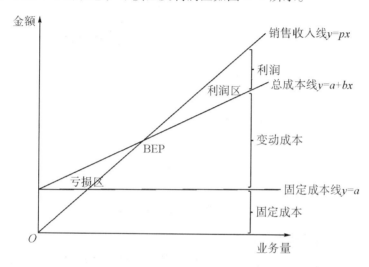

图 6-1　标准本量利图

图 6-1 直观且形象地描述了有关因素之间的相互关系，具体表现在以下几个方面。

（1）若保本点不变，则产品的业务量每超过保本点一个单位，即可获得一个单位边际贡献的赢利。业务量越大，能实现的赢利就越多。反之，若产品的业务量低于保本点一个单位，即亏损一个单位边际贡献，那么业务量越小，亏损额就越大。

（2）若业务量不变，则保本点越低，利润区的面积就越大，亏损区的面积就相对减小。它反映了产品的赢利性有所提高，即能实现更多的赢利或更少的亏损。反之，它表达了产品的赢利性有所降低，即能实现的赢利越少或亏损越大。

（3）若总成本不变，则保本点受销售单价的变动的影响，销售单价越高，保本点越低；反之，保本点越高。

（4）若销售收入不变，则保本点的高低取决于单位变动成本和固定成本总额的大小。单位变动成本或固定成本总额越小，保本点越低；反之，保本点越高。

（二）边际贡献式本量利图

边际贡献式本量利图如图 6-2 所示，侧重于反映边际贡献的形成和作用，它的绘制方法是首先在平面直角坐标系上，以原点为出发点绘制出销售收入线和变动成本钱，然后以固定成本总额相应的数值为截距，做出一条与变动成本线平行的直线，即总成本线。总成本线与销售收入线的交点即为保本点。

从图 6-2 可以看出，只要产品销售单价大于单位变动成本，则必然有边际贡献存在。因此，销售收入首先要用于补偿变动成本，才能形成边际贡献，然后再用于补偿固定成本。当边际贡献小于固定成本时，企业处于亏损状态；当边际贡献等于固定成本时，企业处于不盈不亏状态；当边际贡献大于固定成本时，企业处于赢利状态。该方法进一步体现了变动成本法的理论。

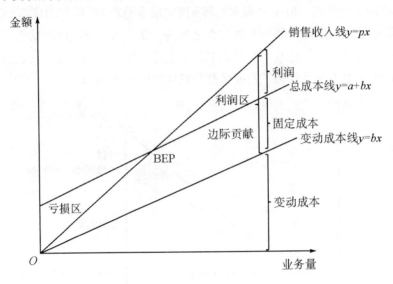

图 6-2　边际贡献式本量利图

（三）利润—业务量式本量利图

利润—业务量式本量利图的特点是侧重于揭示利润与业务量之间的依存关系。它是上述两种本量利图的一种变化形式，是简化了的本量利图，突出了利润与业务量之间的直接关系，提供的利润信息更加直截了当，如图 6-3 所示。

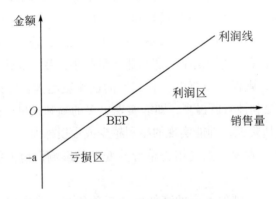

图 6-3　利润—业务量式本量利图

在利润—业务量式本量利图上，利润线的起点为 $(-a，0)$，即当业务量为零时，企业的亏损额刚好就是固定成本总额。利润线与横轴的交点就是保本点。图 6-3 中的业务量既可以用销量表示，也可以用销售额反映。如果是销量，则利润线的斜率是单位边际贡献；如果是销售额，则利润线的斜率是边际贡献率。

第五节　敏感性分析

敏感性分析是一种分析技术，它不仅用于本量利分析，还用于考察有关参数变化对决策的影响。本量利分析中的敏感性分析主要研究和分析有关参数发生多大变化会使企业由盈利转为亏损，各参数变化对利润的影响程度，以及参数变化时，如何通过对销量的调整，保证原来的利润目标能够实现。

一、相关因素变动对保本点的影响分析

在上述分析中，都是假定各种因素在计划期内是不变的。但在实际生产经营过程中，企业的销售量、销售单价、单位变动成本、固定成本等因素中的某个或几个甚至全部因素都有可能发生变化。为了准确地把握企业的保本点，必须了解这些因素变动对保本点的影响。

为了简化因素变动分析，在研究某一项因素变动所带来的影响时，往往假定其他因素不变。

（一）销售价格变动对保本点的影响

由保本点的计算公式可知：由于产品销售单价的变动会引起单位边际贡献和边际贡献率同方向变动，因而会改变保本点和保利点，进而改变利润。当销售单价下降时，会使单位边际贡献和边际贡献率下降，相应地会提高保本点和减少利润；而当销售单价上升时，情况正好相反，会降低保本点，增加利润，使企业经营状况向好的方向发展。

可见，从一方面来看，从保本点降低的角度看，提高产品的销售单价，对企业经营是有利的；但从另一方面来看，价格的提高总是伴随着市场占有率（销量）的下降这一负面影响。因此，依据前述原理，指导规划与决策时必须坚持辩证的观点，即价格的提高（降低）将导致单位产品创利能力的增强（减弱），进而使保本点降低（提高）以及产品销量减少（扩大），只有从这两个方面来分析，才能最终做出有利于企业经营的选择。

（二）单位变动成本变动对保本点的影响

由于单位变动成本的变动会引起单位边际贡献和边际贡献率向相反方向变动，因而使得保本点的变动方向正好与单位变动成本的变动方向一致。当单位变动成本上升时，会提高保本点，使企业的经营状况向不利的方向发展；而当单位变动成本下降时，情况正好相反。

（三）固定成本变动对保本点的影响

由于固定成本总额是保本点计算公式中的分子部分，所以固定成本总额的变动将会使保本点随之发生同方向变动。即在其他因素不变的情况下，增加固定成本总额，就会使保本点上升，削弱企业的获利能力；而减少固定成本总额，保本点就会下降，从而增强企业的获利能力。

（四）产品品种结构变动对保本点的影响

生产多品种产品的企业，当其品种结构发生变动时，会影响综合边际贡献率，从而

第六章　本量利分析

·157·

改变保本点。当品种结构中边际贡献率高的产品的比重提高时，会增大综合边际贡献率，相应地会降低保本点，使企业经营状况向好的方向发展；反之，情况正好相反。

【例6-7】某公司计划期间固定成本总额为13 375元，同时生产三种产品，假定生产的产品全部实现销售，实际销售总额为120 000元，有关资料如表6-3所示。分析该企业产品品种结构是否优化。如果将B、C两种产品的销售额比重对调一下会怎样？

表6-3　某公司有关资料　　　　　　　　　　　　　　单位:%

摘要	A产品	B产品	C产品
边际贡献率	25	20	40
销售额比重	35	40	25
加权边际贡献率	8.75	8	10

【解】在改变产品品种结构前的情况如下：

综合保本点的销售额 = 13 375 / (8.75%+8%+10%) = 50 000（元）

安全边际额 = 120 000−50 000 = 70 000（元）

安全边际率 = 70 000 /120 000 ≈ 58.33%

销售利润率 = (8.75%+8%+10%) ×58.33% ≈ 15.6%

利润 = 15.6%×120 000 = 18 720（元）

在改变产品品种结构以后，相关资料如表6-4所示。

表6-4　某公司改变产品品种结构以后的有关资料　　　　　　单位:%

摘要	A产品	B产品	C产品
边际贡献率	25	20	40
销售额比重	35	25	40
加权边际贡献率	8.75	5	16

综合保本点的销售额 = 13 375 / (8.75%+5%+16%) ≈ 44 958（元）

安全边际额 = 120 000−44 958 = 75 042（元）

安全边际率 = 75 042 /120 000 ≈ 62.54%

销售利润率 = (8.75%+5%+16%) ×62.54% ≈ 18.61%

利润 = 18.61%×120 000 = 22 332（元）

通过计算，改变产品结构后，综合保本点销售额由原来的50 000元降低到44 958元，降低额为5 042元，降低率为10%。安全边际额由70 000元增加到75 042元，安全边际率由58.33%上升到62.54%。销售利润率由原来的15.6%上升到18.61%；利润额由原来的18 720元增加到22 332元，利润增加绝对额为3 612元，比原来的利润增加19.29%。

（五）多因素同时发生变动的影响

以上分析的是某单一因素发生变化对保本点的影响，事实上，这些措施单独实施不一定可行。因为在企业实际的经营活动中，各相关因素往往不是孤立存在的，而是相互制约、相互影响的。如当价格发生变化时，销售量可能也会随之发生变化。因此，当多因素发生变动时，为了如实反映实际情况，就要对各种因素的相互作用与其对利润的影响同时加以考虑，还需要综合计算有关因素同时变动的影响。

二、相关因素变动对保利点的影响分析

对影响保本点的各个因素，也同样会影响目标利润的实现。根据本量利分析原理及计算公式可知，销量与销售单价的变动将使利润发生同方向变动，即销量或销售单价的增加都会使利润上升，给企业带来有利的影响；反之，利润就会下降。而单位变动成本和固定成本总额的变动将使利润发生相反方向的变动。因此，降低单位变动成本、压缩固定成本，将促进利润增长；反之，将使利润下降。以下分别举例进行说明。

（一）固定成本变动对实现目标利润的影响

【例6-8】某公司生产和销售单一产品，该企业计划年度内预计销售产品 4 000 件，全年固定成本总额预计为 60 000 元，该产品单价为 50 元，单位变动成本为 20 元，求计划年度的目标利润。

【解】　　　　　目标利润 = 4 000×（50−20）−60 000 = 60 000（元）

　　　实现目标利润的销售量 =（60 000+60 000）/（50−20）= 4 000（件）

假设【例6-8】中的其他条件不变，只有固定成本减少了 10 000 元，则目标利润不仅可以实现，还能超过目标利润 10 000 元，或者在预计销售量较低的情况下实现目标利润，即

　　　实现目标利润的销售量 =（60 000+50 000）/（50−20）≈ 3 667（件）

由计算可知，当固定成本下降，其保利点也将随之下降；反之，保利点将会上升。

（二）单位变动成本的变动对实现目标利润的影响

假设【例6-8】中的其他条件不变，只有单位变动成本由 20 元上升到 25 元，则预计可实现利润 60 000 元，实现目标利润的销售量降为

　　　实现目标利润的销售量 =（60 000+60 000）/（50−25）= 4 800（件）

由计算可知，当单位变动成本上升时，其保利点也将随之上升；反之，保利点将会下降。

（三）单位售价的变动对实现目标利润的影响

假设【例6-8】中的其他条件不变，单价由 50 元降低到 40 元，此时实现目标利润的销售量变为：

　　　实现目标利润的销售量 =（60 000+60 000）/（40−20）= 6 000（件）

由计算可知，当单价下降时，其保利点将随之上升；反之，保利点将会下降。

（四）所得税税率的变动对实现目标利润的影响

【例6-8】中所定的税前目标利润为 60 000 元，所得税税率为 25%，折算成税后目标利润 则为 45 000 元 [60 000×（1−25%）]，实现这一税后目标利润的销售量应为：

$$实现目标利润的销售量 = \frac{\dfrac{45\ 000}{1-25\%} + 60\ 000}{50-20} = 4\ 000(件)$$

如果所得税税率从 25% 降低到 20%，则实现原定税后目标利润的销量为：

$$实现目标利润的销售量 = \dfrac{\dfrac{45\,000}{1-20\%} + 60\,000}{50-20} = 3\,875(件)$$

由计算可知，当所得税税率下降时，其保利点也将随之下降；反之，保利点将会上升。

 本章练习

一、简答题

1. 什么是本量利分析？简述其基本公式。

2. 简述本量利分析的基本假定。

3. 什么是保本点？什么是保利点？

4. 影响保本点的因素有哪些？

5. 评价企业经营安全程度的指标有哪些？其内容是什么？

6. 有关因素的变动对利润会产生怎样的影响？

7. 边际贡献率指标的含义是什么？它和利润率的关系如何？

8. 在多品种情况下，如果销售结构发生变化，对保本点和保利点有何影响？

二、计算分析题

1. 某公司只生产一种产品，2015 年销售收入为 1 000 万元，税前利润为 100 万元，变动成本率为 60%。

要求：

(1) 计算该公司 2015 年的固定成本。

(2) 假定 2016 年该公司只追加 20 万元的广告费，其他条件均不变，试计算该年的固定成本。

(3) 计算 2016 年该公司的保本额。

2. 某公司 2015 年销售收入为 180 000 元，销售成本为 160 000 元，其中固定成本为 88 000 元。若 2016 年计划增加广告费 3 200 元，产品单价仍为 40 元/件。

要求：

(1) 预测 2016 年该公司的保本点。

(2) 若 2016 年计划实现目标利润 52 800 元，则目标销售额应为多少？

3. 已知：某公司生产和销售 A、B 两种产品，A 产品的单价为 5 元，B 产品的单价为 2.50 元；A 产品的贡献边际率为 40%，B 产品的贡献边际率为 30%，全月固定成本为 72 000 元。假定本月份 A 产品的预计销售量为 30 000 件，B 产品的预计销售量为 40 000 件。

要求：

(1) 按综合贡献边际率法计算本月的综合保本额和 A、B 两种产品的保本量。

（2）计算企业的安全边际额和本月的预计利润。

（3）如果本月增加广告费 9 700 元，可使 A 的销售量增加到 40 000 件，而 B 的销售量下降到 32 000 件，请具体分析采取这一措施是否合算。

（4）根据上述第三项的有关数据，重新计算保本额。

4. 某公司生产 A、B、C 三种产品，其固定成本总额为 19 800 元，三种产品的有关资料如表 6-5 所示。请采用加权平均法计算该公司的综合保本点销售额。

表 6-5　某公司综合保本销售额

品种	销售单价/元	销售量/件	单位变动成本/元
A	2 000	60	1 600
B	500	30	300
C	1 000	65	700

经营预测

第一节　预测分析概述

一、预测分析的概念及作用

随着市场竞争的日趋激烈，企业需要了解瞬息万变的市场信息、把握经济形势的发展趋势，因此预测分析得到了广泛的应用。管理会计中的预测分析是指按照一定原则和程序，运用专门方法进行经营预测的过程。所谓经营预测，指企业根据现有的经济条件和掌握的历史资料以及客观事物的内在发展规律，对生产经营活动的未来发展趋势和状况进行的预计和测算。预测分析是企业决策的前提，科学合理的预测能减少经营活动的盲目性，提高企业经济效益，其主要作用如下：

（一）预测分析是进行经营决策的主要依据

科学的预测是进行正确决策的前提和依据。企业经营活动的良好运转依托于正确的决策基础。通过预测分析，可以科学地确定产品品种结构以及最佳采购存货数量等，合理利用现有的人、财、物资源，全面协调企业的各项经营活动和财务活动。

（二）预测分析是编制全面预算的前提

企业的生产经营活动要承受一定的风险和不确定性，为了减少盲目性，企业通过编制全面预算加强管理，预测分析是企业全面预算的依据。全面预算的编制以销售预算为起点，而销售预算的编制又以销售预测为依据。通过科学的市场预测，能够避免企业盲目生产或产品供不应求的局面。

（三）预测分析是提高经济效益的手段

以最小的投入获取尽可能高的收益是企业的经营原则，提高企业资金利用效率是企业理财的主要内容之一。通过预测分析，有利于企业组织和使用资源，减少资金耗费，增加销售收入，提高经济效益。

二、预测分析的基本内容

预测分析按照期限、性质和内容可以划分为不同的类型。从基本内容来看，预测分析主要包括销售预测、利润预测、成本预测和资金需要量预测。

销售预测是指在市场调查的基础上，估计和测算企业未来一定时期内的销售量和销售收入。

利润预测是在销售预测的基础上，对企业未来某一期间生产经营活动所取得的利润水平所做的预测。

成本预测是在企业未来发展目标确立的情况下，对实现目标利润的成本总额、费用率及费用率降低幅度等所做的预测。

资金需要量预测是在销售预测、利润预测和成本预测的基础上，对企业未来一定时期内资金的需求量所做的预测。

三、预测分析的方法

预测分析的方法有很多，根据分析目的和预测期限不同而千差万别。据统计，国内外的预测方法达数百种之多。一般而言，大体可概括为两大类：定性分析方法和定量分析方法。

（一）定性分析方法

定性分析方法又称经验判断法，是主要依靠预测人员的经验、知识、判断和分析能力，以推断事物的性质和发展趋势的一种方法。这类方法一般适用于预测对象统计资料不完备或有关变量之间不存在较为明显的数量关系而无法进行定量分析等情况下的预测。定性分析方法可分为统计调查法（如全面调查、重点调查、抽样调查等）、专业人员评定法（如经理评定法、推销员意见综合法、德尔菲法等）及其他方法（如主观概率法、市场因子法、用户期望法等）。

（二）定量分析方法

定量分析方法又称数学分析法，指在预测对象的统计资料完备的基础上，应用一定的数学方法，建立预测模型，做出预测。按照对资料数据的处理方式，定量分析法可分为以下两种类型：

1. 时间序列预测法

时间序列预测法又称趋势预测分析法或外推分析法，是将预测对象的历史数据按照时间顺序排列，应用数学方法处理、计算，以预测其未来发展趋势的分析方法。具体包括算术平均法、加权平均法、移动加权平均法、指数平滑法和修正的时间序列回归分析法等。

2. 因果预测分析法

因果预测分析法是根据预测对象与其他相关变量之间的相互依存、相互制约的规律性联系，建立相应的因果数学模型进行预测分析的方法。具体方法有本量利分析法、投入产出法、经济计量法和回归分析法等。

定量分析法与定性分析法在实际应用中并非相互排斥，而是相互补充、相辅相成的。定量分析法较精确，但很多非计量因素无法考虑进去，如国家经济政策发生重大变动，市场上出现强大的竞争对手等，而定性分析虽可将这些非计量因素考虑进去，但却带有一定的主观随意性。因此，在实际工作中，应根据具体情况将两类分析法有机地结合起来加以应用，才能提高预测分析结果的准确性和可靠性。

四、预测分析的一般程序

（一）明确预测对象

要进行预测分析，必须首先搞清对什么进行预测，即预测对象是什么，将达到什么目的，这样才能做到有的放矢，以便根据预测对象和内容确定预测的范围及预测期限。由于不同的预测分析对象所需的分析资料不同，所采用的预测方法也有所不同，因此，只有明确预测分析对象，才能有针对性地做好各个阶段的预测分析工作。

（二）搜集和整理资料

根据预测目标，企业应有组织地、系统地搜集相关的资料，对其进行加工、整理、归纳、鉴别，去粗取精，去伪存真。尽量从中发现与预测目标有关的各因素之间的规律性和相互依存关系。

（三）选择预测方法

正确地选择预测方法有助于更好地实现预测的目标。企业要根据不同预测对象、内容和所掌握的历史资料，采用不同的预测方法。一般而言，对于资料齐备的或可以建立数学模型的预测对象采用定量分析方法；对于资料缺乏或者相关变量间不存在明显规律性关系的，以及不能进行定量分析的可采用定性分析方法。

（四）实际进行预测

实际进行预测时，应用选定的预测方法和建立的模型，根据相关的资料，采用相应的定量分析或定性分析方法，提出预测结果。

（五）分析预测误差、修正预测结果

预测是对未来一定时期企业经营活动的推测，往往因与实际有出入而产生预测误差。因此，经过一段时间，应对上一阶段的预测结果进行验证和分析评价，即将实际数与预测数进行比较，计算误差，分析原因，以便及时修正预测方法，完善预测模型。因数据不齐备或不确定因素引起的定量预测误差，可采用定性分析方法考虑这些因素，并修正定量预测结果。对于定性预测结果，应用定量分析方法加以验证、修改、补充、完善，使预测更接近实际情况。

（六）报告预测结论

最后要以一定形式通过一定程序将修正过的预测结论形成文字报告，提供给企业的经营管理者，作为决策的基础资料。

一、销售预测概述

企业生产经营的主要目的是获取利润，产品销售收入是利润的源泉。在激烈的市场竞争中，企业生产什么产品、生产多少应该以市场的需求为导向，科学地而不是盲目地开展。因而，"以销定产"是企业经营的原则，销售预测就成了企业编制全面预算、组织生产等一系列经营活动的重要依据。

销售预测是其他各项预测的前提，有广义和狭义之分。广义的销售预测包括市场调查和销售量预测；狭义的销售预测专指销售量预测。销售量预测又叫产品需求量预测，是根据市场调查所得到的有关资料，通过对有关因素的分析研究，预计和测算特定产品在一定时期内的市场销售量水平及变化趋势，进而预测本企业产品未来销售量的过程。

影响销量的因素很多，彼此之间的关系也很复杂，主要包括国民经济的发展规律及速度、国家有关的政策法令制度的变化、人口增长的速度、社会的消费水平、相关产品的销售变化等因素。企业进行销售预测时，应充分分析、研究企业所处的市场环境、经济环境等因素，结合企业自身的产品情况如产品质量、产品价格、营销能力等，以及影响消费者购买行为的社会、文化、环境因素等进行研究分析，在此基础上，选择相应的方法进行预测。

二、销售预测方法

销售预测分析主要是对企业某种产品在未来一定时期和区域内的销售额（量）及其变化趋势作出科学判断、估计和测算。销售预测分析有算数平均法、移动加权平均法、指数平滑法和因果预测法。

（一）算术平均法

算术平均法是对某产品过去若干期的历史资料进行简单平均，以其平均数就作为该产品未来期间内销售量预测值的一种预测方法。其计算公式为

$$销售量预测数 = \frac{各期销售量之和}{期数} = \frac{\sum Q}{n}$$

这种方法的优点是计算简单、方便易行；缺点是把不同时期的差异平均化，没有考虑远近期销售量的变动对预测期销售量影响的程度不同，可能造成预测结果产生较大误差。因此，这种方法适用于销售量或销售额比较稳定的商品，对于某些没有季节性的商品，如食品、文具、日常用品等，仍是一种十分有用的方法。

【例7-1】某企业下半年实际销售额情况如表7-1所示。

第七章 经营预测

表 7-1　某企业 2019 年下半年实际销售额　　　　单位：万元

月份	7	8	9	10	11	12
销售额/万元	26	30	28	18	16	14

根据上述资料，预测下一年 1 月份的销售额。

【解】

$$1 月份的销售额 = \frac{26 + 30 + 28 + 18 + 16 + 14}{6} = 22（万元）$$

（二）移动加权平均法

在销售预测中，由于市场变化较大，一般而言，离预测期越近的实际资料对其影响越大；相反，离预测期越远的实际资料对其影响越小。基于这一事实，加权平均法按照历史销售量距离预测期的远近分别加权，权重近大远小，计算出加权平均数，作为未来的销售预测数。若取 3 个观测值，其权数可取 0.2、0.3、0.5。若取 5 个观测值，其权数可取 0.03、0.07、0.15、0.25、0.5。权数不同时，预测结果不同。其计算公式为

$$预测销售量(额) \bar{X} = \frac{\sum 各期销售量(额) \times 各期权数}{各期权数之和} = \frac{\sum_{i=1}^{n} x_i w_i}{\sum_{i=1}^{n} w_i} = \sum x_i w_i$$

式中，$\sum w_i = 1$。

如何分别为实际历史数据规定适当的权数是运用此方法进行预测的关键。例如，当实际历史数据呈现递增或递减的趋势时，就应当将最近几期的数据权数规定得大一些，使预测值尽量符合这种变动趋势。

为了能反映近期的销售发展趋势，还可在上述基础上，再加上平均每月的变动趋势值 b，即为预计的销售值。因此，上述公式可修正为

$$预测销售量(额) \bar{X} = \sum x_i w_i + b$$

$$b = \frac{本季度平均每月实际销售量(额) - 上季度平均每月实际销售量(额)}{3}$$

【例 7-2】如表 7-1 所示，要求根据 2019 年 10 月、11 月、12 月三个月的观测值，用移动加权平均法预测其 2020 年 1 月份的销售额。

【解】（1）计算平均每月销售变动趋势值。

$$三季度月平均销售额 = \frac{26 + 30 + 28}{3} = 28（万元）$$

$$四季度月平均销售额 = \frac{18 + 16 + 14}{3} = 16（万元）$$

$$b = \frac{16 - 28}{3} = -4（万元）$$

（2）取权数 $w_1 = 0.2$，$w_2 = 0.3$，$w_3 = 0.5$。

$$\bar{X} = (18 \times 0.2 + 16 \times 0.3 + 14 \times 0.5) - 4$$
$$= 15.4 - 4 = 11.4（万元）$$

这种方法的优点是计算过程也比较简单，缺点是由于只选用了 n 期数据中的部分数据作为计算依据，因而代表性较差。此法适用于对销售量略有波动的产品进行预测。

（三）指数平滑法

指数平滑法是在加权平均法的基础上发展起来的一种方法，它是对前期销售量的实际数和预测数，以平滑系数 a 和（$1-a$）为权数进行加权，预测未来销售量的一种方法。

预测销售量（额）＝平滑系数×前期实际销售量（额）＋（1－平滑系数）×前期预测销售量（额）

$$F_1 = aA_{t-1} + （1-a）F_{t-1}$$

式中，F_1 为预测销售量（额），A_{t-1} 为前期实际销售量（额），F_{t-1} 为前期预测销售量（额），a 为平滑系数，取值范围 $0<a<1$。

【例 7-3】依据【例 7-1】，该公司 2019 年 12 月份实际销售额为 14 万元。原来预测 12 月份的销售额为 15 万元，平滑系数为 0.7。要求用指数平滑法预测其 2020 年 1 月份的销售额。

【解】2020 年 1 月份销售额 $= a×14 + （1-a）×15$

$$= 0.7×14 + 0.3×15 = 14.3（万元）$$

平滑系数 a 取值范围一般是在 0.3~0.7 之间，平滑系数越大，则近期实际数对预测结果的影响越大；平滑系数越小，则近期实际数对预测结果的影响越小。因此，若采用较大的平滑指数，则预测值能反映观察值新近的变化趋势；若采用较小的平滑系数，则预测值能反映观察值变动的长期趋势。一般情况下，如果销售量波动较大或要求进行短期销量（额）预测，则应选择较大的平滑系数；如果销量的波动较小或要求进行长期销量（额）预测，则应选择较小的平滑系数。

（四）因果预测法

产品销量的影响因素有很多，既有企业外部因素，也有企业内部因素；既有客观因素，也有主观因素。在这些因素中，有的对销量大小具有决定性的影响。因果预测法是把这些因素看作"因"，把销售量看作"果"，进而找出销售量与相关因素之间的函数关系，并利用这一函数关系进行销售量的预测。因果预测最常用而且简单的是回归分析法。这种方法简便易行，成本低廉。若预测对象的相关因素有两个或两个以上，需采用多元线性回归法，本书不做介绍。

回归分析法又称最小二乘法，它是根据历史的销售量 y 与时间 x 的函数关系，根据最小二乘法的原理建立回归分析模型 $y=a+bx$ 进行的销售预测。其中，a、b 为回归系数，计算公式为

$$b = \frac{n\sum xy - \sum x \sum y}{n\sum x^2 - \left(\sum x\right)^2}$$

$$a = \frac{\sum y - b\sum x}{n}$$

【例 7-4】某企业生产和销售 A 零件，决定 A 零件销量的主要因素是甲产品的市场销售量。假设近 5 年甲产品的销量统计如表 7-2 所示，用回归分析法预测 2020 年 A 零

件的销售量，根据资料计算相关数据，如表7-3所示。

表7-2　近5年销量数据

年份	2015	2016	2017	2018	2019
A零件销量/万个	20	25	30	36	40
甲产品销量/万件	80	100	120	130	145

表7-3　相关数据

年份	x	y	xy	x^2
2015	80	20	1 600	6 400
2016	100	25	2 500	10 000
2017	120	30	3 600	14 400
2018	130	36	4 680	16 900
2019	145	40	5 800	21 025
	$\sum x = 575$	$\sum y = 151$	$\sum xy = 18\,180$	$\sum x^2 = 68\,725$

【解】将表7-3中的数据代入上式，得

$$b = 0.313$$

$$a = -5.795$$

$$则\ y = -5.795 + 0.313x，$$

若2020年甲产品的销量预测为200万件，那么A零件的销量预测为：

$$y = -5.795 + 0.313x = -5.975 + 0.313 \times 200 = 56.625（万个）$$

第三节　利润预测

利润是衡量企业经济效益综合性最强的指标，它不仅反映企业一定时期内生产经营的成果，也是衡量和考核企业经济效益和工作成绩的重要依据。利润预测是指按照企业经营目标的要求，通过对影响利润变动的成本、产销量等因素的综合分析，测算企业未来一定时期内可能达到的利润水平和变动趋势。做好利润的预测工作，对于加强企业管理、扩大经营成果、提高经济效益有着极为重要的作用。利润预测一般包含两部分内容，即目标利润预测和利润预测的敏感性分析。

一、目标利润预测

目标利润是指企业在计划期间所要达到的最优化利润指标。企业未来一定期间目标利润可以按本量利之间的关系、销售额增长比率、资金利润率和利润增长率等依据进行测定。

（一）本量利分析法

该方法以本量利分析原理为基础，根据有关产品成本、产销量与利润的关系确定计划期目标利润。根据前述本量利分析的原理，我们可以通过下述公式来求得企业的目标利润：

$$目标利润=销售收入-（固定成本+变动成本）$$
$$=销售单价\times销售数量-单位变动成本\times销售数量-固定成本$$
$$=边际贡献-固定成本$$
$$=销售收入\times边际贡献率-固定成本$$
$$=（预计销售量-保本点销售量）\times单位边际贡献$$
$$=（预计销售额-保本点销售额）\times边际贡献率$$
$$=安全边际额\times边际贡献率$$

【例7-5】某企业预测年度保本点的销售量为2 000件，预计正常销售量为3 000件，销售单价为50元，单位变动成本为25元，则预测年度的目标利润是多少？

【解】目标利润=安全边际额×边际贡献率=（3 000-2 000）×50×（50-25）/50=25 000（元）

（二）销售额增长比例法

销售额增长比例法是以基期实际销售收入总额和利润总额以及年度预计销售收入总额为依据，按照利润与销售额同步增长的比例来确定下年度目标利润总额的一种方法。该方法的前提是，已经对产品在计划期的销售额做出预测，或已经对销售额的增长率做出预测。其计算公式为

$$目标利润=（1+销售收入增长率）\times基期利润$$

【例7-6】某企业上年度实际销售收入达600万元，实现利润78万元。预计下年度销售收入总额为720万元。试预测该企业下年度的目标利润。

【解】下一年度目标利润=（1+销售收入增长率）×基期利润=（1+120/600）×78=93.6（万元）

（三）资金利润率法

资金利润率法是指企业在一定期间内实现的利润总额对其全部资金的比率。资金利润率法就是根据企业基期的实际资金占用状况，结合预测期的预定投资和资金利润率，确定预测期目标利润总额的一种方法。其主要公式为

$$目标利润=（基期资金占用总额+计划投资增长额）\times预定资金利润率$$
$$=基期资金占用总额\times（1+资金增长率）\times预定资金利润率$$

【例7-7】某企业上年度固定资金和流动资金占有总额为200万元，预计下年度资金占用总额比上年度增加8%，资金利润率为12%。试求该企业下年度的目标利润。

【解】下一年度目标利润=上年度资金占用总额×（1+资金增长率）×资金利用率=200×（1+8%）×12%=25.92（万元）

（四）利润增长率法

利润增长率法是根据上年度已经达到的利润水平及近期若干年（通常为近三年）利润增长率的变动趋势、幅度与影响利润的有关情况在下年度可能发生的变动等情况，首先确定一个相应的预计利润增长率，然后确定下年度利润总额的一种方法，其计算公式为

目标利润＝上年度实际利润总额×（1+预计利润增长率）

【例7-8】某企业上年度实现利润800万元，根据过去连续三年赢利情况的分析和预算，确定下年度的利润增长率为6%。试确定该企业下年度的目标利润。

【解】目标利润＝上年度实际利润总额×（1+预计利润增长率）

$$= 800×（1+6\%）= 848（万元）$$

四、利润预测的敏感性分析

敏感性分析是研究因素值的变化对目标值的影响程度的一种分析方法。而利润的敏感性分析是研究制约利润的有关因素发生某种变化，对利润所产生影响的一种定量分析方法。那些对利润影响大的因素利润敏感度高；反之，则利润敏感度低。企业经营者希望事先知道哪个因素对利润影响大，哪个因素对利润影响小，以便在经营环境发生变化时采取恰当的对策，调整企业经营计划，使企业的生产经营活动被控制在最有利的状态下。反映敏感程度的指标是敏感系数，其计算公式如下：

$$某因素敏感系数 = \frac{目标值变动百分比}{因素值变动百分比}$$

式中，敏感系数为正数，表明它与目标值同向增减；敏感系数为负数，表明它与目标值反向增减。敏感系数实质上表明了利润对各相关因素的弹性。在利润敏感性分析中，目标值指的是利润，因素值为影响利润的单价、单位变动成本、固定成本及销售量。

【例7-9】已知某公司A产品，单价50元，单位变动成本20元，固定成本20 000元，计划产销量3 000件。

【解】预计实现利润＝3 000×（50-20）-20 000＝70 000（元）

（1）单价的敏感系数

假定单价上升10%，则：

涨价后的单价＝50×（1+10%）＝55（元）

涨价后的利润＝3 000×（55-20）-20 000＝85 000（元）

$$利润变动百分比 = \frac{85\ 000 - 70\ 000}{70\ 000} ≈ 21.43\%$$

$$单价的敏感系数 = \frac{21.43\%}{10\%} = 2.143$$

这表示，利润以2.143倍的速率随单价变化。

（2）单位变动成本的敏感系数

假定单位变动成本上升10%，则：

增长后的单位变动成本＝20×（1+10%）＝22（元）

变动后的利润＝3 000×（50-22）-20 000＝64 000（元）

$$利润变动百分比 = \frac{64\ 000 - 70\ 000}{70\ 000} ≈ -8.57\%$$

$$单位变动成本的敏感系数 = \frac{-8.57\%}{10\%} = -0.857$$

这表示，利润以 0.857 倍的速率随单位变动成本反方向变化。

（3）固定成本的敏感系数

假定固定成本上升 10%，则：

增长后的固定成本 = 20 000×（1+10%）= 22 000（元）

变动后的利润 = 3 000×（50-20）-22 000 = 68 000（元）

$$利润变动百分比 = \frac{68\,000 - 70\,000}{70\,000} \approx -2.857\%$$

$$固定成本的敏感系数 = \frac{-2.857\%}{10\%} = -0.285\,7$$

这表示，利润以 0.285 7 倍的速率随固定成本反方向变化。

（4）销售量的敏感系数

假定销售量上升 10%，则：

增长后的销售量 = 3 000×（1+10%）= 3 300（元）

涨价后的利润 = 3 300×（50-20）-20 000 = 79 000（元）

$$利润变动百分比 = \frac{79\,000 - 70\,000}{70\,000} \approx 12.857\%$$

$$销售量的敏感系数 = \frac{12.857\%}{10\%} = 1.285\,7$$

这表示，利润以 1.285 7 倍的速率随销售量变化。

敏感系数提供了各因素变化百分比和利润变动百分比之间的比例。在影响利润的各因素中，一般情况下销售单价的敏感性最大，固定成本的敏感性最小。当已知某因素的敏感系数后，则可利用敏感系数进行利润预测。

【例 7-10】依【例 7-9】，已知销量的敏感系数为 1.285 7，其他条件不变，若销量在预测期将增长 30%，则预测利润为

预测利润 = 70 000×（1+1.285 7×30%）= 96 999.7（元）

第四节　成本预测

一、成本预测的意义

当前，企业面临的市场环境千变万化，竞争日趋激烈，企业想要在复杂多变的环境中求得生存与发展，就必须改善管理，提高竞争能力。成本管理也不能仅仅是完成成本核算和事后的成本分析，更需要着眼未来，争取做好事前的成本控制，而事前的成本预测则是做好事前成本控制的有效保障。

成本预测是指在编制成本预算前，根据企业目前的经济状况和发展目标，通过对影响成本变动的相关因素的分析和测算，对企业未来成本水平和变动趋势进行预计和推测的一种方法。成本预测在现代企业经营管理工作中具有十分重要的意义。它可以为成本计划提供依据，也是有计划地降低产品成本和提高经济效益的重要手段。

二、成本预测的方法

成本预测的方法主要有目标成本预测法、历史成本预测法和新产品成本预测法。

(一) 目标成本预测法

目标成本是为实现目标利润所应达到的成本水平或应控制的成本限额。它是在销售预测和利润预测的基础上，结合本量利分析预测目标成本的一种方法。预测目标成本，是为了控制企业生产经营过程中的劳动消耗，降低产品成本，实现企业的目标利润。用这种方法确定的目标成本，能够与企业的目标利润联系起来，有利于目标利润的实现。制定目标成本一般是在综合考察未来一定期间内有关产品的品种、数量、价格和目标利润等因素的基础上进行的。计算方法一般有如下几种：

1. 根据目标利润制定目标成本

$$目标成本 = 预计销售收入 - 目标利润$$

【例7-11】某企业产销一种产品，预计下年度的产销量为 10 000 件，预计销售单价为 40 元/件，预计的目标利润为 80 000 元，预测该企业下年度的目标成本。

【解】 目标成本 = 10 000×40 - 80 000 = 320 000 （元）

2. 根据资金利润率制定目标成本

$$目标成本 = 预计销售收入 - 资金利润率 × 平均资金占用额$$

【例7-12】某公司上年度实际固定资产平均占用额为 200 万元，全部流动资金平均占用额为 100 万元。下年度计划扩大生产规模，拟在年初购置一套价值 48 万元的新型加工设备投入生产。年初追加流动资金 10 万元，预计资金利润率为 10%，本年度预计的销售额为 200 万元。请预测该企业本年度的目标成本。

【解】目标成本 = 200 - [（200+100） + （48+10）] ×10% = 164.2 （万元）。

3. 根据销售利润率制定目标成本

$$目标成本 = 预计销售收入 × （1 - 销售利润率）$$

【例7-13】某公司预计下年度销售额为 500 万元，销售利润率为 15%。预测该企业下年度的目标成本。

【解】 目标成本 = 500× （1-15%） = 425 （万元）

4. 根据过去先进的成本水平制定目标成本

这种方法以本企业历史上最好的成本水平或国内外同行业同类产品的先进成本水平作为目标成本，也可以将本企业上年实际成本水平扣除行业或主管单位下达的成本降低率后，作为目标成本。这种方法的缺陷是没有将目标成本同目标利润联系起来，因此与企业的实际情况存在一定的差距。

(二) 历史成本预测法

历史成本预测法也称可比产品成本预测法，适用于企业现存产品或者与现存产品相似的产品成本的预测。它是根据企业成本的历史资料和相关数据，并采用一定的方法对这些数据进行相应处理，建立相关的数学模型，并根据该模型对企业的产品成本进行预测。历史成本预测法具体的方法有高低点法、加权平均法和回归分析法等，这些方法的预测原理在本书前面的章节已经述及，这里不再赘述。

（三）新产品成本预测法

新产品成本预测法也称不可比产品成本预测法。不可比产品是指企业以往年度没有正式生产过的产品，其成本水平无法与过去进行比较，因而不能像可比产品那样通过对历史成本数据进行分析进行成本预测。但随着技术的高速发展，产品的更新换代速度在加快，不可比产品的比重在不断上升，因此，为了全面控制企业成本支出，加强成本管理，除了对可比产品进行成本预测外，还应对不可比产品成本进行预测。新产品成本预测法的预测方法主要有技术测定法、产值成本法和目标成本法。其中，目标成本法前面已经述及，这里不再赘述。

1. 技术测定法

技术测定法是指在充分挖掘生产潜力的基础上，根据产品设计结构、生产技术条件和工艺方法，对影响人力、物力消耗的各项因素进行技术测试和分析计算，从而确定产品成本的一种方法。该方法比较科学，但工作量较大，较适合品种少、技术资料比较齐全的产品。

2. 产值成本法

产值成本法是指按工业总产值的一定比例确定产品成本的一种方法。产品的生产过程同时也是生产的消耗过程，在这一过程中，产品成本体现生产过程中的资金耗费，而产值则以货币形式反映生产过程中的成果。产品成本与产品产值之间客观存在着一定的比例关系，比例越大，说明消耗越大，成本越高；比例越小，说明消耗越小，成本越低。这样，企业在进行预测时，就可以参照同类企业相似产品的实际产值成本率，加以分析确定。其计算公式为

$$某产品的预测单位成本 = \frac{某产品的总产值 \times 预计产值成本率}{预计产品产量}$$

该方法准确性较差，但工作量小，简单易行。

第五节　资金需求量预测

一、资金需求量预测的意义

资金预测的主要内容是资金需求量预测，它是以预测期内企业生产经营规模的发展和资金利用效果的提高为前提，在分析有关历史资料、技术经济条件和发展规划的基础上，对预测期内的资金需求量进行科学预计和测算的一种方法。资金需求量预测是进行经营预测的主要依据，是提高经济效益的重要手段，同时也是编制资金预算的必要步骤。

二、资金需求量预测的步骤

为了预测资金需求量，首先应该弄清楚影响资金需求量的主要因素是什么。在一般情况下，资金需求量与企业生产经营规模相联系。对资金需求量影响最大的就是计划期的预计销量和销售额。这是因为，在一般情况下，企业在不同时期资金实际需求量的多

少，同该时期经营业务量的大小基本上是适应的。在其他因素保持不变的情况下，生产规模越大，销售数量增加，会引起资金需求增加；反之，则会使资金需求量减少。虽然能用于预测的比率可能会很多，如存货周转率、应收账款周转率等，但最常用的是资金与销售额之间的比率。因此，良好的销售预测是资金预测的主要依据。基于此，最常用的资金需求量预测方法就是销售百分比法。

所谓销售百分比法，是假设收入、费用、资产、负债与销售额存在稳定的百分比关系，根据预计销售额和相应的百分比预计资产、负债和所有者权益，然后利用会计等式确定融资需求的一种定量方法。利用销售百分比法进行资金需求量预测的步骤如下：

（一）计算未来销售收入变动率 K

$$未来销售收入变动率 K = \frac{预计销售收入 - 基期销售收入}{基期销售收入}$$

（二）分析研究资产负债表中各个项目与销售收入总额之间的依存关系

1. 资产类项目

周转中的货币资金、应收账款、应收票据和存货等项目，一般都会因销售收入的增加而相应增加。而固定资产项目是否要增加，需要根据基期的固定资产是否已被充分利用来决定，如未被充分利用，则通过进一步挖掘其利用潜力，可产销更多的产品；如果基期对固定资产的利用已达到饱和状态，则增加销售需要扩充设备，而长期投资、无形资产等项目，一般不随销售收入的变动而变动。

2. 负债类项目

应付账款、应交税费等项目，通常会因销售收入的增长而相应增加，如果企业实行计件工资制，则应付工资项目随生产和销售的增长而相应增加，而应付票据、长期负债等项目，一般不随销售的变动而变动。

（三）确定企业提取的可利用折旧和内部留存收益

企业在生产经营过程中，往往需要对固定资产提取折旧，这部分折旧属于企业回收投资的资金，扣除用于固定资产更新改造后的余额可以用以弥补生产经营中资金的不足，从而加快资金的周转。企业除了利用折旧外，还可以利用企业内部的留存收益，在筹措资金时将内部留存收益考虑进去，这么做可以优化资金的使用率。要确定企业内部的留存收益就必须准确地预测出企业的年度利润和股利分配率。

（四）估计企业零星资金的需要量

在考虑了上述因素后还要考虑到企业零星资金的需要量，因为这部分资金可以保障企业在日常经营活动中的零星支出。这个因素若不能准确预测，很可能造成企业资金供应不足，从而影响到企业的正常生产经营活动。

（五）综合上述指标因素，求出企业需要追加的资金量

$$F = K \times (A - L) - D - R + M$$

式中，F 表示预测期预计需要追加资金的数量；K 表示未来销售收入变动率；A 表示基期与销售收入相关的资产项目金额，即敏感性资产项目；L 表示基期与销售收入相关的负债项目金额，即敏感性负债项目；D 表示预测期净折旧额，即预测期折旧提取数额减去预测期内固定资产更新改造的资金数额；R 表示预测期留存收益；M 表示预测期的新增零星资金需要量。

【例7-13】某公司基期销售收入总额为 100 000 元,销售净利率为 10%,股利支付率为 40%,该公司基期末简略资产负债表如表7-4 所示。若该公司计划年度销售收入总额达到 150 000 元,并仍按基期股利发放率支付股利,预计计划期折旧额为 20 000 元,其中 70% 预计用于更新改造,又假定零星资金追加量为 5 000 元。试用销售百分比法预测计划期间需追加的资金数量。

表 7-4 某公司基期末简略资产负债表 单位:元

资产		负债及所有者权益	
库存现金	2 000	负债:	
应收账款	28 000	应付账款	18 000
存货	30 000	应付票据	12 000
厂房设备	30 000	长期负债	20 000
无形资产	10 000	所有者权益:	
		股本	40 000
		留存收益	10 000
合计	100 000	合计	100 000

【解】
$$K = (150\,000 - 100\,000) / 100\,000 \times 100\% = 50\%$$
$$A = 2\,000 + 28\,000 + 30\,000 = 60\,000 \,(元)$$
$$L = 18\,000 \,(元)$$
$$D = 20\,000 \times (1 - 70\%) = 6\,000 \,(元)$$
$$R = 150\,000 \times 10\% \times (1 - 40\%) = 9\,000 (元)$$
$$M = 5\,000 \,(元)$$
$$F = (60\,000 - 18\,000) \times 50\% - 6\,000 - 9\,000 + 5\,000 = 11\,000 \,(元)$$

 本章练习

一、简答题

1. 简述定性预测与定量预测的优缺点。
2. 不可比产品的预测方法有哪些?
3. 什么是利润预测?目标利润预测的方法有哪些?
4. 如何利用敏感系数进行利润预测?
5. 如何利用销售百分比法进行资金需要量的预测?

二、计算分析题

1. 某企业 2020 年上半年 6 个月的实际销售量如表7-5 所示。

表 7-5　某企业 2020 年上半年实际销售量　　　　　单位：件

月份	1	2	3	4	5	6
销售量	550	560	540	570	600	580

要求：

（1）采用算术平均法预测 7 月份的销售额。

（2）假设 4、5、6 月份的权重分别为 0.2，0.3，0.5，采用移动加权平均法预测 7 月份的销售额。

2. 某企业生产 A 产品，其单位售价为 400 元，单位变动成本为 240 元，每年固定成本为 300 000 元，2019 年的销量为 6 000 件，预计 2020 年销量将增加 30%。

要求：

（1）计算该企业 A 产品的保本点。

（2）计算该企业 2020 年的目标利润。

3. 假定某公司上年末简略资产负债表如表 7-6 所示。这一年生产能力只利用了 70%，实际销售收入总额为 1 000 000 元，获税后净利 50 000 元，并以 20 000 元发放了股利，若该公司计划今年预计销售收入总额将增至 1 200 000 元，仍按上年股利率发放股利，预计今年年末累计折旧额为 80 000 元，全部用于更新改造现有设备，又假定今年计划新增零星资金需要量为 40 000 元，试用销售百分比法预测今年需要追加多少资金。

表 7-6　资产负债表　　　　　　　　单位：元

资产		权益	
① 现金	40 000	① 应付账款	120 000
② 应收账款	225 000	② 应交税费	75 000
③ 存货	300 000	③ 长期负债	300 000
④ 长期投资	450 000	④ 普通股股本	550 000
⑤ 固定资产（净值）	60 000	⑤ 留存收益	110 000
⑥ 无形资产	80 000		
资产合计	1 155 000	负债及权益合计	1 155 000

第八章

短期经营决策分析

第一节　短期经营决策概述

一、短期经营决策的含义

短期经营决策是与长期投资决策相对应的经济决策。长期投资决策是指涉及的经济事项超过一年，并且对较长时间内的收支盈亏产生影响的决策，一般需要投入大量的资金。而短期经营决策是指对企业一年以内或者维持当前的经营规模的条件下所进行的决策。短期经营决策的主要目的是在既定的规模条件下决定如何有效地进行资源的配置，以获得最大的经济效益，通常不涉及固定资产投资和经济规模的改变。短期经营决策通常是在成本形态分析时提到的"相关范围"内所进行的决策。判断某方案优劣的主要标志就是看该方案能否使企业在一年内获得更多的利润，因此，短期经营决策的直接目标是尽可能取得最大的经济效益。

短期经营决策的特征有：

（1）涉及面小；

（2）投入资金少；

（3）风险相对长期投资决策较小。

短期经营决策主要包括生产决策、定价决策和存货决策。其中，生产决策是指短期内在生产领域中对生产什么、生产多少以及如何生产等问题做出的决策，具体包括安排剩余生产能力、处理亏损产品、确定产品是否进一步加工和批量生产等。定价决策是指短期内企业为实现其定价目标而科学合理地确定商品的价格的决策。而存货决策是指如何把存货的数量控制在最优水平上，以及在什么情况下再订货和每次订购多少数量的决策。

二、短期经营决策的分类

（一）按照决策的层次不同分类

1. 高层决策

高层决策是指企业最高阶层的领导所做出的决策，属于战略性决策，内容主要涉及企业全局性、长远性的重大问题。

2. 中层决策

中层决策是指企业中级管理人员所做出的决策，属于战术性决策。其基本内容是使高层决策从更低的层次，从更短的时间和更小的范围内进行具体化，并制定最优利用资源、保证最高决策得以顺利实现的实施方案。

3. 基层决策

基层决策是指企业基层管理人员所做出的决策，属于执行性决策。其基本职责是对上一层次所做出的决策付诸具体实施。

（二）按照决策者掌握的信息不同分类

1. 确定型决策

确定型决策所涉及的各种备选方案的各项条件都是已知并且是确定的，而且一个方案只会有一个确定的结果。这类决策问题比较明显，决策比较容易。

2. 风险型决策

风险型决策所涉及的各种备选方案的各项条件虽然也是已知的，但却是不完全确定的，可能存在着多种状况，每一种方案的执行都可能会出现两种或两种以上的结果。但每一种状况的出现可以事先估测出其出现的可能性的大小，也就是其客观概率。这类决策由于结果存在不唯一性，使决策存在一定风险。

3. 不确定型决策

不确定型决策与风险型决策有些近似，两者所知条件基本相同，但不确定型决策的各项条件无法确定其客观概率，只能以决策者的经验判断确定的主观概率作为依据。

（三）按照决策的性质不同分类

1. 采纳与否决决策

采纳与否决决策又称单一方案决策，是指备选待定的方案只有一个的决策。例如，是否接受加工订货的决策、亏损产品是否停产的决策等。

2. 互斥与选择决策

互斥与选择决策是指在一定的决策条件下，存在着几个互相排斥的备选方案，需要通过调查研究和计算比较，最终选出最合适的方案而排斥其他方案的决策。例如，零部件自制还是外购决策、产品定价决策等。

3. 最优组合决策

最优组合决策是指有几个不同方案可以同时并举，但在其资源总量受到一定限制的情况下，如何将这些方案进行优化组合，使其综合经济效益达到最优化的决策。例如，在几种资源约束条件下生产不同产品的最优组合决策等。

三、短期经营决策的基本程序

（一）提出决策问题，确定决策目标

进行短期经营决策主要是为了解决问题，以实现某项预期的目标，因此首先要弄清楚当前的决策问题是什么，需要达到什么目的。决策目标一般应当具备以下特点：

（1）目标成果可以计量；

（2）目标在客观上具有实现的可能性。

（二）收集决策相关信息

明确了决策的问题和目标后，需要收集对决策目标有影响的可计量和不可计量的相关资料，特别是有关预期收入和预期成本的资料。收集资料是为之后的决策提供依据，在这个过程中，需要我们善于鉴别，去伪存真，同时需要做到不断更新修正。因此收集相关信息这一步骤常常是贯穿全过程的。

（三）提出备选方案

为了做出最优的决策，需要拟定各种可能的备选方案，以便进行比较，从而结合相关信息进行判断，选择出最优的方案，做到技术上适当，经济上合理。

（四）通过定性分析和定量分析对备选方案做出初步评价

在有了备选方案后，需要先定性分析备选方案的可行性，排除现实条件无法实现的方案，留下可行的备选方案。然后把各个可行备选方案的可计量资料分别归类，系统排列，选择适当的专门方法建立数学模型，对各方案的预期收入和预期成本进行计算、比较和分析，然后根据经济效益的大小对备选方案做出初步的判断和评价，确定哪个方案较优。

（五）考虑其他因素的影响，确定最优方案

根据定量分析的初步评价结果，进一步考虑计划期间各种非计量因素的影响，统筹研究，权衡利弊，并根据各方案带来的经济效益和社会效益的高低进行综合判断，最后筛选出最优方案。这是整个决策分析过程的关键环节。

（六）组织和监督决策方案的实施

当确定了最优方案后，企业需要积极组织实施方案，只有落到实处的方案才是有意义的，纸上谈兵的方案再好也是没有用的。在组织方案实施的过程中，需要制定合理的实施方案，例如人员安排、经费预算和质量监控等。同时需要建立信息反馈系统，决策者可以根据反馈信息，采取及时的应对措施。这样在执行的过程中，如果主客观条件发生变化，就需要对原定方案进行及时的必要修改，以尽量防止或减少损失。

第二节　影响短期经营决策的重要因素

短期经营决策需要考虑生产经营能力、相关业务量、相关收入和相关成本四个重要因素。

一、生产经营能力

生产经营能力是指在一定时期内和一定生产技术条件下，企业内部各个环节直接参与生产过程的生产设备、劳动手段、人力资源和其他服务条件，能够生产的各类产品产量或加工处理一定原材料的能力。它是企业生产经营活动的基本依据，是企业自身条件综合配置和平衡的结果，也是企业技术能力和管理能力的综合。企业生产经营能力的利用程度，由企业管理部门根据当前精英计划，结合工程、经济和环境要求等因素来确定。生产经营能力包括最大生产经营能力、正常生产经营能力、剩余生产经营能力和追加生产经营能力。

（一）最大生产经营能力

最大生产经营能力又叫理论生产经营能力，是指企业在不追加资金投入的前提下，百分之百有效利用工程技术、人力及物力资源而可能实现的生产经营能力。它是生产经营能力的上限。

（二）正常生产经营能力

正常生产经营能力又叫计划生产经营能力，即已经纳入企业年度计划，充分考虑到现有市场容量、生产技术条件、人力资源状况、管理水平，以及可能实现的各种措施等情况所必须达到的生产经营能力。

（三）剩余生产经营能力

剩余生产经营能力包括绝对剩余生产经营能力和相对剩余生产能力两种。前者又叫暂时未被利用的生产经营能力，它是指企业最大生产经营能力与正常生产经营能力之差，属于生产经营的潜力；后者是指由于受市场容量或经济效益原因的影响，决策规划的未来生产经营规模小于正常生产经营能力而形成的差量，也可以理解为因临时转变经营方向而闲置的那部分生产经营能力。

（四）追加生产经营能力

追加生产经营能力是指根据需要和可能，通过追加资金投入等措施而增加的，超过最大生产能力的那部分生产经营能力，具体包括临时性追加的生产经营能力和永久性追加的生产经营能力。

二、相关业务量

业务量是决策分析中必须考虑的主要因素之一。所谓相关业务量，是指短期经营决策中必须认真考虑的、与特定的决策方案相联系的产量或销量，主要包括与备选决策方案有关联的材料耗用、工时、机器台时、设备生产能力等相关的实物量和价值量。在半成品是否深加工的决策和是否接受特殊价格追加订货的决策中，都需要认真考虑相关业务量问题，而不是笼统地考虑全部产量。有时在计算某一产品的相关收入与相关成本时所使用的相关业务量也不尽相同。只有合理确定相关业务量，才能准确计算出相关收入与相关成本，科学地做出决策分析，得出合理的结论。

三、相关收入

相关收入是指与某特定决策方相联系的、能对决策产生重大影响的、在短期经营决策中必须予以充分考虑的未来收入。即如果一项收入只属于某个特定决策方案，若该方案不存在，就不会产生这项收入，那么这项收入就是相关收入，反之就是无关收入。需要注意的是：计算相关收入一般要以特定决策方案的相关销售量和单价为依据。

四、相关成本

相关成本是指对企业经营管理有影响或在进行短期经营决策时必须加以考虑的各种形式的成本。相关成本是预计的未来成本。决策是面向未来的，与之相关的成本也只能是未来将要发生的成本。决策不能改变已经发生的历史成本，因而过去发生的历史成本与现在要做的决策毫无关系。与相关成本相对应的概念是无关成本，无关成本是指过去已经发生，或虽未发生但对未来经营没有影响的成本，也就是在决策分析时可以不予考虑的成本。

相关成本主要包括以下内容：

（一）机会成本

机会成本（opportunity cost）是指企业为从事某项经营活动而放弃另一项经营活动的机会，或利用一定资源获得某种收入时所放弃的另一种收入。在这里，机会成本是指在短期决策分析中，从各个备选方案中选取最优方案而放弃次优方案所失去的潜在收益，即可能实现的收益。例如，当一个厂商决定利用自己所拥有的经济资源生产一辆汽车时，这就意味着该厂商不可能再利用相同的经济资源来生产200辆自行车。于是，可以说，生产一辆汽车的机会成本是所放弃生产的200辆自行车。如果用货币数量来代替对实物商品数量的表述，且假定200辆自行车的价值为10万元，则可以说，一辆汽车的机会成本是价值为10万元的其他商品。机会成本不是企业的实际支出，无须记入账册，但是在选择方案时需要将机会成本考虑进去，这样有利于对所选方案的最终效益进行全面评估。

（二）付现成本

付现成本也称现金支出成本，是指那些由于未来某项决策所引起的需要在将来动用现金支付的成本。付现成本的特点是即发即付，如本期购买润滑油本期就支付这项现金，而不会拖到下期才支付，并且是全部计入当期的成本费用。付现成本不包括年修理成本，因为年修理成本往往是作为预提费用而分摊于若干个纳税期间。决策者在短期经营决策分析过程中对付现成本的考虑，往往会比对总成本的考虑更为重视，并会选择付现成本最小的方案来代替总成本最低的方案。

【例8-1】某企业现接受一批订货，为满足客户对这批订货的要求，急须购置一种专用设备，但企业的资金十分紧张，预计短期内亦无账款可以收回，而且银行贷款利率高达15%以上。在这种情况下，该企业购买专用设备有下述两个可选择方案：

方案一：甲公司可提供这种专用设备，要价100 000元，货款需马上支付；

方案二：乙公司亦可提供这种设备，要价105 000元，但货款只需先付9 000元，其余分12个月付清，每月归还8 000元。

根据上述资料，企业管理人员认为第二个方案较为可行，因为该方案所需支付的总成本虽然较第一方案多5 000元，但现金支出成本较低，是企业现有支付能力所能承受的；而专项设备购入并投入使用所带来的收益，可弥补总成本较高而形成的损失。

（三）重置成本

重置成本又称现行成本，是指按照当前市场条件，重新取得同样一项资产所需支付的现金或现金等价物金额。重置成本是一种现行成本，它和原始成本在资产取得当时是一致的。之后，由于物价的变动，同一资产或其等价物就可能需要用较多的或较少的交换价格才能获得。因此，重置成本表示当时取得同一资产或其等价物需要的交换价格。这种交换价格应该是从企业资产或劳务市场获得的成本价格，而不是从企业正常经营过程中通常出售其资产或劳务的市场中的销售价格。重置成本是现在时点的成本，它强调站在企业主体角度，以投入某项资产上的价值作为重置成本。在实务中，重置成本法多被应用于盘盈固定资产的计量等。例如，企业在年末财产清查中，发现全新的未入账的设备一台，其同类固定资产的市场价格为 40 000 元，则企业对这台设备按重置成本计价为 40 000 元。

（四）差量成本

差量成本也称差别成本、差等成本，是指两个方案的预计成本差异。在进行成本决策时，由于各个方案预计发生的成本不同，就产生了成本的差异。差量成本是管理会计中研究短期决策时常用的一种分析方法，可供选择的不同方案之间的成本差额称为差量成本或差别成本。例如，某汽车队自己经营每月可获收入 25 万元，租给别人经营每月收入 10 万元，则差量收入为 25-10=15（万元）。差量成本是一个方案与另一方案的预期成本之间的差异数，仍是上例，若自己经营车队每月的费用支出为 8 万元，租给别人每月费用为 1 万元，则差量成本为 8-1=7（万元）。如果差量收入大于差量成本，即差量损益为正数，则前一个方案是较优的；反之，如差量收入小于差量成本，即差量损益为负数，则后一个方案是较优的。那么，在本例中该车队自己经营是更优的方案。

（五）边际成本

边际成本是指增加一单位产量随即而产生的成本增加量。有定义可知，边际成本等于总成本的变化量除以对应的产量的变化量：

$$边际成本 = \frac{总成本的变化量}{产量的变化量}$$

从理论上讲，边际成本是指产量向无限小变化时成本的变动数额，也就是产量每增加或减少一个单位所引起的成本变动数额。这个概念表明每一单位的产品的成本与总产品量有关。比如，仅生产一辆汽车的成本是极其巨大的，生产第 101 辆汽车的成本就低得多，而生产第 10 000 辆汽车的成本就更低了，这是因为规模经济带来的效益。

（六）可避免成本

可避免成本是指与某特定备选方案相联系的，其发生与否完全取决于该方案是否为决策者所采纳的成本。可避免成本是"不可避免成本"的对称，是在方案中不采用这一方案而采用另一方案可以免除掉的成本。例如，副产品有经过加工出售和不经过加工即出售的两个方案，经过加工出售方案中的加工费用就是可避免成本。可避免成本是以两个方案达到基本相同的目的为前提条件的，如能获得相同或接近的利润额，达到基本相同的产量，等等。否则，可避免成本和不可避免成本就失去了意义。显然，可避免成本发生与否完全取决于管理者的决策。

（七）可分成本

可分成本是在半成品或联产品生产决策中，对于已经产出的半成品或已经分离的联产品在进一步加工阶段中所需追加的变动成本。在决策中，只要将可分成本与加工后所能增加的收入进行比较，就可做出判断。联合成本是与可分成本相对的概念，是指联产品在未分离之前的生产过程中发生的、应由所有联产品共同负担的成本。

（八）可递延成本

可递延成本是指管理部门已决定要实施某方案，但若这一方案推迟实施，对经营活动并不会发生较大的不利影响，那么与该方案有关的成本即称为可延缓成本。即在短期经营决策中对其暂缓开支不会对企业未来的生产经营产生重大不利影响的那部分成本。比如企业在实现办公自动化过程中，如暂时资金有限，即可考虑推迟实行办公自动化，因为推迟办公自动化一般不会影响企业的大局。与可递延成本相对的概念是不可递延成本，是指已选定的某一方案，即使企业资金有限也不能考虑推迟其执行，否则将会对企业的全局产生重大影响的那部分成本。可延缓成本是决策中必须考虑的相关成本。

（九）专属成本

专属成本，又称特定成本，是指那些能够明确归属于特定决策方案的固定成本或混合成本。没有产品或部门，就不会发生这些成本，所以专属成本是与特定的产品或部门相联系的特定的成本。例如，专门生产某种产品的专用设备折旧费、保险费等。专属成本往往是为了弥补生产能力不足的缺陷，增加有关装置、设备、工具等长期资产而发生的，专属成本的确认与取得上述装置、设备、工具等的方式有关。若采用购买方式，则购买设备的支出就是该方案的专属成本；若采用租入方式，则设备的租金就是该方案的专属成本。另外，在具体应用时，凡是属于某一方案新增加的固定成本都可确认为专属成本。如在采购材料决策时，到外地采购材料的差旅费支出就可确认为该采购方案的专属成本。在进行方案选择时，专属成本是与决策有关的成本，必须予以考虑。共同成本是与专属成本相对的概念，是指应当由多个方案共同负担的固定成本。由于它是多个方案共有的成本，如行政管理人员工资、车间中的照明费等，故与特定的方案选择无关。

相关成本可以是变动成本也可以是固定成本。一般而言，变动成本因为与决策相关，通常是相关成本；而固定成本一般不随备选方案而变，故通常是无关成本。

第三节　短期经营决策的基本方法

一、确定型决策分析方法

（一）差量分析法

差量分析法是指在了解各种备选方案而产生的预期收入与预期成本之间的差别的基础上，从中选出最优方案的方法。在决策分析中，差量是指不同备选方案之间的差异，差量又分差量收入、差量成本和差量利润。差量分析是指在充分分析不同备选方案差量收入、差量成本和差量利润的基础上，从中选择最优方案的方法。差量分析的一般步骤如下：

（1）选方案的差量收入；

（2）计算备选方案的差量成本；

（3）计算备选方案的差量利润；

（4）比较最优方案。

【例8-2】宏远公司一条电脑生产线既可以生产平板电脑也可生产手提电脑，但只能生产其中之一。生产平板电脑，预计销售量为10万台，单位变动成本2 160元，售价3 600元；生产手提电脑，预计销售量为15万台，单位变动成本1 570元，售价2 500元。生产两种产品的固定成本相同。要求：采用差量分析法帮助公司做出决策。

解：差量收入=平板电脑收入-手提电脑收入=10×3 600-15×2 500=36 000-37 500=-1 500（万元）

差量成本=平板电脑成本-手提电脑成本=10×2 160-15×1 570=21 600-23 550=-1 950（万元）

差量损益=差量收入-差量成本=-1 500-（-1 950）=450（万元）

分析决策：生产平板电脑比生产手提电脑可多获得利润450万元，则应选择生产平板电脑。

（二）本量利分析法

本量利分析是"成本-业务量-利润分析"的简称。本量利分析法被用来研究产品价格、业务量（销售量、服务量或产量）、单位变动成本、固定成本总额、销售产品的品种结构等因素的相互关系，据以做出关于产品结构、产品定价、促销策略以及生产设备利用等决策的一种方法。本量利分析法的根本在于研究成本、销售数量、利润这三个要素之间的内在变化以及联系，从而为企业实现战略目标和预期经济效益提供支持。本量利分析基于成本形态分析前提、线性假设、品种结构稳定假设与产销平衡假设，因此本量利分析的函数模型可表示为：

$$EBIT = S - V - F = P * Q - V * Q - F = (P - V) * Q - F$$

其中，EBIT表示息税前利润，S表示销售收入，TV表示变动成本总额，F表示固定成本，P表示单价，Q表示销量，V表示单位变动成本。本量利分析主要包括盈亏平衡分析、目标利润分析、敏感性分析，其中盈亏平衡分析又称为保本点分析，其关系函数模型为：

$$Q_0 = \frac{F}{P - V} = \frac{F}{T_{cm}}$$

其中T_{cm}表示单位边际贡献，Q_0表示保本销售量，则保本销售额=单价×保本销售量。

【例8-3】某企业生产甲产品的单价为10元，单位变动成本为6元，全年固定成本为30 000元，当年生产量为12 000件，计算保本点。

【解】

$$保本销售量 = \frac{30\ 000}{10 - 6} = 7\ 500（件）$$

$$保本销售额 = 10 \times 7\ 500 = 75\ 000（元）$$

（三）边际分析法

边际分析法是指在一组经济变量集合中，通过对诸变量及其相互关系的分析，而进行决策研究的方法，这里主要是研究"增量"，因此也称之为增量分析法。企业经济决策的优化，单从经济的角度来看是使其经济效益达到最大（或亏损最小）。这将涉及两组基本经济变量的分析比较：一组是收入变量，另一组是支出变量。在边际分析中，收入变量与支出变量通常分别用边际收入和边际成本两个指标来表示。边际分析就是研究边际收入与边际成本之间的关系。

边际收入是指当企业的产量增加一个单位时，其总收入的增量。如表 8-1 所示，月产量从 4 000 件增加到 5 000 件时，销售收入增加 78 000 元（510 000 元-432 000 元）。边际成本是指当企业的产量增加一个单位时，其总成本的增量。表 8-1 中月产量从 4 000 件增加到 5 000 件时，导致总成本增加 48 000 元（354 000 元-306 000 元）

表 8-1　某企业产量决策基础表

月产量 /千件	总成本 /千元	边际成本 /千元	总收入 /千元	边际收入 /千元	利润额 /千元
0	60	—	0	—	-60
1	150	90	126	126	-24
2	216	66	240	114	24
3	264	48	342	102	78
4	306	42	432	90	126
5	354	48	510	78	156
6	414	60	576	66	162
7	486	72	630	54	144
8	570	84	672	42	102
9	666	96	702	30	36

运用边际成本法时需要掌握以下两点规律：

（1）当边际成本等于平均成本时，平均成本最低。

（2）当边际成本等于边际收入时，边际利润为零，利润总额最大。

（四）线性规划法

线性规划法是在线性等式或不等式的约束条件下，求解线性目标函数的最大值或最小值的方法。运用线性规划建立数学模型的步骤是：①确定影响目标的变量；②列出目标函数方程；③找出实现目标的约束条件；④找出使目标函数达到最优的可行解，即为该线性规划的最优解。

【例 8-4】某企业生产两种产品，A 产品每台利润 100 元，B 产品每台利润 180 元，有关生产资料如表 8-2 所示，试求企业利润最大时两种产品的产量。

第八章　短期经营决策分析

表 8-2 A、B 产品生产用料

资源名称	单位产品消耗总额		可利用资源
	A 产品	B 产品	
原材料/千克	120	80	2 400
设备/台时	900	300	13 500
劳动力/工时	200	400	10 400

【解】

（1）确定影响目标的变量，企业利润最大时两种产品的产量。

设：X_1 为 A 产品的生产数量；X_2 为 B 产品的生产数量。设 $P(X_i)$ 为企业的利润函数，$i = 1、2$。

（2）列出目标函数方程。

$$MaxP(X_i) = 100 X_1 + 180 X_2$$

（3）找出实现目标的约束条件。

$$120 X_1 + 80 X_2 \leqslant 2\,400$$
$$900 X_1 + 300 X_2 \leqslant 13\,500$$
$$200 X_1 + 400 X_2 \leqslant 10\,400$$
$$X_1 \geqslant 0,\ X_2 \geqslant 0$$

（4）找出使得目标函数达到最优的可行解，即为该线性规划的最优解。

可见，线性规划法主要是解决在实际工作中有很多约束性条件的决策，包含目标函数和若干约束条件两个基本要素。

二、风险型决策分析方法——决策树法

风险型决策是指概率已知的决策，对于此类决策主要运用决策树法。决策树法是一种运用概率与图论中的树对决策中的不同方案进行比较，从而获得最优方案的风险型决策方法。决策树的构成有四个要素：①决策节点；②方案枝；③状态结点；④概率枝，如图 8-1 所示。

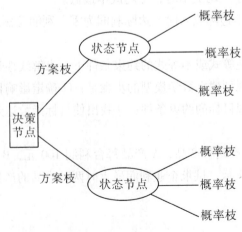

图 8-1 决策树示意图

决策树法以决策节点为出发点，引出若干方案枝，每个方案枝的末端都是一个状态节点，状态节点后，引出若干概率枝，每一个概率枝代表一种状态。就这样，自左而右层层展开，得到如树状的决策方案。

决策树法的决策程序如下：

（1）绘制树状图，根据已知条件排列出各个方案和每个方案的各种自然状态。

（2）将各种状态概率及损益值标于概率枝上。

（3）计算各个方案期望值并将其标于该方案对应的状态结点上。

（4）进行剪枝，比较各个方案的期望值，并标于方案枝上，将期望值小的枝（劣等方案）剪掉，最后所剩下的方案即为最佳方案。

【例8-5】某企业在下年度有甲、乙两种产品方案可供选择，每种方案都面临滞销、一般和畅销三种市场状态。各状态的概率和损益值如表8-3所示。

表8-3　各状态的概率和损益值

损益值方案	滞销	一般	畅销
	20%	30%	50%
甲方案/万元	20	70	100
乙方案/万元	10	50	160

根据给出的条件，运用决策树法选择一个最佳决策方案：

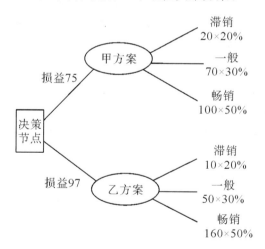

甲方案损益期望值 = 20×20%+70×30%+100×50% = 75 （万元）

乙方案损益期望值 = 10×20%+50×30%+160×50% = 97 （万元）

由于甲方案损益期望值小于乙方案损益期望值，剪掉甲方案枝，所以乙方案为最优方案。

由此可知，决策树法的决策过程就是利用了概率论的原理，并且利用一种树形图作为分析工具。其基本原理是用决策点代表决策问题，用方案分枝代表可供选择的方案，用概率分枝代表方案可能出现的各种结果，经过对各种方案在各种结果条件下损益值的计算比较，为决策者提供决策依据。

1. 决策树法的优点

（1）能展现可出现的各种自然状态，以及各个可行方法在各种不同状态下的期望值；

（2）能直观地显示出整个决策问题在时间和决策顺序上不同阶段的决策过程；

（3）在应用于复杂的多阶段决策时，阶段明显，层次清楚，便于决策机构集体研究，可以周密地思考各种因素，有利于做出正确的决策；

（4）定量、定性分析相结合，方法简单，易于掌握，应用性强，适用范围广。

2. 决策树法的缺点

（1）无法适用于一些不能用数量表示的决策；

（2）对各种方案出现的概率的确定有时主观性较大，容易导致决策失误。

三、不确定型决策分析方法

不确定型决策所处的条件和状态都与风险型决策相似，不同的只是各种方案在未来将出现哪一种结果的概率不能预测，因而结果不确定。不确定型决策的分析方法通常有以下四种：

（一）小中取大法

小中取大法又叫最大最小值收益决策法。这种方法是指在营销决策中，由于不确定因素较多，往往期望利润最大的方案同时也可能是损失最大的方案，因此为了避免较大的风险，主动放弃对最大利润的追求，而选择在最差自然状态下的最大收益值（或者最小损失值）的方案为最佳方案。这里所谓的收益值，在决策分析中是指边际贡献或剩余边际贡献（已扣除专属固定成本）。小中取大法的特点是：从不利情况出发，找出最坏的可能中最好的方案，因此也被称为悲观准则。

【例8-6】某企业在生产过程中要回收一批下脚料，处理方案有三种：

甲方案：拨给本企业下属工厂，售价 3 500 元。

乙方案：直接对外出售，销售情况好可收入 5 000 元，销售情况不好可收入 3 000 元。

丙方案：经本厂辅助生产车间加工后出售（需支付加工费 1 000 元），如销售情况好，可收入 6 500 元，销售情况不好可收入 3 500 元。

综合上述信息，企业应如何做决策？

解：

本例由于概率未知，不可以用决策树法，因此我们选择小中取大法。分析如表8-4所示。

表8-4　小中取大法分析表　　　　　　　　　　单位：元

行动方案	各种状态下收益值		最小收益值
	销售情况好	销售情况差	
甲方案	3 500	3 500	3 500
乙方案	5 000	3 000	3 000
丙方案	5 500	2 500	2 500
小中取大			3 500
最优决策方案			甲方案

可见，小中取大法所要挑选的是最坏情况下的最好结果。

（二）大中取小法

大中取小法又叫最小最大后悔值法，是指在某种确定的自然状态下，必然有一个方案的收益值最大。如恰采用此方案，就不会后悔；如采用其他方案，那么这种自然状态下的最大收益值与该状态下的其他收益之间就有一个差，这个差就是后悔值。按照这种方法找出各个方案在不同自然状态下的最大后悔值，然后选取最大后悔值中的最小者所在的方案为最佳方案。其中后悔值是按各种可能出现的未来状况分别计算的，最优方案的收益值与所采取的方案的收益值之差，称为后悔值。该方法的特点与小中取大法相同，也是从不利情况出发，找出最坏可能中最好的方案，但它着眼于支出损失，因此也称为稳健准则。

【例8-7】某企业中途转运 10 000 包水泥（每包 5 元，共计 50 000 元），需在某地停放 20 天。有以下三种方案：

A 方案：露天存放，则遇小雨要损失 50%，下大雨要损失 70%。

B 方案：租用篷布，每天租金 550 元，遇小雨要损失 20%，下大雨要损失 30%。

C 方案：20 000 元搭临时敞棚，遇小雨没有损失，下大雨要损失 15%。

当地 20 天内的天气情况不明。综合上面信息，企业如何做出决策？

解：

本例同上例一样，由于概率未知，不可以用决策树法，故我们选择大中取小法。分析如表 8-5 所示。

表 8-5　大中取小法分析法

单位：元

行动方案	各种状态下支出值			最大支出值
	不下雨	下小雨	下大雨	
A 方案	0	25 000	35 000	35 000
B 方案	11 000	21 000	26 000	26 000
C 方案	20 000	20 000	27 500	27 500
大中取小				26 000
最优决策方案				B 方案

由此可见，不确定情况下的大中取小法的基本点仍是以各个方案的最不利情况为基础，即从几种不同方案的最大损失中选择最小的损失。

（三）最大后悔值最小化法

最大后悔值最小化法又称为萨维奇准则，它是小中取大法和大中取小法的演化，是指找出同一状态下最大收益值方案与所选方案收益值的后悔值，然后从各方案在各状态下的最大后悔值中选择最小后悔值方案作为最优决策方案。

【例8-8】仍依【例8-6】中的数据，利用最小最大后悔值法分析，如表 8-6 所示。

表 8-6　最小最大后悔值法分析表　　　　　　单位：元

行动方案	各种状态下后悔值			最大后悔值
	不下雨	下小雨	下大雨	
A 方案	0	5 000	9 000	9 000
B 方案	11 000	1 000	0	11 000
C 方案	20 000	0	1 500	20 000
大中取小				9 000
最优决策方案				A 方案

在不下雨的情况下，选择 A 方案，不后悔，则 A 方案在不下雨的情况下的后悔值为 0，相应的 B 方案和 C 方案的后悔值分别为其支出与 A 方案支出的差额。在下小雨的情况下，C 方案的支出最小，选择 C 方案不后悔，其后悔值为 0，相应的 A、B 方案的后悔值为其支出与 C 方案支出的差额。在下大雨的情况下，B 方案的支出最小，选择 B 方案的后悔值为 0，A、C 方案的后悔值为其支出与 B 方案之间的差额。

（四）大中取大法

大中取大法也称为乐观法，其思想基础是对客观情况持乐观态度，从最好的客观情况出发去寻找预期结果最好的方案。由于客观情况千变万化，往往不以人们的主观意志为转移，所以这种决策方法带有较大的冒险性。

【例 8-9】仍依【例 8-7】中的数据，利用大中取大法分析如表 8-7 所示。

表 8-7　大中取大法分析表　　　　　　单位：元

行动方案	各种状态下收益值		最大收益值
	销售情况好	销售情况差	
甲方案	3 500	3 500	3 500
乙方案	5 000	3 000	5 000
丙方案	5 500	2 500	5 500
小中取大			5 500
最优决策方案			丙方案

可见，大中取大法是从各种决策方案中取一个最大的收益值，再从各个收益值最大的方案中，选取其中收益值最大的作为最优方案。

第四节　产品生产决策分析

企业在生产经营中首先遇到的问题是生产什么？生产多少？只有解决了这些问题，企业才能进一步研究怎样组织生产的问题。这些问题可以采用经营决策的方法精心分析、解决。生产经营决策主要包括以下内容：

一、生产何种产品决策

如果企业有剩余生产能力可供使用，在有几种新产品可供选择，而每一种新产品都不需要增加专属固定成本时，哪种新产品创造的边际贡献总额最大，该产品将为企业带来的利润就最多，该方案就为最优的方案。

【例8-10】某公司具备利用数量有限的甲材料开发一种新产品的生产能力。现有A产品，预计单价为200元/件，单位变动成本为160元，单位产品消耗甲材料定额为10千克；B产品的预计单价为100元/台，单位变动成本为70元/台，单位产品消耗甲材料定额为6千克/台。假设开发新产品不需要追加专属固定成本，请问该公司应当开发何种新产品？

【解】

根据资料，计算各产品单位资源边际贡献。

开发A产品时：单位资源边际贡献=（200-160）/10=4（元/千克）

开发B产品时：单位资源边际贡献=（100-70）/6=5（元/千克）

根据计算结果可知，开发B产品更有利。

二、新产品开发决策

新产品开发决策是指可以利用企业现有的剩余生产能力来开发某种在市场上有销路的新产品，而且已经掌握可供选择的多个新产品方案的有关资料。这种决策可以按照是否涉及追加专属成本分两种情况讨论。

（一）不追加专属成本的决策

在新产品开发的决策中，如果企业有剩余的生产能力可供使用，或者可以利用过时老产品腾出来的生产能力，在有几种新产品可供选择而每种新产品都不需要增加专属固定成本时，就可以用边际贡献总额或单位资源边际贡献法来进行决策。

【例8-11】某公司利用剩余生产能力，可以用于开发新产品，现有A、B两种产品可供选择。A产品的预计单价为100元/件，单位变动成本为80元/件，单位产品工时定额为5工时/件；B产品的预计单价为50元/件，单位变动成本为35元/件，单位产品工时定额为3工时/件。开发新产品不需要追加专属成本，如果公司现有剩余生产能力为30 000工时，企业应开发何种新产品？

【解】

本例中，由于公司是利用现有生产能力生产新产品，固定成本属于无关成本，与决策分析没有关系，可以不予考虑，因此应采用贡献毛益总额分析法，通过计算每种产品提供的贡献毛益总额的大小作为选择的依据，如表8-8所示。

表8-8 不追加专属成本的决策分析

项目	A产品	B产品
最大产量/件	6 000	10 000
销售单价	100	50

表8-8(续)

项目	A产品	B产品
单位变动成本	80	35
单位贡献毛益	20	15
贡献毛益总额	120 000	150 000

表中的计算表明，尽管B产品单位产品的获利能力比较低，但是由于其工时消耗也低，产品生产总量多，为公司提供的贡献毛益总额也就多，因此公司应选择生产B产品。

（二）追加专属成本的决策

当新产品开发的决策方案中涉及追加专属成本时，在使用单位资源边际贡献和边际贡献总额分析法时，应注意采用剩余边际贡献总额来进行决策，或考虑使用差量分析法进行决策。

【例8-12】开发新产品A和新产品B的相关产销量、单价与单位变动成本等资料同【例8-11】，但假定开发过程中需要装备不同的专用设备，分别需要追加专属成本10 000元和50 000元。企业应开发哪种新产品？

【解】

本例中，由于公司是利用现有生产能力在两种新产品中选择一种产品进行生产，并且需要增加专属固定成本，因此可以采用差量损益分析法进行分析。差量损益分析如表8-9所示。

表8-9　差量损益分析法　　　　　　　　单位：元

	A产品	B产品	差异额
相关收入	600 000	500 000	100 000
相关成本	490 000	400 000	90 000
其中：增量成本	480 000	350 000	—
专属成本	10 000	50 000	—
差量损益			10 000

可见，评价指标差量损益为10 000元，大于0，可以据此判定应当开发生产A产品，这样可以使企业多赚10 000元。

三、亏损产品的决策

亏损产品的决策，是指企业在组织多品种生产经营的条件下，当其中一种产品为亏损产品（其收入低于按完全成本法计算的销货成本）时，所做出的是否按照原有规模继续生产，或是按照扩大的规模生产该亏损产品的决策。对于亏损产品，绝不能简单地予以停产，必须综合考虑企业各种产品的经营状况、生产能力的利用及有关因素的影响，采用变动成本法进行分析后，再做出停产、继续生产、转产或增产的决策。

（一）亏损产品是否继续生产的决策

某种产品发生亏损，是企业常会遇到的问题。亏损产品是否停产？如果我们按照完全成本法来进行分析，答案似乎很简单：既然产品不能为企业带来盈利，当然应当停产。但是，如果我们按照变动成本法来进行分析，往往会得出相反的结论。由于亏损产品是否停产的决策并不影响企业的固定成本总额，因此这类决策问题一般采用贡献毛益分析法进行分析。

【例8-13】某公司2020年产销甲、乙、丙三种产品，年终按照完全成本法计算出三种产品的成本与其的销售收入相抵后：甲产品获利5 000元，乙产品亏损2 000元，丙产品获利1 000元，全公司净利润合计为4 000元。假定三种产品的销售量、销售单价及成本资料如表8-10所示，试分析是否应该继续生产亏损的乙产品。

表8-10　是否继续生产乙产品分析表

摘要	甲产品	乙产品	丙产品
销售量/件	1 000	500	400
销售单价/（元/件）	20	60	25
单位变动成本/元	9	46	15
固定成本总额/元	（按各产品销售比例分摊）18 000		

根据资料计算生产乙产品和不生产乙产品的边际贡献及净利润，如表8-11、表8-12所示。

表8-11　继续生产乙产品的边际贡献及净利润计算表　　　　单位：元

产品名称	甲产品	乙产品	丙产品	合计
销售收入总额	20 000	30 000	10 000	60 000
变动成本总额	9 000	23 000	6 000	38 000
边际贡献总额	11 000	7 000	4 000	22 000
固定成本总额	6 000	9 000	3 000	18 000
利润总额	5 000	-2 000	1 000	4 000

表8-12　停产乙产品的边际贡献及净利计算表　　　　单位：元

产品名称	甲产品	丙产品	合计
销售收入总额	20 000	10 000	30 000
变动成本总额	9 000	6 000	15 000
边际贡献总额	11 000	4 000	15 000
固定成本总额	12 000	6 000	18 000
利润总额	-1 000	-2 000	-3 000

从上表计算结果可以看出，生产乙产品时企业盈利4 000元，停产乙产品企业反而亏损3 000元，所以应当继续生产乙产品。

由此我们可以得出结论：当亏损产品仍能为企业带来贡献毛益时，在停止其生产又不能增加其他产品的生产或转产新产品的情况下，亏损产品就应继续生产。

（二）亏损产品是否转产的决策

如果亏损产品停产后，其剩余的生产能力可以用来转产其他产品，只要转产产品提供的贡献毛益总额大于亏损产品提供的贡献毛益总额，就可以进行转产。

【例8-14】依【例8-13】资料，假定该公司停止生产乙产品后可将生产能力转产丁产品，丁产品销售单价为200元，单位变动成本为150元。通过市场销售预测，丁产品一年可产销400件。转产丁产品需要追加机器设备投资10 000元。试分析是否应停产乙产品而转产丁产品？

根据资料计算丁产品的剩余边际贡献总额。

丁产品剩余边际贡献总额=销售收入-变动成本-专属固定成本

$$=400×（200-150）-10 000=10 000（元）$$

通过计算可知，丁产品提供的剩余边际贡献额10 000元大于乙产品提供的边际贡献额7 000（30 000-23 000）元，说明转产丁产品比继续生产乙产品更有利，所以公司应该停产乙产品而转产丁产品。

（三）亏损产品是否增产的决策

在生产、销售条件允许的情况下，大力发展能够提供边际贡献的亏损产品也会扭亏为盈，并使企业的利润大大增加。是否适当增产亏损产品可以分以下三种情况来考虑：

（1）企业已经具备增产能力且该能力无法转移时，只要亏损产品的边际贡献大于零，就可以增产。

（2）企业已经具备增产能力且该能力可以转移时，只要亏损产品的边际贡献大于机会成本，就可以增产。

（3）企业尚不具备增产亏损产品的能力时，只要亏损产品的边际贡献大于专属成本，就可以增产。

（4）半成品工或立即销售的决策

生产的半成品一般会面临进一步加工或立即出售的选择，我们通过一道例题来进行理解。

【例8-15】某企业对1 500千克材料进行加工，可以同时生产出甲品900千克和乙品600千克，其联合成本为5 000元。甲产品需要进一步加工后再进行出售，每加工1千克需要追加加工费1.5元；加工后再以每千克6元出售。乙产品无须加工，立即以每千克3元出售。

假设乙产品发现新市场，为适应新市场的要求，乙产品必须进一步加工，其追加费用每千克0.5元，进一步加工后单位售价4元，则乙产品是否应该继续加工？

根据资料，分别分析乙产品立即出售和继续加工后再出售的损益，如表8-13、表8-14所示。

表 8-13　立即出售乙产品的损益情况表　　　　　　单位：元

项目	甲产品	乙产品	合计
销售收入	5 400	1 800	7 200
进一步加工成本	1 350	0	1 350
扣减联合成本前的毛益	4 050	1 800	5 850
减：联合成本			5 000
利润			850

继续加工乙产品再出售，每千克乙产品追加收入 1（4−3）元，每千克乙产品追加成本 0.5 元，故每千克乙产品加成本 0.5 元。

表 8-14　继续加工乙产品再出售的损益情况表　　　　　　单位：元

	甲产品	乙产品	合计
销售收入	5 400	2 400	7 800
进一步加工成本	1 350	300	1 650
扣减联合成本前的毛益	4 050	2 100	6 150
减：联合成本			5 000
利润			1 150

可见，进一步加工乙产品再出售比立即出售乙产品能多获得利润 300（1 150−850）元，故应该继续加工乙产品。

五、零部件自制或外购的决策

自制或外购的决策是指企业围绕既可自制又可外购的零部件的取得方式而展开的决策。企业生产产品所需要的零部件，是自己组织生产还是从外部购进，这是任何企业都会遇到的决策问题。而这类决策通常只需要考虑自制方案和外购方案的成本高低，可根据不同情况分别采用差量分析法和本量利分析来进行决策。需要指出的是，无论零部件是自制还是外购，并不影响产品的销售收入，只需要考虑两个方案的成本，哪个方案的成本低则选择哪个方案。

（一）需求量确定时自制还是外购的决策

1. 零部件自制不需要增加固定成本且自制能力无法转移

在企业已经具备的自制能力无法转移的情况下，原有的固定成本属于沉没成本，不会因零部件的自制或外购而发生变动。因此，在这项决策分析中，只须将自制方案的变动成本与外购成本进行比较。如果自制变动成本高于外购成本，则应该外购；如果自制变动成本低于外购成本，则应该自制。

【例 8-16】某企业每年需要用 A 零件 100 000 件，该零件可以自制也可外购，若外购，则每件单价为 40 元；若自制，企业则拥有多余的生产能力且无法转移，其单位成本如表 8-15 所示。

表 8-15　自制 A 零件单位成本表　　　　　　　　　　单位：元

直接材料	30
直接人工	6
变动制造费用	3
固定制造费用	5
单位变动成本合计	44

试分析该企业应该自制还是外购 A 零件。

根据题意，由于企业拥有多余的生产能力，固定成本属于无关成本，不需要考虑，自制单位变动成本为 39（44-5）元，小于外购单价 40 元，则该企业应该选择自制 A 零件。

2. 零部件自制不需要增加固定成本且自制能力可以转移

在自制能力可以转移的情况下，自制方案的相关成本除了包括按零部件全年需求量计算的变动生产成本外，还包括与自制能力转移有关的会计成本，这种情况无法通过直接比较单位变动生产成本与外购单价做出决策，而必须采用差量分析法。

【例 8-17】仍依【例 8-16】资料，假定自制 A 零件的生产能力可以转移，每年预计可以获得贡献毛益 1 000 000 元。请分析 A 零件应该自制还是外购。

根据题意，编制相关损益分析表如表 8-16 所示。

表 8-16　相关损益分析表

项目	自制	外购
变动成本/元	3 900 000	4 000 000
机会成本/元	1 000 000	0
相关成本合计/元	4 900 000	4 000 000

可见，该企业应该选择外购 A 零件，可节约成本 900 000 元。

3. 零部件自制但需要增加固定成本

当自制零部件时，如果企业没有多余的生产能力或多余生产能力不足，就需要增加固定成本以购置必要的机器设备。这种情况下自制零部件的成本就不仅仅包括变动成本，而且还包括增加的固定成本。由于单位固定成本是随产量呈反比例变动的，因此对于不同的需求量，决策分析的结论就可能不同。

【例 8-18】某企业年产 A 产品 2 000 台，每台需要甲零件一件，甲零件的自制单位成本为 164 元，包括直接材料 65 元，直接人工 50 元，变动制造费用 25 元，分摊共同固定制造费用 24 元。甲零件的外购单价为 155 元（包括购货价格、运费等）。

假设企业尚不具备生产甲零件的能力，若自制，则需要投入有关设备，增加专属成本 27 000 元，试作出该企业所需的甲零件是自制还是外购的决策。

【解】

甲零件的自制变动成本 = 2 000×（65+50+25）= 280 000（元）

甲零件的自制专属成本 = 27 000（元）

甲零件自制的总成本 = 280 000+27 000 = 307 000 （元）

甲零件外购成本 = 2 000×155 = 310 000 （元）

自制与外购的差量成本 = 307 000−310 000 = −3 000 （元）

根据计算结果可知，自制与外购相比，可以节约 3 000 元，因此应采用自制方案。

（二）需求量不确定时自制还是外购的决策

在这种情况下，可采用本量利分析法进行决策。此法要求各方案的业务量单位必须相同，方案之间的相关固定成本水平与单位变动成本水平恰好互相矛盾，即第一方案的相关固定成本大于第二方案的相关固定成本，而第一方案的单位变动成本有恰恰小于第二方案的单位变动成本，否则无法应用该方法。

【例 8-19】某企业需要的 B 零件可以外购，单价为 60 元；若自制单位变动成本为 24 元，每年还需增加固定成本 45 000 元。试分析 B 零件是自制还是外购。

由于本例零部件的需求量不确定，因此需要采用本量利分析法。

设：x_0 为成本平衡点的业务量，自制方案的总成本为 y_1，固定成本为 a_1，单位变动成本为 b_1；外购方案的总成本为 y_2，固定成本为 a_2，单位变动成本为 b_2。则有

$$y_1 = a_1 + b_1 x = 4\ 500 + 24x$$

$$y_2 = 60$$

令 $y_1 = y_2$，求得 $x_0 = 1\ 250$ （件）

说明：当零部件需求量为 1 250 件时，外购总成本与自制总成本相等，可选择外购也可选择自制；当零部件的需求量在 1 250 件以内时，外购总成本低于自制总成本，应当选择外购方案；当零部件需求量超过 1 250 件时，自制总成本低于外购总成本，应当选择自制方案。

六、特种订货的决策

特种订货是指产品的订货单价不但低于产品的正常订货价格，有时还低于产品的单位成本的订货。这里所说的正常订货是指已纳入年度生产经营计划的订货，又称正常任务，其售价为正常价格。追加订货通常是指在计划执行过程中，由外单位临时提出的额外订货任务。是否接受特殊订货，主要取决于特殊订货提供的贡献毛益在补偿追加的专属成本后能否为企业提供一定数额的盈利。若特殊订货能够为企业提供一定的盈利，就应接受特殊订货。

【例 8-20】某公司生产 A 产品，年生产能力为 200 000 件，产品销售单价为 60 元，其单位成本资料为 46 元。公司尚有 20% 的生产能力未被利用，公司可以继续接受订货。现有一客户要求订货 30 000 件，所提订货单价为 45 元，且对产品性能有特殊要求，公司为此需购置一台专用设备，价值 10 000 元。试分析企业是否应接受这一订货。

【解】

按照传统财务会计的分析方法，这一特殊订货的单价为 45 元，不但低于正常销售单价（60 元），而且还低于单位成本（46 元）。这就是说，公司每销售一件要亏损 1 元，接受 30 000 件订货要发生亏损 30 000 元，加上购置专用设备还要支出 10 000 元，公司总共要亏损 40 000 元。因此，这项订货不能接受。而按照成本管理会计的分析方法，

必须将企业的成本划分为变动成本和固定成本，与这项决策有关的成本只是变动成本，原有的固定成本属于无关成本，不论是否接受这项订货，都会照样发生，可以不必考虑。因此，按照特殊订货决策分析的基本模型，只要该项订货能够为企业提供一定的贡献毛益、补偿追加的专属成本支出后尚有一定的余额，这项订货就可以接受。

由此可见，进行特殊订货的决策分析，关键是要使特殊订货提供的贡献毛益总额大于其追加的专属成本总额，使企业有利可图。除了这个最基本的条件之外，是否接受特殊订货还必须满足下列条件：

（1）企业要有剩余的生产能力，若接受特殊订货，固定成本不需增加或很少增加；若不接受特殊订货，剩余生产能力不能转移，否则需要考虑机会成本问题。

（2）企业的产品没有更好的销路，只能按照特殊订货单价出售。

（3）企业接受特殊订货，不能影响原有产品的正常销售；若影响正常销售，需要考虑机会成本问题。

七、不同工艺加工的决策

企业对同一种产品或零件采用不同的工艺方案进行加工，其成本往往有很大差异。采用先进的工艺方案，产量和质量都能得到大幅提升，但是由于需要使用相对高端的设备等，其单位变动成本可能会较低，但固定成本往往较高。相应地，如果使用较为落后的工艺方案，往往只需要使用普通设备，其单位变动成本可能较高，而固定成本则较低。我们知道，单位产品中的固定成本是与产量呈反比例关系的，因此，当产量较大时，一般采用先进工艺较为有利；而当产量较小时，则采用落后的工艺较为经济。由此可见，不用工艺方案的决策，必须同产品加工批量的大小联系起来进行分析研究，即采用本量利分析法，先确定其成本分界点，然后才能做出正确的决策。方法应用类似于【例 8-20】。

八、设备购置、更新的决策

设备购置、更新是指决定继续使用旧设备还是购买新设备的一种决策，如果购买新设备，旧设备将以市场价格出售。通常，根据新旧设备的未来使用寿命是否相同，可以采用两种不同的方法来进行决策分析：当新旧设备未来使用期限相等时，可采用差额分析法，先求出对应项目的现金流量差额，再用净现值法或内含报酬率法对差额进行分析、评价；当新旧设备的投资寿命期不相等时，则分析时主要采用平均年成本法，以年成本较低的方案作为较优方案。

（一）新旧设备使用寿命相同的更新决策

在未来使用期相同的情况下，一般普遍运用的分析方法是差额分析法，用以计算两个方案（购置新设备和继续使用旧设备）的现金流量之差以及净现值差额，如果净现值差额大于零，则购置新设备，否则继续使用旧设备。

（二）新旧设备使用寿命不相同的更新决策

固定资产的平均年成本是指该资产引起的现金流出的年平均值。如果不考虑时间价值，它是未来使用年限内的现金流出总额与使用年限的比值；如果考虑货币的时间价值，它是未来使用年限内现金流出总现值与年金现值系数的比值，即平均每年的现金流出。采用平均年成本法进行更新决策时，通过比较继续使用和更新后的平均年成本，以较低者为较好的方案。

第五节　定价决策分析

　　定价决策是指企业为实现其定价目标而科学合理地确定商品的最合适价格。影响定价决策的基本因素有：成本因素、市场需求、产品的市场生命周期、政策法规、竞争状况、科学技术和相关工业产品的产销量。定价基础一是以成本为基础制定可行价格，弄清在完全成本、变动成本、边际成本及临界成本条件下的价格制定方法和各种方法优缺点；二是以供求规律为基础制定的最优价格，在价格与销量具备连续函数的条件下，运用极值法原理通过求导确定最优价格；在价格与销量不具备连续函数的条件下，运用边际收入等于或接近于边际成本时利润最大来确定最优价格。

　　定价决策的程序主要有：

　　（1）全面考察、分析企业的定价环境。要合理定价首先需要对企业定价的内、外部环境的有关信息进行收集、整理、分析，以有利于科学的定价决策。

　　（2）确定企业定价目标。根据企业经营总目标以及企业定价的环境因素，选择、确定企业的定价目标。明确了定价的目标，才能有针对性地合理定价。比如企业的目标是薄利多销，则需要相应将价格定低一些；如果企业的目标是将产品定位为高端市场，则需要将价格定高一些。

　　（3）选择企业定价策略。所谓企业定价策略是指企业为实现战略总目标和企业定价目标所采取的具体行动指南。

　　（4）选择企业定价方法。企业定价方法是指企业根据对产品成本、利润、产量、质量、供求、竞争等一系列因素的考察，在定价目标的指导下，对产品价格进行计算的具体方法。

　　（5）确定产品价格。确定产品价格即产品价格决策的核心，是将企业定价目标、定价策略、定价方法付诸实施的最终结果。

　　（6）调整产品价格。在产品销售价格实现过程中，企业应根据市场环境的变化，及时调整价格，促进和扩大销售，提高竞争能力，提高经济效益。

　　定价决策涉及的范围较大，采用的方法也很多，按照定价决策所考虑的主要因素为标志，可将定价决策方法分为成本导向定价法、需求导向定价法和竞争导向定价法三类。

一、成本导向定价法

　　以产品单位成本为基本依据，再加上预期利润来确定价格的成本导向定价法，是中外企业最常用、最基本的定价方法。

（一）成本加成定价法

　　在这种定价方法下，把所有为生产某种产品而发生的耗费均计入成本的范围，计算单位产品的变动成本，合理分摊相应的固定成本，再按照一定的目标利润率来决定价格。其计算公式如下：

$$单位产品价格 = 单位的产品总成本 \times (1 + 目标利润率)$$

成本加成定价法的程序为：

第一步：估计单位产品的变动成本（如直接材料费，直接人工费等）。

第二步：估计固定费用，然后按照预期产量分摊到单位产品上去，加上单位变动成本，求出全部成本。

第三步：在全部成本上加上按目标利润率计算的利润额，即得出价格。

采用成本加成定价法，确定合理的成本利润率是关键，而成本利润率的确定，必须考虑市场环境、行业特点等多种因素。这种方法的优点在于：简化了定价工作，便于经济核算，且价格竞争较少，在成本加成的基础上制定出来的价格对买方和卖方来说都比较公平。

（二）目标收益定价法

目标收益定价法又称目标利润定价法，或投资收益率定价法。它是在成本的基础上，按照目标收益率的高低计算的方法。其计算步骤如下：

1. 确定目标收益率

目标收益率可表现为投资收益率、成本利润率、销售利润率、资金利润率等多种不同方式。

2. 确定目标利润

由于目标收益率表现形式的多样性，目标利润的计算也不同，其计算公式为

$$目标利润 = 总投资额 \times 目标投资利润率$$
$$目标利润 = 总成本 \times 目标成本利润率$$
$$目标利润 = 销售收入 \times 目标销售利润率$$
$$目标利润 = 资金平均占用率 \times 目标资金利润率$$

3. 计算售价

售价的计算公式如下：

$$售价 = （总成本 + 目标利润）\div 预计销售量$$

目标收益定价法的优点是可以保证企业既定目标利润的实现。这种方法一般用于在市场上具有一定影响力的企业、市场占有率较高或具有垄断性质的企业。但与成本加成定价法相类似，目标收益定价法也是一种生产者导向的定价方法，很少考虑到市场竞争和需求的实际情况，只是从保证生产者利益出发指定价格。另外，先确定产品销量，再计算产品价格的做法完全颠倒了价格与销量的因果关系，把销售堪称是价格的决定因素，这在实际工作中很难行得通。尤其是对于那些价格弹性较大的产品，用这种方法制定出来的价格，无法保证销量的必然实现，那么预期的投资回收期和目标收益也就很难实现。

（三）边际成本定价法

边际成本定价是指增加单位产量所引起的总供给成本的增加量，其一般分为短期边际成本和长期边际成本。边际成本定价是这样一种定价规则，厂商或国有企业使得价格

等于边际成本。边际成本定价法也叫边际贡献定价法，该方法以变动成本作为定价基础，只要定价高于变动成本，企业就可以获得边际收益（边际贡献），用以抵补固定成本，剩余即为盈利。

一般而言，产品的单位成本由单位变动成本和单位固定成本两部分组成。由于单位变动成本随着产量的增加保持不变，单位固定成本在一定数量限度内随着产量的增加而递减，所以产品的单位成本也随着产量的增加而递减，从而使边际成本随着产量增加而下降，这就是规模效应。当产量超过一定限度时，总的固定成本就会递增，单位固定成本也会随着产量的增加而增加，边际成本也随着产量的增加而递增。

当增加一个单位产量所增加的收入（边际收入）高于边际成本时，对企业来说是划算的；反之就不划算。所以只要边际收入高于边际成本，即使低于总的平均单位成本，也会增加利润或减少亏损。

（四）盈亏平衡定价法

在销量既定的条件下，企业产品的价格必须达到一定的水平才能做到盈亏平衡、收支相抵，此时的销量就称为盈亏平衡点，这种制定价格的方法就叫作盈亏平衡定价法。科学地预测销量和已知固定成本、变动成本是盈亏平衡定价的前提。以盈亏平衡点确定价格只能使企业的生产耗费得以补偿，而不能得到收益。因此，在实际中通常将保本下盈亏平衡点的价格作为最低限度，而将加上目标利润后的保利下盈亏平衡点的价格作为市场最终定价。在此方法下，为了确定价格可利用如下公式：

（1）保本定价公式

$$保本下盈亏平衡点价格 = \frac{固定成本 + 变动成本}{保本量 \times (1 - 销售税率)}$$

（2）保利定价公式

$$保利下盈亏平衡点价格 = \frac{目标利润 + 固定成本 + 变动成本}{销售量 \times (1 - 销售税率)}$$

【例 8-21】某企业生产甲产品，固定成本为 40 000 元，单位变动成本为 5 元，销售税率为 10%，预计销售 50 000 件。要求：①确定甲产品保本的盈亏平衡点价格；②若该企业的目标利润为 60 000 元，确定甲产品保利的盈亏平衡点价格。

解：

（1）根据资料，甲产品保本的盈亏平衡点价格 $= \dfrac{40\,000 + 5 \times 50\,000}{50\,000 \times (1 - 10\%)} \approx 6.45$（元/件）

（2）根据资料，甲产品保利的盈亏平衡点价格 $= \dfrac{60\,000 + 40\,000 + 5 \times 50\,000}{50\,000 \times (1 - 10\%)} \approx$ 7.78（元/件）

二、需求导向定价法

根据市场需求状况和消费者对产品的感觉差异来确定价格的方法叫作需求导向定价法，又称"市场导向定价法""顾客导向定价法"。需求导向定价是企业以消费者对产品价值感知为出发点的定价思路。其目标是最大限度获取消费者的理解和需求。具体方法有：

（一）逆向定价法

逆向定价法也称为市场可销价格倒推法，这种定价方法主要不是考虑产品成本，而是依据消费者能够接受的最终销售价格，逆向推算出中间商的批发价和生产企业的出厂价格，其计算公式如下：

$$批发价格 = 市场可销价格 \times (1 - 批零差率)$$
$$出厂价格 = 批发价格 \times (1 - 销进差率)$$
$$= 市场可销价格 \times (1 - 销进差率) \times (1 - 批零差率)$$

逆向定价法的特点是：价格能反映市场需求情况，有利于加强与中间商的良好关系，保证中间商的正常利润，使产品迅速向市场渗透，并可根据市场供求情况及时调整，定价比较灵活。

（二）理解价值定价法

所谓"理解价值"也称"感受价值""认知价值"，是指消费者对某种产品价值的主观判断。理解价值定价法是指企业以消费者对产品价值的理解度为定价依据，运用各种营销策略，影响消费者对产品价值的认知，形成对企业有利的价值观念，再根据产品在消费者心目中的价值来制定价格。该定价法的关键在于企业要正确估计和判断消费者理解的相对价值，为此应搞好市场销售调研，找到准确的市场理解价值。

把买方的价值判断与卖方的成本费用相比较，定价时更应侧重考虑前者。因为消费者购买商品时总会在同类商品之间进行比较，选购那些既能满足其消费需要，又符合其支付标准的商品。消费者对商品价值的理解不同，会形成不同的价格限度。这个限度就是消费者宁愿付货款而不愿失去这次购买机会的价格。如果价格刚好定在这一限度内，消费者就会顺利购买。

为了加深消费者对商品价值的理解程度，从而提高其愿意支付的价格限度，零售店定价时首先要搞好商品的市场定位，找到本企业商品与市场上同类商品的差异，突出商品的特征，并综合运用这种营销手段，加深消费者对商品的印象，使消费者感到购买这些商品能获得更多的相对利益，从而提高他们接受价格的限度，零售店则据此提出一个可销价格，进而估算在此价格水平下商品的销量、成本及盈利状况，最后确定实际价格。

（三）需求差异定价法

所谓需求差异定价法，是指产品价格的确定以需求为依据，首先强调适应消费者需求的不同特性，而将成本补偿放在次要的位置。对于需求差异定价法，同一产品的价格差异并不是因为产品成本的不同而引起的，而主要是由于消费者需求的差异所决定的。这种定价方法，对同一商品在同一市场上制定两个或两个以上的价格，或使不同商品价格之间的差额大于其成本之间的差额。其好处是可以使企业定价最大限度地符合市场需求，促进商品销售，有利于企业获取最大的经济效益。

这种价格差异的基础是：顾客需求、顾客的购买心理、产品样式、地区差别以及时间差别等，采用这种方法定价，一般是以该产品的历史定价为基础，根据市场需求变化的具体情况，在一定幅度内变动价格。这种方法的具体实施通常有四种方式：

1. 基于顾客差异的差别定价

这是根据不同消费者的消费性质、消费水平和消费习惯等差异，制定不同的价格。如会员制下的会员与非会员的价格差别；学生、教师、军人与其他顾客的价格差别；新老顾客的价格差别；国外消费者与国内消费者的价格差别等，可以根据不同的消费者群体的购买能力、购买目的、购买用途的不同，制定不同的价格。

2. 基于不同地理位置的差别定价

由于地区间的差异，同一产品在不同地区销售时，可以制定不同的价格。例如班机与轮船上由于舱位对消费者的效用不同而价格不一样；电影院、戏剧院或赛场由于观看的效果不同而价格不一样。

3. 基于产品差异的差别定价

质量和规格相同的同种产品，虽然成本不同，但企业在定价时，并不根据成本不同按比例定价，而是按外观和式样不同来定价。这里定价所考虑的真正因素是不同外观和式样对消费者的吸引程度。比如说，营养保健品中的礼品装、普通装及特惠装三种不同的包装，虽然其产品内涵和质量一样，但价格往往相差很大。

4. 基于时间差异的差别定价

在实践中我们往往可以看到，同一产品在不同时间段里的效用是完全不同的，顾客的需求强度也是不同的。在需求旺季时，商品需求价格弹性较低，可以提高价格；在需求淡季时，价格需求弹性较高，可以采取降低价格的方法吸引更多顾客。

三、竞争导向定价法

竞争导向定价法是指企业对竞争对手的价格保持密切关注，以对手的价格作为自己产品定价的主要依据。当然，这并不意味着保持一致，而是指企业可以根据对手的价格制定出高于、低于或相同的价格。具体方法有：

（一）随行就市定价法

随行就市定价法，是指企业根据市场竞争格局，一般采用行业领导者价格或行业平均价格。参考行业定价是竞争导向定价法中最普遍的一种定价法。平均价格水平在人们的观念中常被认为是"合理价格"，易为消费者所接受；试图与竞争者和平相处，避免激烈竞争产生的风险；一般能为零售店带来合理、适度的盈利。随行就市定价法适用于竞争激烈的同质商品，如大米、面粉、食油以及某些日常用品的价格确定。但需注意的是，此法要求企业的生产成本与行业平均成本大致接近。

在垄断竞争和完全竞争的市场结构条件下，任何一家企业都无法凭借自己的实力而在市场上取得绝对的优势，为了避免恶意竞争特别是价格竞争带来的损失，大多数企业都采用随行就市定价法。此外，采用随行就市定价法，企业就不必去全面了解消费者对不同价差的反应，从而为营销、定价人员节约时间成本。

（二）产品差别定价法

产品差别定价法是指企业通过不同的营销努力，使同种同质的产品在消费者心目中树立起不同的产品形象，进而根据自身特点，选取低于或高于竞争者的价格作为本企业产品价格。因此，产品差别定价法是一种进攻性的定价方法。

产品差别定价法的运用，首先要求企业必须具备一定的实力，在某一行业或某一区域市场占有较大的市场份额，消费者能够将企业产品与企业本身联系起来。其次，在质量大体相同的条件下实行差别定价是有限的，尤其是对于定位为"质优价高"形象的企业来说，必须支付较高的广告、包装和售后服务方面的费用。因此，从长远来看，企业只有通过提高产品质量，才能真正赢得消费者的信任，才能在竞争中立于不败之地。

（三）密封投标定价法

在国内外，许多大宗商品、原材料、成套设备和建筑工程项目的买卖和承包，以及征招经营协作单位、出租出售小型企业等，往往采用发包人招标，承包人投标的方式来选择承包者，确定最终承包价格。一般来说，招标方只有一个，处于相对垄断地位，而投标方有多个，处于相互竞争的地位。标的物的价格由参与投标的各个企业在相互独立的条件下确定。在买方招标的所有投标者中，报价最低的投标者通常中标，他的报价就是承包价格。这样一种竞争性的定价方法就称为密封投标定价法。

运用这种方法，最大的困难在于估计中标概率，主要的方法有一般对手法和具体对手法。首先要尽可能多地收集投标项目和竞标对手的信息，通过对中标概率的历史数据的统计分析，估算竞标对手高于某一价格的概率，计算本公司赢得标的的概率。

第六节　存货决策分析

存货是企业为销售或经过一定加工过程之后进行销售而储存的各种资产，在制造企业存货通常包括材料、包装物、低值易耗品、在产品和库存商品等。存货是企业的重要资产，大部分企业通常都会持有一定数量的存货，目的是保证生产的不间断和销售的批量化和经常化，减少机会损失等。但是存货会占用资产，影响资金的周转，增加仓储、保险和管理费用，还可能发生各种存货损失，因而增加了经营风险。为避免出现存货不足或存货过多的状况，必须对存货的数量和价值加以适当的规划与控制，采用科学的方法做好存货决策。

存货决策指在保证生产和销售正常进行的前提下，选择存货成本低、效率高的最优存货方案。存货决策主要对订货方式和订货批量进行决策。前者是对定期与定量两种订货方式的选择，即在事先确定订货时间，然后确定订货数量或是事先确定订货点，待存货降到订货点时再提出订货时间进行选择。后者是对经济订货量、订货批数及订货点进行选择。存货决策的目标，是存货占用资金得到最经济、合理的利用，并对存货实施有效控制。

一、存货的相关成本

存货成本是存货在订货、购入、储存过程中所发生的各种费用，以及存货短缺造成的经济损失。它一般包括：

（一）购置成本

购置成本指购买货物、取得货物所有权所花费的费用，通常包括货物的买价、运杂费、装卸费、保险费、相关税费等。购置成本主要取决于购货数量和单位购置成本两个因素。

（二）订货成本

订货成本指订购货物所发生的有关费用，包括采购部门费用、订货过程中的文件处理费、邮电费等。可用一定的方法将订货成本分为变动性订货成本和固定性订货成本两部分，其中变动性订货成本是与订货次数直接相关的费用，固定性订货成本是维持采购部门正常活动所必需的费用。

（三）储存成本

储存成本指在储存过程中所发生的费用，包括仓库房屋的折旧费、修理费、保险费和占用资金的利息等。也可用一定的方法将储存成本分为变动性储存成本和固定性储存成本两部分，其中变动性储存成本是指与储存数量直接相关的费用，固定性储存成本则是维持一定的储存能力所必需的费用。

（四）缺货成本

缺货成本指因未能储存足够存货满足生产经营需要而造成的经济损失，如存货短缺引起的停工损失、少生产产品而损失的边际利润、因延期交货而支付的罚金以及在商誉上的损失等。缺货成本取决于保险储备量，保险储备量越高，缺货的可能性越小，缺货成本越低；反之，缺货的可能性越大，缺货成本越高。

二、经济订货批量决策

经济订货批量（EOQ）是指通过平衡采购进货成本和保管仓储成本核算，以实现总库存成本最低的最佳订货量。经济订货批量是固定订货批量模型的一种，可以用来确定企业一次订货（外购或自制）的数量。当企业按照经济订货批量来订货时，可实现订货成本和储存成本之和最小化。

（一）简单条件下的经济批量控制模型

在某种存货年需求量一定的情况下，降低订购批量必然增加订货批次。这种做法一方面，使存货的存储成本随平均存储存量的降低而下降；另一方面，使订货成本随订货批次的增加而增加。反之，减少订购批次必然要增加订购批量，这种做法在减少订货成本的同时储存成本将会增加。存货决策的目的就是确定使这两种成本合计数量最低时的订货批量，即经济订货批量。

简单条件是指假定以下七个条件成立：

（1）在控制过程中所涉及的材料品种单一；

（2）采购条件中不规定商业折扣条款（没有数量折扣，采购价格不变）；

（3）不允许出现缺货现象，每批订货均能一次到货并入库，而不是陆续入库；

（4）企业能够及时补充存货，即需要订货时便可立即取得存货；

（5）需求量确定为已知量；

（6）企业现金充足，不会因现金短缺而影响进货；

（7）所需存货市场供应充足。

在上述假定存在的情况下，相关总成本只有变动订货成本和变动储存成本。有以下公式：

$$T_c = \frac{A}{Q} \cdot B + \frac{Q}{2} \cdot C$$

其中，T_c 为相关总成本（年订购成本和年储存成本的合计），A 为某种存货全年需求量，Q 为订购批量，B 为每批订货变动成本，C 为单位存货年储存成本，U 为存货采购单价。

使得上式中 T_c 最小的 Q 值就是经济订货量，一般用微积分原理，令 T_c 的一阶导数为零，求出经济订货批量（Q^*）的值。

经济订货批量：

$$Q^* = \sqrt{\frac{2AB}{C}}$$

最优订货次数：

$$N^* = \frac{A}{Q^*} = \sqrt{\frac{AC}{2B}}$$

与经济订购量对应的总成本：

$$T_C(Q^*) = \frac{AB}{\sqrt{\frac{2AB}{C}}} + \frac{\sqrt{\frac{2AB}{C}}}{2} \cdot C = \sqrt{2ABC}$$

最佳订货周期：

$$T^* = \frac{360}{N^*} = \frac{360}{\sqrt{\frac{AC}{2B}}}$$

经济订货量占用资金：

$$I^* = \frac{Q^*}{2} \cdot U = \frac{\sqrt{\frac{2AB}{C}}}{2} \cdot U = \sqrt{\frac{AB}{2C}} \cdot U$$

【例 8-23】某企业生产的 A 存货的年需求量为 20 000 千克，每次订货成本为 100 元，每千克存货的年储存成本为 4 元，该存货的单价为 10 元/千克。

经济订货批量：

$$Q^* = \sqrt{\frac{2AB}{C}} = \sqrt{\frac{2 \times 100 \times 20\,000}{4}} = 1\,000\,（千克）$$

最优订货次数：

$$N^* = \frac{A}{Q^*} = \sqrt{\frac{AC}{2B}} = \sqrt{\frac{20\,000 \times 4}{2 \times 100}} = 20（次）$$

与经济订购量对应的总成本：

$$T_C(Q^*) = \frac{AB}{\sqrt{\frac{2AB}{C}}} + \frac{\sqrt{\frac{2AB}{C}}}{2} \cdot C = \sqrt{2ABC} = \sqrt{2 \times 100 \times 20\,000 \times 4} = 4\,000（元）$$

最佳订货周期：

$$T^* = \frac{360}{N^*} = \frac{360}{20} = 18(\text{天})$$

经济订货量占用资金：

$$I^* = \frac{Q^*}{2} \cdot U = \frac{1\,000}{2} \times 10 = 5\,000(\text{元})$$

（二）经济订货批量基本模型的扩展

上述经典的经济订货批量模型的七个假设条件过于苛刻，难以适应实际生活。所谓简单模型扩展就是放宽上述简单模型的一些假设条件，从而增强模型的适应性。

1. 基于对多种物品需求的经济订货批量

生活中存货种类往往多样，若分别对各种存货进行订货，虽然各种存货实现了成本最小化，但是不能够使得总的库存成本最小化，往往成本反而更高。这就是经济领域常见的个体最优与整体最优之间的悖论。所以还是要综合考虑各存货总成本的最小化。为了问题的简化，假设各类物资的销售频率和周期基本一致。A_i 表示 i 存货的年需求量，C_i 表示 i 存货的单位存货年均储存成本，则

$$Q^* = \sqrt{\frac{\sum 2A_i B}{C_i}} = A_i \sqrt{\frac{2B}{\sum A_i C_i}}$$

2. 存在订货提前期的经济订货批量

订货提前期是指发出订货到货物到达入库的时间长度，主要包括订单准备时间、货物准备时间、送货时间等。生活中做不到前置时间为零的状态，不同行业、不同组织的时间长度不同，且在此时段内，企业还会因商品销售而导致库存数量不断下降。设存货 i 的订货提前期为 T_i ，平均日常销售量为 S_i ，则

$$Q^* = \sqrt{\frac{\sum 2A_i B}{C_i}} + T_i S_i$$

3. 分批连续进货的经济订货

一般而言，单一存货的入库并不是一次性的，往往多种存货入库存在先后多次，且边入库边出库的现象。库存水平在一段时间内会先上升达到最高库存，然后不断下降到订货点再订货，周而复始。在此情况下，存货的进货率 p 会高于其销售率 d ，随着不断进货，库存将增加，当进货停止时，库存达到最大值。该模型为

$$Q^* = A_i \sqrt{\frac{2B}{\sum A_i C_i (1 - \dfrac{d}{p})}}$$

4. 存在折扣因素的经济订货批量

折扣包括数量折扣与价格折扣，而数量折扣可以转换到价格折扣上来。在价格折扣中往往是不同订货数量段上给出不同价格，量越大折扣幅度越大，而价格上的优惠会影响到单位存货成本。由此，存货总成本为分段函数，我们需要分别计算出各段曲线上的经济订货数量与存货总成本，然后取最优值。

为了简化问题，我们考虑最简单的两个区间折扣模型。假设供应商对某种物品的订

货数量达到 M 以上就给经济订货批量，可以求出改短的订货数量：

当 $Q^* \geq M$ 时，说明折扣能够真正为组织带来实惠，则按照经济订货批量订货即可。

当 $Q^* < M$ 时，若 $M - Q^*$ 较大，则在该区间内按照 M 的数量订货；若 $M - Q^*$ 较小，那么意味着组织可以考虑适当提高订货数量，以便获得对方给予的折扣优惠，此时因按照 Q^* 订货。

上述分析是将数量优惠分为两个区间的情形，若是多个区间的话，可以计算出各个区间的经济订货批量，然后比较对应存货成本的最小值，选择所对应的经济订货批量即可。

5. 允许出现缺货的经济订货批量

企业在生产经营过程中，不能保证不缺货，一旦缺货出现则会追加紧急订单，从而增加仓储成本。为了分析方便，假设缺货费用为单位存货储存费用的一定比率 m ，所以新的订货批量为

$$Q^* = A_i \sqrt{\frac{2B}{\sum A_i C_i m \left(1 - \dfrac{d}{p}\right)}}$$

三、最优生产批量

最优生产批量是对自制存货而言的，是指使得全年相关总成本最小时的每批生产量，其原理与经济订货量完全一样。我们只要引入"生产调整准备成本"的概念来取代经济订货量模型的"订货成本"，就可以确定经济的生产批量了。生产调整准备成本包括为使某一项目的生产达到可投产状态的人工或其他成本。具体模型的表达形式这里不再重复。

 本章练习

1. 某厂生产 A 产品，全年最大生产能力为 500 件，正常产销量为 400 件。该产品的资料如表 8-17 所示。

表 8-17　A 产品的相关资料表　　　　　　　单位：元

单价		24 000
单位成本	直接材料	6 500
	直接人工	5 400
	变动制造费用	3 100
	固定制造费用	4 900

要求：

（1）若客户订货 100 件，出价 15 800 元/件，分析是否能接受此订单。

（2）若客户订货 110 件，出价 15 800 元/件，该厂不准备扩大生产能力，分析是否

能接受该订单。

2. 某企业有一台闲置设备，准备用于开发一种新产品，现有 A、B 两个品种可以选择。两种产品的相关资料如表 8-18 所示。

表 8-18　A、B 两种产品相关资料表

	A 产品	B 产品
单价/（元/件）	100	120
单位变动成本/（元/件）	60	40
单位产品台时消耗定额/（小时/件）	2	8

要求：做出开发哪种产品的决策，并说明理由。

3. 企业每年需要使用 A 零件 2 000 件，企业自制该零件总共需要花费成本 19 000元，其中，固定成本 7 000 元。如果外购该零件，单价为 8 元，同时将剩余生产能力用于加工 B 零件，可节约外购成本 2 000 元。

要求：为该企业做出自制或外购 A 零件的决策，并说明理由。

4. 某企业每年生产 1 000 件甲半成品。其单位完全生产成本为 18 元，其中，单位固定性制造费用为 2 元。直接出售甲半成品的单价为 20 元。企业目前具备将 80% 的甲半成品进一步加工为乙产品的能力，但是每加工一件甲半成品需要追加 5 元变动性加工成本。乙产品的单价为 30 元。假定乙产品的废品率为 1%。

要求：请考虑以下不相关的情况，用差别损益分析法为企业做出是否进一步加工甲半成品的决策，并说明理由。

（1）加工能力无法转移；

（2）加工能力可以用于承揽零星加工业务，预计可获得边际贡献 4 000 元；

（3）同（1），如果追加投入 5 000 元专属成本，可使加工能力达到 100%，并使废品率降至 0。

5. 某企业生产的产品在市场上严重饱和，该产品原来的市场售价为 1 700 元，其他企业纷纷降价 30% 左右，该企业希望保住原有的市场份额，每件产品的售价能有 100 元的边际贡献就可以降价销售。该产品的单位成本数据如表 8-19 所示。

表 8-19　某产品的单位成本数据表　　　　　　　　单位：元

项目	金额
直接材料	600
直接人工	200
变动制造费用	120
固定制造费用	340
变动销售费用	90
固定销售费用	130
产品单位成本合计	1 480

要求：

（1）确定该产品的销售价格；

（2）假设该公司销售毛利率为20%，请确定该产品的销售价格；

（3）假设该公司目前的市场份额为1 000件，投资总额为2 000 000元，投资报酬率为20%，成本利润率为25%，请确定该产品的销售价格。

6. 某企业每年需消耗A材料1 200吨，材料单价为每吨1 460元，每次订货成本为100元，单位材料的年储存成本为6元，求A材料的经济订购批量、经济订购批次和最低相关总成本。

第三篇

成本规划与控制

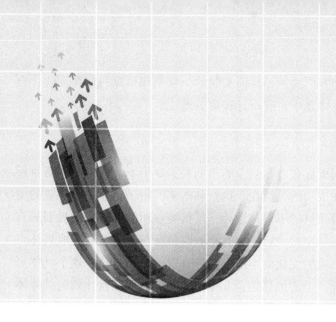

第九章

全面预算

第一节　全面预算概述

一、全面预算的内涵

预算，就是用货币计量的方式，将预算期内决策目标所涉及的经济资源进行配置，以计划的形式具体地、系统地反映出来。

全面预算是企业为了实现战略规划和经营目标，按照一定程序编制、审查和批准的，以货币及其他数量形式反映企业未来一定期间内全部经营活动各项目标的计划与相应措施的数量说明。它是计划工作的成果，是决策的具体化，也是控制企业经营活动的依据。

二、全面预算的内容

企业全面预算具体包括业务预算、专门决策预算和财务预算。

业务预算又称经营预算，是全面预算的基础，反映企业预算期内日常供应、生产、销售、管理等活动，主要包括销售预算、生产预算、直接材料预算、直接人工预算、制造费用预算、产品成本预算、销售及管理费用预算等。这些预算以实物量指标和价值量指标分别反映企业收入与费用的构成情况。

专门决策预算是指为企业不经常发生的长期投资项目或一次性业务活动所编制的预算，包括与购置、更新、改造、扩建固定资产决策有关的资本支出预算以及与资源开发、产品改造等有关的生产经营决策预算等。

财务预算是反映企业预算期内预计的现金收支、经营成果和预计期末财务状况的各项预算，包括现金预算、预计利润表和预计资产负债表。财务预算作为全面预算体系中的最后环节，是依赖于业务预算和专门决策预算而编制的，是全部预算的综合反映，也称为总预算。财务预算在全面预算体系中占有举足轻重的地位。

三、全面预算的作用

预算不可能独立于计划和控制而存在。在当今的市场经济环境下，恰当的战略目标与规划是企业成功的前提，而企业成功的关键在于执行和落实。由于企业经营环境的变化、企业资源和能力的有限性以及信息的不对称性等，使得企业所制定的战略规划的有效性、长期经营计划的执行均存在一定的风险。只有把战略目标与战略规划变成具体可行的行动方案，并能够随着企业环境的变化而不断调整，企业才可能成功。这个具体可行的行动方案便是全面预算。由此，全面预算是企业整体战略和长期经营计划的具体体现，全面预算目标一定和企业的战略目标一致。

作为企业内部控制体系的重要组成部分，从最初的计划、协调发展到现在兼具控制、激励、评价等诸多功能，全面预算在企业内部控制中日益发挥重要作用。具体来说，全面预算的作用主要表现在以下几方面：

（一）明确目标、执行计划

预算是目标的具体化，编制全面预算的过程就是将企业的总目标分解并落实到各部门，从而使各部门都能明确自己的目标和任务的过程。通过目标的建立，引导企业的各项活动按预定的轨道运行。企业的总体目标只有在各部门的共同努力下才能实现。

（二）信息沟通、活动协调

预算管理的过程，是企业各层次、各部门互相传达信息和沟通协调的过程。全面预算为企业内部各种管理信息的沟通提供了正式和有效的途径，有助于上下互动、左右协调。通过预算的编制，可以使各部门了解本部门与企业总体的关系、本部门与其他部门的关系，以便使各部门能够调整好自己的工作、并配合其他部门的工作，使企业围绕既定目标有效地整合资金、技术、市场渠道等各种资源，提高企业的运作效率，以取得最大的经济效益，共同完成企业的总体目标。

（三）强化责任、加强控制

预算是对各项生产经营活动进行有效控制的重要依据。各个部门在预算执行过程中，应经常将实际绩效与预算相比较，以便能及时发现差异并及时分析预算报告差异的主客观因素，适时提出纠正预算差异的对策，实现全员全过程管理，以强化内部控制。

（四）业绩考核、员工激励

各项预算数据提供了评价部门和员工实绩的客观标准。企业可以定期按照预算的要求对各部门的工作业绩进行考核，这样做既能充分激发员工的积极性，主动完成预算任务，实现企业的经营目标，又能避免经营者产生对企业不利的行为。企业可以将预算管理、内部控制、会计核算三者有机地结合在一起，建立完善的预算考核指标体系，通过目标责任制完善全体员工的绩效考核。

四、全面预算管理及其组织结构

全面预算管理是指企业为实现战略规划和经营目标，对预算期内的经营活动、投资活动和筹资活动通过预算的方式进行合理的规划、预测和描述，并以预算为标准，对其执行过程和执行结果进行计量、控制、调整、核算、分析、考核和奖惩等一系列管理活动的总称。简言之，全面预算管理就是企业围绕预算而展开的一系列管理活动。企业全面预算管理包括预算编制、预算执行和预算考核等环节。

　　全面预算管理是一项复杂的系统工程，只有建立了健全的组织体系才能保障预算管理各环节有效进行。由于每一个企业的经营规模、组织结构、行业特点以及内、外环境等因素各不相同，在全面预算管理组织体系的具体设置上可采取不同方式。但一般来说，预算部门应该包括预算管理委员会、预算管理责任中心等部门。全面预算管理的具体组织结构可参照图9-1。

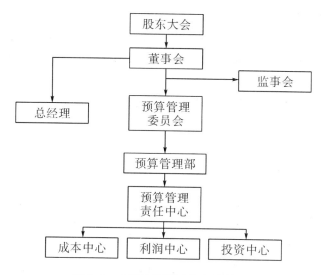

图 9-1　全面预算管理组织结构图

　　其中，预算管理委员会在组织体系中居于领导核心地位，主要负责预算管理活动的协调和管理，是预算的最高管理机构，可由企业的董事长或总经理负责，并吸纳企业相关部门的主管人员参加。预算管理委员会的主要职责如下：

　　（1）制定预算管理制度、发布预算手册，协调预算编制工作；

　　（2）确定各部门预算时间表，明确各部门预算的责任；

　　（3）协助各部门预算的编制，并与适当层级的管理层沟通；

　　（4）对预算过程进行持续评估，以提升计划和控制水平。

　　鉴于预算委员会多数成员是由企业内部各责任部门主管兼任，可设立预算管理部作为预算的日常管理机构，在预算委员会的领导下具体负责组织预算的编制、控制和考核以及预算信息的反馈等工作，以确保预算机制的有效运作。

　　预算管理责任中心则是基于责权利相统一的原则，根据各自控制范围和权限大小以及责任的不同所确定的成本中心、利润中心以及投资中心等责任中心。其中，基层的成本中心对其可控成本向其上层成本中心负责；利润中心对其本身的可控成本和下层转来的责任成本负责，并对本身经营的收入、成本和利润向投资中心负责；投资中心最终对其经营的投资回报向董事会负责。

一、战略目标、企业生命周期与全面预算的编制

全面预算是由一系列预算按照其经济内容及相互关系有序排列组成的有机整体。全面预算中各项预算的相互关系源于企业的战略目标和战略规划。基于财务视角，企业的战略目标主要有以规模为导向和以收益为导向的战略模式。同时，企业生命周期不同，其战略立足点亦有所差异。

一般来说，投入期和成长期的企业以规模导向为主，其战略重点往往在营销上，即通过市场营销来开发市场潜力和提高市场占有率。其预算管理的重点也是借助于预算机制和管理形式来促进营销扩张战略的全面落实，以取得企业可持续的市场规模优势，因此，此时往往采用以销售为核心的管理模式，即预算编制的起点是基于扩大市场占有率的目标要求和销售预测编制的销售预算，如图9-2所示。

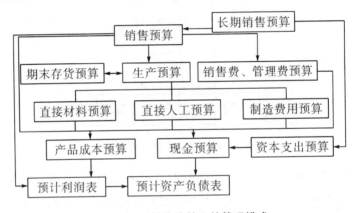

图 9-2 以销售为核心的管理模式

当企业步入成熟期后，已经形成一定规模，追求最大化收益成为必然选择。强调目标利润实现是此时企业管理的重心，预算的编制从确定企业目标利润、总规模开始，在进行利润目标合理分解的基础上，进行资源的合理规划与安排，形成各相关业务预算和财务预算，因此，在以目标利润为核心的管理模式下，预算编制的起点大多也是从销售预算开始，如图9-3所示。

二、全面预算编制的程序

全面预算编制的方式有"自上而下"与"自下而上"两种基本方式。无论是自上而下，还是自下而上，全面预算的编制都要经过一个上下沟通、反复协调、几上几下的复杂流程，才能最终形成正式预算草案。尽管不同的企业，预算编制程序会有所不同，但多数企业历时数周甚至数月的年度全面预算的编制一般都会包括如下具体流程：

（一）下达预算目标

预算委员会根据公司董事会制定的公司发展战略和经营目标，在对预算期内的市场

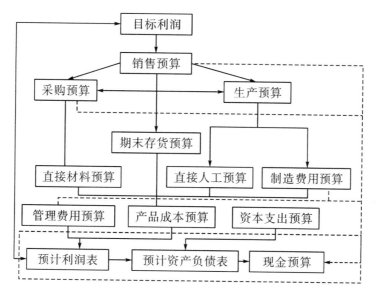

图 9-3　以目标利润为核心的管理模式

（注：------代表现金流）

环境以及自身情况等科学预测和决策的基础上，一般于上一年 9~10 月份提出下一年度的利润、成本和销售等目标，并由公司预算管理部将具体预算指标下达给各预算编制部门。

（二）上报预算草案

各预算编制部门根据公司下达的预算目标，结合自身实际，测算编制本部门的预算草案，上报给预算管理部。

（三）汇总、审查、调整

预算管理部与相关职能部门对各预算编制部门上报的预算草案进行汇总、审查，并提出调整建议。在此过程中，预算管理部应充分协调、沟通，对发现的问题，提出初步调整意见，反馈给预算编制部门。对经过多次协调仍不能达成一致的，应在充分调研的基础上，向预算委员会汇报，以确定是否需要调整预算目标。

（四）审议、修订、批准

在预算管理部门修正、调整预算草案的基础上，预算管理部汇总编制出公司的全面预算方案，报预算委员会审议。对于不合乎企业发展战略或经营目标的事项，预算管理委员会责成预算管理部修订和调整。在反复修订和调整的基础上，预算管理委员会编制正式的年度全面预算草案，提交公司最高决策机构审议批准。

（五）下达执行

预算管理部将经审议批准的全面预算，在次年 1 月份前，逐级下达到各预算部门执行。

三、全面预算的编制

全面预算涉及企业预算期内的全部经营活动及其成果，全面预算的编制流程与方法往往与预算管理模式的选择有关。为保证预算的科学性及各预算间的协调性，在具体编制预算时，应按照各项预算间的逻辑关系，注意前后衔接。以下选择以制造业销售为核心的预算管理模式下的全面预算的编制进行介绍。

（一）业务预算

1. 销售预算

销售预算是全面预算编制的起点，它主要根据企业年度利润目标和销售预测编制，包括预算期内各种产品的销售量、单价、销售额等。销售预测是销售预算的基础，是指企业在进行市场调查的基础上，综合分析历史资料以及未来市场上的供需情况，尤其是与企业有关的各种经济发展趋势和各种重要经济指标的变化，对企业一定时期产品的销售量或销售额的未来发展趋势做出的科学预计和推测。

为了便于财务预算的编制，在编制销售预算的同时，还应编制与销售收入有关的现金收入预算表，包括本期销售应在本期收到的款项和回收以前销售应在本期收到的款项。

【例9-1】甲公司2020年只产销一种产品。在每季度的销售中当季收回60%，剩下的款项在下一季收回。2019年年末的应收账款余额为32 000元，该产品的销售单价为80元。预计2020年全年销售量为6 000件，具体见表9-1。

表9-1　甲公司2020年度预计销量表　　　　　　　　单位：件

1季度	2季度	3季度	4季度	全年
1 000	1 500	2 000	1 500	6 000

根据上述资料，可编制甲公司2020年销售预算如表9-2所示。

表9-2　甲公司2020年度销售预算表（含现金收入预算）　　　　单位：元

项目	1	2	3	4	全年
销售额	80 000	120 000	160 000	120 000	480 000
期初应收	32 000	32 000	48 000	64 000	32 000
当期现销	48 000	72 000	96 000	72 000	288 000
上期回款	32 000	32 000	48 000	64 000	32 000
本期现金收入合计	80 000	104 000	144 000	136 000	464 000
期末应收	32 000	48 000	64 000	48 000	48 000

（二）生产预算

生产预算是为规划预算期内生产水平而编制的，它在销售预算的基础上编制，并为进一步编制成本和费用预算提供依据。生产预算的编制需要按照"以销定产"的原则在销售预算的基础上，结合计划的期初、期末存货水平确定，主要包括销售量、期初存货、期末存货和预计生产量，其计算公式如下：

$$预计生产量=预计销售量+预计期末存货量-预计期初存货量$$

式中，预计销售量直接从销售预算得到，预计期初存货量就是上期期末存货量，预计期末存货量应根据长期销售趋势确定，实务中一般按事先估计的期末存货量占一定时期销售量比例进行估算，同时考虑季节性因素等的影响。

【例9-2】根据【例9-1】的资料，甲公司2020年只产销一种产品，预计2020年销量为6 000件，其中第1~4季度销量分别为1 000件、1 500件、2 000件和1 500件。每季度末保持下季度销量的10%作的存货，期初存货100件，预计下一年度第1季度的销量为1 800件。

根据上述资料，可编制生产预算如表9-3所示。

表9-3　甲公司2020年度生产预算　　　　　　单位：件

生产时间	1季度	2季度	3季度	4季度	全年
预计销量	1 000	1 500	2 000	1 500	6 000
加：预计期末存货	150	200	150	180	180
减：预计期初存货	100	150	200	150	100
生产预算	1 050	1 550	1 950	1 530	6 080

（三）直接材料预算

直接材料预算是为规划预算期内因组织生产活动和材料采购活动预计发生的材料需求量、采购量和采购成本而编制的。它以生产预算、材料消耗定额和预计材料采购单价等信息为基础，考虑期初、期末材料存货水平而编制。相关计算公式如下：

$$预计直接材料生产需求量＝预计生产量×单位产品材料消耗定额$$

$$预计直接\atop 材料采购量＝{预计直接材料\atop 生产需求量}＋{预计期末\atop 材料存货量}－{预计期初\atop 材料存货量}$$

$$预计直接材料采购成本＝预计直接材料采购量×材料计划单价$$

为了便于财务预算的编制，在编制直接材料预算的同时，还应编制与材料采购有关的现金支出预算表，包括本期采购并于本期支付的现金和前期采购材料应在本期支付的现金。

【例9-3】根据【例9-1】的资料，甲公司2020年只产销一种产品，预计2020年销售6 000件，其中第1~4季度的销量分别为1 000件、1 500件、2 000件和1 500件。该产品每件消耗原材料4千克，每千克材料单价5元，各季度期末材料按照下季度生产需要量的10%计算，期初库存材料280千克，2020年度第1季度的材料需要量为2 400千克，材料款当季支付50%，其余下季度支付。2020年期初应付账款为5 100元。

根据上述资料可编制直接材料预算如表9-4、表9-5所示。

表9-4　甲公司2020年直接材料预算

生产时间	1季度	2季度	3季度	4季度	全年
生产需求量/千克	4 200	6 200	7 800	6 120	24 320
加：预计期末存货/千克	620	780	612	240	240
减：预计期初存货/千克	280	620	780	612	280

表9-4（续）

生产时间	1 季度	2 季度	3 季度	4 季度	全年
材料采购量预算/千克	4 540	6 360	7 632	5 748	24 280
材料采购金额/元	22 700	31 800	38 160	28 740	121 400

表 9-5　甲公司 2020 年直接材料采购现金支出预算　　　　单位：元

生产时间	1 季度	2 季度	3 季度	4 季度	全年
期初应付账款	5 100	11 350	15 900	19 080	5 100
预计本期材料采购款	22 700	31 800	38 160	28 740	121 400
支付本期材料采购款	11 350	15 900	19 080	14 370	60 700
支付上期材料采购款	5 100	11 350	15 900	19 080	51 430
本期支付材料采购款合计	16 450	27 250	34 980	33 450	112 130
期末应付材料款	11 350	15 900	19 080	14 370	14 370

（四）直接人工预算

直接人工预算是为规划预算期内直接人工工时的消耗水平和直接人工成本水平而编制的。它编制的主要依据有标准工资率、单位产品标准直接人工工时以及生产预算中的预计生产量等资料。相关计算公式如下：

$$预计直接人工工时数 = 预计生产量 \times 单位产品工时定额$$

$$预计直接人工成本 = 预计直接人工工时数 \times 单位工时标准工资率$$

一般而言，直接人工工资均须现金支付，因此无须另外预计现金支出，直接在现金预算中汇总即可。

【例9-4】根据【例9-1】的资料，甲公司 2020 年只产销一种产品，预计 2020 年销售6 000件，其中第 1-4 季度的销量分别为 1 000 件、1 500 件、2 000 件和 1 500 件。该产品单位产品工时定额为 2 工时，标准工资率为 10 元。根据上述资料可编制直接人工预算如表 9-6 所示。

表 9-6　甲公司 2020 年直接人工预算（含现金支出预算）

生产时间	1 季度	2 季度	3 季度	4 季度	全年
生产预算/件	1 050	1 550	1 950	1 530	6 080
单位产品工时定额/小时	2	2	2	2	2
总人工工时/小时	2 100	3 100	3 900	3 060	12 160
标准工资率/（元/小时）	10	10	10	10	10
总人工成本/元	21 000	31 000	39 000	30 600	121 600
直接人工现金支出合计/元	21 000	31 000	39 000	30 600	121 600

（五）制造费用预算

制造费用预算是为规划预算期内除直接材料和直接人工预算外的所有与产品成本有关的其他生产费用水平而编制的。为编制的方便，一般将制造费用按成本性态分为变动性制造费用和固定性制造费用。固定性制造费用可在上期的基础上根据预算期内有关因素变动加以适当调整进行预计，作为期间费用直接列入预计利润表；变动性制造费用则根据预计生产量乘以单位变动制造费用进行预计。

为了后续财务预算的编制，在制造费用预算编制中，通常还包括费用方面预计的现金支出。由于固定资产折旧费属于非付现成本，在编制制造费用现金支出预算时，应将这一项目扣除。相关计算公式如下：

$$变动性制造费用 = 预计直接人工工时 \times 变动制造费用单位标准分配率$$

$$预计直接人工工时 = 预计生产量 \times 单位产品工时定额$$

$$\frac{预计制造费用}{现金支出} = \frac{预计变动制造}{费用现金支出} + \frac{预计固定}{制造费用} - \frac{预计}{折旧费}$$

【例9-5】根据【例9-1】的资料，甲公司2020年只产销一种产品，预计2020年销售6 000件，其中第1~4季度的销量分别为1 000件、1 500件、2 000件和1 500件。该产品单位工时的变动制造费用标准分配率为：间接人工2.2元，间接材料1.8元，维修费1.2元，水电费0.8元。生产部门每年折旧20 000元，管理费32 000元，保险费11 200元，财产税3 800元。这些费用平均分摊于各个季度且保持不变。根据上述资料，可编制制造费用预算如表9-7所示。

表9-7　甲公司2020年制造费用预算（含现金支出预算）　　　　单位：元

项目	分配率	1 季度	2 季度	3 季度	4 季度	全年
总人工工时/小时		2 100	3 100	3 900	3 060	12 160
变动制造费用						
间接材料	1.8	3 780	5 580	7 020	5 508	21 888
间接人工	2.2	4 620	6 820	8 580	6 732	26 752
维修费	1.2	2 520	3 720	4 680	3 672	14 592
水电费	0.8	1 680	2 480	3 120	2 448	9 728
合计	6.0	12 600	18 600	23 400	18 360	72 960
固定制造费用						
折旧费		5 000	5 000	5 000	5 000	20 000
管理费		8 000	8 000	8 000	8 000	32 000
保险费		2 800	2 800	2 800	2 800	11 200
财税费		950	950	950	950	3 800
合计		16 750	16 750	16 750	16 750	67 000
制造费用合计		29 350	35 350	40 150	35 110	139 960
减：折旧		5 000	5 000	5 000	5 000	20 000
制造费用现金支出合计		24 350	30 350	35 150	30 110	119 960

第九章　全面预算

（六）产品成本预算

产品成本预算是为规划预算期内各产品的单位成本、生产成本、销售成本以及期末存货成本等内容而编制的。该预算需要在生产预算、直接材料预算、直接人工预算、制造费用预算等的基础上编制。产品成本预算不仅为编制预计利润表提供产品销售成本数据，也可以为编制预计资产负债表提供期末产成品存货数据。

产品成本预算是生产预算、直接材料预算、直接人工预算和制造费用预算的汇总。如果采用变动成本法编制单位成本预算，只需将直接材料、直接人工和变动性制造费用计入产品成本；如果采用全部成本法，则产品成本应包括直接材料、直接人工、变动性制造费用和固定性制造费用。变动成本法下相关计算公式如下：

$$生产成本=直接材料+直接人工+变动性制造费用$$
$$预计期末产成品存货成本=单位产品成本×预计期末产成品存货量$$
$$预计销售成本=期初存货成本+单位产品成本×预计生产量-期末存货成本$$

【例9-6】根据前面各例资料，甲公司2020年只产销一种产品，预计2020年销售6 000件，预计产量6 080件。该企业没有期初期末在产品，根据上述资料，可编制变动成本法下产品生产成本预算如表9-8所示。

表9-8　甲公司2020年产品成本预算　　　　　　　　　单位：元

成本项目	单位产品成本	生产成本	期末存货成本	期初存货成本	本期销货成本
直接材料（4千克×5元）	20	121 600	3 600	2 000	120 000
直接人工（2工时×10元）	20	121 600	3 600	2 000	120 000
变动性制造费用	6	36 480	1 080	600	36 000
合计	46	279 680	8 280	4 600	276 000

（七）销售及管理费用预算

销售及管理费用预算是为规划预算期内企业为组织产品销售和实施管理预计发生的各项费用水平而编制的。销售费用预算以销售预算为基础，结合历史资料，分析销售收入、销售利润与销售费用间的相互关系，合理安排销售费用，使之发挥最大效用。管理费用预算以生产预算为基础，在过去的实际开支基础上，根据企业的具体业务情况，结合预算期可预见的变化，进行合理调整。

如果采用变动成本法编制，应根据其与业务量之间的关系，将销售和管理费用划分为变动性销售及管理费用和固定性销售及管理费用分别列示。同时，为了便于后续现金预算的编制，还应编制现金支出预算表，将折旧费用、坏账损失、无形资产摊销和递延资产摊销等不需要现金支出的项目予以扣除。

【例9-7】根据前面各例资料，甲公司2020年只产销一种产品，预计2020年销售6 000件，其中第1~4季度的销量分别为1 000件、1 500件、2 000件和1 500件。该企业变动销售与管理费用如下：销售提成为销售额的2%，办公费为销售额的1%，运输费为销售额的1%，包装费为销售额的0.5%。全年的固定销售与管理费用为：管理人员工资24 000元，折旧费6 000元，保险费8 000元，广告费10 000元。根据上述资料，可编制销售及管理费用预算如表9-9所示。

表9-9　甲公司2020年销售及管理费用预算　　　　　单位：元

生产时间		1季度	2季度	3季度	4季度	全年
变动销售与管理费用						
销售提成	2%	1 600	2 400	3 200	2 400	9 600
办公费	1%	800	1 200	1 600	1 200	4 800
运输费	1%	800	1 200	1 600	1 200	4 800
包装费	0.5%	400	600	800	600	2 400
变动销售与管理费用合计		3 600	5 400	7 200	5 400	21 600
固定销售与管理费用						
管理人员工资		6 000	6 000	6 000	6 000	24 000
折旧费		1 500	1 500	1 500	1 500	6 000
保险费		2 000	2 000	2 000	2 000	8 000
广告费		2 500	2 500	2 500	2 500	10 000
固定销售与管理费用合计		12 000	12 000	12 000	12 000	48 000
销售与管理费用合计		15 600	17 400	19 200	17 400	69 600
减：折旧		1 500	1 500	1 500	1 500	6 000
销售与管理费用现金支出合计		14 100	15 900	17 700	15 900	63 600

二、专门决策预算

（一）资本支出预算

资本支出预算是企业在投资项目可行性研究的基础上，编制的反映长期投资项目（诸如购置固定资产、无形资产等）的投资时间、规模、收益以及资金筹措方式等内容的预算。这类预算往往涉及长期建设项目的资金投放和筹措，跨期较长，并将在整个项目寿命期内发挥控制资本支出和检查投资效果的作用。该预算主要应用于项目财务可行性分析以及企业筹资决策，是编制有关现金预算与预计资产负债表的依据。

资本支出预算从内容上看，包括改扩建或更新固定资产进行资本投资的预算、研究开发费用预算等。资本支出预算的格式和内容无统一规定，企业可根据具体情况自行设计，一般应该包括投资项目名称以及在预算期间的现金流入量和现金流出量等。

【例9-8】2020年8月，甲公司准备投入30 000元购入一台生产设备，当月支付价款的50%，剩余款项在12月设备安装调试合格后支付。则甲公司2020年的资本支出预算如表9-10所示。

表9-10　甲公司2020年的资本支出预算　　　　　单位：元

生产时间	1季度	2季度	3季度	4季度	全年
购买生产设备			15 000	15 000	30 000
合计			15 000	15 000	30 000

（二）一次性专门业务预算

为了保证经营业务和资本支出对现金的正常需求，企业需保持一定的支付能力。支付能力不足，容易产生债务到期无法偿还，甚至停工待料等后果；反之，则会造成资金浪费，降低资金使用效率。由此，财务部门在日常理财活动中为一次性专门业务编制预算，如资金筹措、资金投放等。

【例9-9】2020年甲公司拟每季度预交所得税1 800元，第4季度发放现金股利12 000元。则甲公司2020年一次性专门业务预算如表9-11所示。

表9-11　甲公司2020年一次性专门业务预算　　　　　　单位：元

生产时间	1季度	2季度	3季度	4季度	全年
缴纳税金	1 800	1 800	1 800	1 800	7 200
发放股利				12 000	12 000
合计	1 800	1 800	1 800	13 800	19 200

（三）财务预算

1. 现金预算

现金预算是为了反映预算期内由于各项生产经营活动预计产生的现金收入、现金支出、现金余缺、现金筹措运用情况以及期初期末余额水平等信息编制的一种财务预算。这里的现金是广义的现金概念，包括库存现金、银行存款和其他货币资金。通过现金预算可以测算企业在预算期内现金收支的协调程度，防止资金短缺或资金积压，以便合理调度资金，提高资金使用效率。

现金预算实际上是销售预算、生产预算、直接材料预算、直接人工预算、制造费用预算、产品成本预算、销售及管理费用预算及专门决策预算等各项预算中关于现金收支部分的汇总，现金预算的编制要以其他各项预算为基础。

现金预算具体包括以下四个方面的内容：

（1）现金收入。现金收入包括期初现金余额和预算期内经营业务活动的现金收入，主要是销货现金收入，即本期销售中本期收回现金和前期应收账款中的本期收回现金。期初现金余额需要在编制预算时预计得出，销货现金收入主要来自销售预算。

（2）现金支出。现金支出包括预算期内预计可能发生的各项现金支出，除了涉及有关直接材料、直接人工、制造费用和销售及管理费用等经营性现金支出外，数据分别来自前述相关业务预算，还包括缴纳税金、支付股息以及购买设备等资本性支出，数据分别来自各项专门预算。

（3）现金余缺。现金余缺即现金收支相抵后的差额。差额为正，说明现金有多余，除考虑偿还到期债务外，还可用于购买短期证券等；差额为负，说明现金短缺，需考虑向银行借款、抛售有价证券等方式筹资。

（4）现金的筹集与运用。现金收支差额与期末余额都需要通过协调资金筹措及运用来调整，应在保证各项支出所需资金供应的前提下，注意保持期末现金余额在合理的限度内波动。企业不仅要定期筹措到抵补收支差额的现金，还必须保证有一定的现金储备。现金的筹集与运用就是指根据预算期内现金收支的差额和企业有关资金管理的各项政策，确定筹集或使用现金的数额。若出现现金短缺，企业需要采用合法、合适的途径筹措资金，如向银行借款、利用商业信用、出售有价证券等，避免影响正常的生产经营；若出现现金多余，应合理运用，如偿还借款、进行短期投资等，避免造成资金的闲置浪费。

期末现金余额的计算公式如下：

期末现金余额＝期初现金余额＋现金收入－现金支出＋资金筹集－资金运用

【例9-10】基础数据依前各例，假设甲公司2020年年初现金余额为10 000元，根据公司的现金管理政策，每季度末现金余额应不少于10 000元，不足则向银行借款，借款和还款金额均为1 000的整数倍。根据上述资料，可编制现金预算如表9-12所示。

表9-12　甲公司2020年现金预算　　　　　　　　单位：元

生产时间	1 季度	2 季度	3 季度	4 季度	全年
期初现金余额	10 000	10 300	10 000	10 370	10 000
加：本期现金收入	80 000	104 000	144 000	136 000	464 000
本期可供使用现金	90 000	114 300	154 000	146 370	474 000
减：本期现金支出					
直接材料	16 450	27 250	34 980	33 450	112 130
直接人工	21 000	31 000	39 000	30 600	121 600
制造费用	24 350	30 350	35 150	30 110	119 960
销售及管理费用	14 100	15 900	17 700	15 900	63 600
预付所得税	1 800	1 800	1 800	1 800	7 200
支付购买生产设备款	0	0	15 000	15 000	30 000
支付股利	0	0	0	12 000	12 000
现金支出合计	77 700	106 300	143 630	138 860	466 490
现金多余或不足	12 300	8 000	10 370	7 510	7 510
最佳现金余额	10 000	10 000	10 000	10 000	10 000
向银行借款		2 000		3 000	5 000
偿还银行借款	2 000				2 000
借款利息					
投资短期证券					
期末现金余额	10 300	10 000	10 370	10 510	10 510

2. 预计利润表

预计利润表是用来反映企业一定预算期内全部生产经营活动的最终成果（包括利润总额和净利润）的预算。该预算需要根据销售预算、产品成本预算、销售及管理费用预算等相关业务预算、专门决策预算以及现金预算中的相关数据，结合权责发生制原则编制。编制预计利润表可以揭示企业预算期内的盈利情况，从而有助于管理人员及时调整经营策略。

【例9-11】基础数据依前各例，甲公司根据上述预算资料，按照变动成本法编制2020年预计利润表如表9-13所示。

表9-13　甲公司2020年预计利润表　　　　单位：元

项目	金额
销售收入	480 000
减：变动成本	
已销产品变动生产成本	276 000
变动销售及管理费用	21 600
边际贡献总额	182 400
减：固定费用	
固定制造费用	67 000
固定销售及管理费用	48 000
利润总额	67 400
减：所得税	7 200
净利润	60 200

3. 预计资产负债表

预计资产负债表是用来反映预算期期末企业预计财务状况的预算。该预算依据预算期期初资产负债表，即上一期实际资产负债表，结合全面预算中的各项业务预算以及专门决策预算中的相关数据编制而成。编制预计资产负债表可以提供预算期期末企业预期财务状况的信息，有助于企业管理者预测企业未来期间的经营状况，并采取适当的改进措施。

【例9-12】基础数据依前各例，假设甲公司2019年年末资产负债表如表9-14所示。根据2019年年末资产负债表和2020年各项预算资料，可编制2020年预计资产负债表如表9-15所示。

表9-14　甲公司2019年年末资产负债表　　　　单位：元

资产	金额	负债及所有者权益	金额
流动资产：		流动负债：	
货币资金	10 000	应付账款	5 100
应收账款	32 000		
存货	6 000		
流动资产合计：	48 000	流动负债合计	5 100
固定资产：		所有者权益：	
固定资产原值	1 500 000	实收资本	500 000
减：累计折旧	450 000	资本公积	153 000
固定资产净值	1 050 000	留存收益	439 900

表9-14（续）

资产	金额	负债及所有者权益	金额
固定资产合计	1 050 000	所有者权益合计	1 092 900
资产总计	1 098 000	负债与所有者权益总计	1 098 000

表 9-15　甲公司 2020 年预计资产负债表　　　　单位：元

资产	2019 年金额	2020 年预计	负债及所有者权益	2019 年金额	2020 年预计
流动资产：			流动负债：		
货币资金	10 000	10 510	应付账款	5 100	14 370
应收账款	32 000	48 000			
存货	6 000	9 480			
流动资产合计：	48 000	67 990	流动负债合计	5 100	14 370
固定资产：			所有者权益：		
固定资产原值	1 500 000	1 530 000	实收资本	500 000	500 000
减：累计折旧	450 000	450 000	资本公积	153 000	153 000
固定资产净值	1 050 000	1 080 000	留存收益	439 900	480 620
固定资产合计	1 050 000	1 080 000	所有者权益合计	1 092 900	1 133 620
资产总计	1 098 000	1 147 990	负债与所有者权益总计	1 098 000	1 147 990

第三节　全面预算的编制方法

一、固定预算与弹性预算

全面预算按照其与预算期内业务量变动关系的不同，可以分为固定预算和弹性预算。

（一）固定预算

固定预算又称静态预算，是根据预算期内正常的、可能实现的某一业务量水平为基础，不考虑可能发生的变动因素而编制预算的一种方法。如果企业的实际业务量水平与预计的业务量水平相差较大，相关预算指标的实际数与预算数之间就会因业务量基础不同而失去可比性，预算的控制考核作用将大大降低甚至丧失。而在实际工作中，实际业务量和预计业务量往往是不一致的，因此，采用固定预算方法编制的预算不利于控制、考核和评价企业预算的执行情况，固定预算适用于业务量水平较为稳定的企业或非营利性组织。

在编制固定预算时，首先需要确定各个预算内容与业务量之间的关系，然后根据这种关系和固定业务量的数值计算各预算内容的数值。固定预算的编制便于明确全面预算

第九章　全面预算

中各组成部分间的相互关系，并通过这种关系使各个预算相互协调配合，从而形成一个有机结合的完整预算体系，其编制过程简单，易于理解。具体见下例9-13。

【例9-13】甲公司产品销售价格为80元，预计2020年销售售6 000件，单位变动成本为46元，年固定成本总额为28 750元。采用固定预算法编制甲公司本年度利润预算如表9-16所示。

表9-16　甲公司2020年利润固定预算

项目	金额
销售量/件	6 000
销售价格/（元/件）	80
销售收入/元	480 000
单位变动成本/元	46
变动成本总额/元	276 000
边际贡献/元	204 000
固定成本/元	28 750
目标利润/元	175 250

（二）弹性预算

弹性预算又称为变动预算，是以业务量与预算项目之间的依存关系为依据，以预算期内可预见的各种业务量水平为基础，编制出能适应不同业务量水平的预算的一种方法。弹性预算适用于市场、产能等存在较大不确定性的企业。

在编制弹性预算时，首先需要合理识别与预算项目密切相关的业务量，其次需要合理确定不同情况下的业务水平范围，并采用一定的方法（如最小平方法、散布图法等）确定预算项目与业务量之间的关系。弹性预算法比较适合编制与业务量变化存在依存关系的预算内容，如销售预算、直接材料预算、直接人工预算、制造费用预算以及销售和管理费用预算等。由于制造费用和销售及管理费用中均包含变动费用和固定费用两部分，因此，编制此类弹性预算时，应首先将其分为固定费用和变动费用两部分，变动费用部分的预算数根据业务量来计算和控制，固定费用部分的预算数据则按照总额来确定和控制。具体见例9-14。

【例9-14】甲公司产品销售价格为80元，预计2020年销售6 000件，单位变动成本为46元，年固定成本总额为28 750元。采用弹性预算法编制甲公司本年度利润预算如表9-17所示。

表9-17　甲公司2020年利润弹性预算

项目	销售量/件					
	5 700	5 800	5 900	6 000	6 100	6 200
销售价格/（元/件）	80	80	80	80	80	80
销售收入/元	456 000	464 000	472 000	480 000	488 000	496 000

表9-17(续)

项目	销售量/件					
	5 700	5 800	5 900	6 000	6 100	6 200
单位变动成本/元	46	46	46	46	46	46
变动成本总额/元	262 200	266 800	271 400	276 000	280 600	285 200
边际贡献/元	193 800	197 200	200 600	204 000	207 400	210 800
固定成本/元	28 750	28 750	28 750	28 750	28 750	28 750
目标利润/元	165 050	168 450	171 850	175 250	178 650	182 050

和固定预算相比，弹性预算有如下两个显著优点：其一，弹性预算能够反映预算期内与一定相关范围内可预见的多种业务量水平下的预算值，扩大了预算的适用范围，便于预算指标的调整；其二，在控制和考核业绩时，以按照实际业务量调整计算确定的预算值为依据，使得预算执行情况的考核和评价建立在更加现实和可比的基础上，便于更好地发挥预算的控制作用。

二、零基预算与增量预算

全面预算按照其编制的出发点不同，可以分为零基预算和增量预算。

（一）增量预算

增量预算是以基期成本费用水平为基础，结合预算期业务量水平及有关影响成本因素的未来变动情况，通过调整有关原有费用项目而编制预算的一种方法。增量预算的基本理念是：现有的业务活动是企业所必需的；原有的各项开支都是合理的；增加的预算费用是值得的。在此种理念下，企业采用增量预算方法编制预算时，容易不加分析地保留、接受原成本项目，或者主观臆断平均削减，或者只增不减，可能使得不必要的开支合理化。因此，尽管增量预算法简便易行，但容易受到原有费用项目与内容的限制，容易导致预算中的"平均主义"和"简单化"，不利于企业未来发展。

（二）零基预算

零基预算又称为"零底预算"，全称为"以零为基数编制的计划和预算"，是在编制预算时，根据预算项目在预算期内的实际需要和现实可行性，以零为起点，逐项审议预算期内各项费用的内容及开支标准是否合理，在综合平衡的基础上编制预算的一种方法。零基预算不受以前实际执行结果和前期预算的约束，可根据实际需要对预算项目进行重新评价，从零开始对预算项目的发生数进行观察、分析和确定，因此，零基预算能使全员参与到预算的编制中，充分发挥全员的积极性和创造性，增强员工的"投入—产出"意识，避免组织内部的随意性支出，使预算更加符合实际，更好地起到计划控制的作用。也正由于从零开始，重新评价，使得编制预算需要完成大量的基础工作，如分析历史资料、分析市场情况、分析投入产出等，所花费的时间和精力较多，而且在重新评价各个预算项目的实际需要，进而确定各个预算项目的预算数据时，可能会存在一定程度的主观性，协调难度较大。零基预算适用于所有企业各类预算的编制，主要用于对各项费用的预算，尤其是对那些没有直接业务量对应关系的费用预算有特别的控制功效，如销售费用预算、管理费用预算等。

采用零基预算法编制预算的基本程序为：首先，由企业各部门根据企业的经营目标和各部门的具体任务，对每项业务说明其性质和目的，以零为基础，详细提出各项业务所需要的开支或费用；其次，对每一个预算项目进行成本效益分析，在权衡各个费用开支项目轻重缓急的基础上，决定对所有预算项目资金分配的先后顺序；最后，将企业在计划期内可动用的经济资源，按照先后顺序在有关项目之间进行合理分配。

【例9-15】甲公司采用零基预算法编制其2020年销售及管理费用预算。甲公司2020年可用的销售及管理费用资金总额为60 000元。结合2020年的经营目标和管理任务，经销售及管理部门研究讨论和协商，提出2020年需要发生的部门费用项目和预计开支金额如表9-18所示。

表9-18 甲公司2020年销售及管理费用项目和预计开支金额　　　单位：元

费用项目	开支金额
广告费	18 000
培训费	12 200
业务招待费	5 400
销售提成	8 000
差旅费	5 000
办公费	11 800
保险费	5 600
合计	66 000

经分析认为：上述项目中，销售提成、差旅费、办公费及保险费属于约束性固定成本，在预算期内必须全额保证它们的资金需求；而广告费、培训费以及业务招待费属于酌量性固定成本，可在满足约束性资金需求的前提下，按其对企业收益的影响程度来分配。根据历史成本资料对其进行成本效益分析可知：每1元的广告投入可以获得10元的收益；每1元的培训投入可以获得6元的收益；每1元的业务招待费投入可以获得4元的收益。

由此，将2020年可用的销售及管理费用资金总额60 000元按照各项目的性质和轻重缓急分配后，可编制甲公司2020年销售及管理费用预算如表9-19所示。

表9-19 甲公司2020年销售及管理费用预算　　　单位：元

费用项目	比例	金额
销售提成	100%	8 000
差旅费	100%	5 000
办公费	100%	11 800
保险费	100%	5 600
合计		30 400
剩余：		29 600

表9-19(续)

费用项目	比例	金额
广告费	10/（10+6+4）	14 800
培训费	6/（10+6+4）	8 880
业务招待费	4/（10+6+4）	5 920
合计		29 600
总计		60 000

在采用零基预算法编制预算时，应特别注意如下问题：其一，应掌握准确的市场信息和生产经营信息，建立信息数据库，实现内外部信息的实时动态管理，为编制零基预算提供准确可靠的信息来源；其二，制定合理的资源消耗定额，为编制零基预算提供科学的参照和标准；其三，对预算期内可能会影响各预算项目的发生数的各项经济事项进行充分合理的估计和判断，为合理确定各个预算项目的预算数据提供充分合理的事实依据。

三、定期预算与滚动预算

全面预算按照其预算期间起始时间是否变动，可以分为定期预算和滚动预算。

（一）定期预算

定期预算是在编制预算时以不变的会计期间（一般以会计年度）作为预算期的一种预算编制方法。定期预算能够使预算期间与会计年度一致，便于考核和评价预算的执行效果。但由于定期预算多在其执行年度开始前两三个月进行，对于预算期后期的预算只能笼统估算，缺乏远期指导性，而且定期预算在实施过程中不能随情况变化及时调整，容易造成预算滞后。此外，定期预算一般只考虑一个会计年度的经营活动，使得企业的管理者局限于本期规划的经营活动，不利于企业的长远发展。

（二）滚动预算

滚动预算又称为"连续预算"或"永续预算"，是一种不管时间如何推移，始终使预算期保持在一个固定时间跨度（一般为12个月）的动态预算法。采用滚动预算法编制预算时，先编制12个月的定期预算并付诸执行，每当预算执行过1个月，就根据该月的执行结果和执行中出现的情况并结合未来环境可能发生的变化调整来修正剩余11个月的预算，并追加第12个月的预算，使总的预算期始终保持在12个月的时间跨度内。编制滚动预算时，前几个月的预算要详细完整，后几个月可以粗略一些，随着时间的推移，将原来较粗的预算调整修正为详细的预算，后面又随之补充新的较粗的预算，由此往复，不断滚动。滚动预算示意图如图9-4所示。

与传统的定期预算相比，滚动预算具有如下优点：首先，滚动预算从动态预算中把握企业未来发展趋势，保持了预算的完整性和连续性；其次，滚动预算促使企业从动态的角度经常关注各种变化，使预算完全处于一种动态的监控状态之下，有利于预算的顺利执行和实施。最后，滚动预算将编制工作分散在平时，能够克服一次集中编制下一年度全年预算时工作量大的问题。

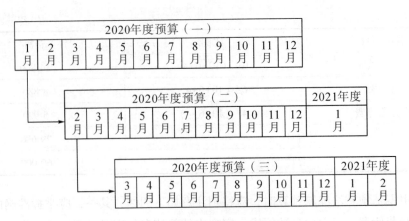

图9-4　滚动预算示意图

但是，由于滚动预算要经常进行，也会大大增加预算编制的工作量。因此，为了既能简化预算编制工作量，同时又能发挥滚动预算的优点，企业可以按季度滚动编制四个季度的滚动预算，同时在执行预算的那个季度，再按月份滚动编制该季度内三个月的滚动预算。

第四节　预算执行与控制

一、预算执行

全面预算的执行主要是由各预算执行部门对全面预算指标进行分解和细化并与企业业绩和考核联系起来，促使企业整体预算目标落实的过程。具体来说，预算的执行包括：

（一）预算分解和落实

全面预算审批下达后，管理当局要通过签订预算责任书的方式将预算指标层层分解、细化，从横向和纵向两个方面将预算指标落实到企业各预算执行部门，形成全方位的预算执行责任体系。

（二）预算执行和控制

在整个预算期内，企业各项经营活动的开展要以董事会批准的全面预算指标为依据，并定期对预算实施情况进行跟踪，及时分析预算差异及其形成原因。企业可以建立预算定期报告制度，定期组织召开预算情况分析会，在分析预算差异产生的原因的同时，据以提出恰当的解决对策。通过对预算的执行进行监控，确保企业及各预算部门实现预算目标。

（三）预算分析和调整

企业批准下达的预算应保持稳定，不得随意调整。但预算编制中存在很多不确定性因素，当预算报告显示实际与预算间存在较大差异时，如果是由于制定预算时没有正确预测到外部环境因素或者预算执行中外部环境因素有变化，比如市场环境发生重大变化、国家经济政策发生重大调整等，使得实际执行与预算发生较大偏差，应对预算做出修订和调整，以确保预算作用的发挥。

全面预算的调整应遵循严格的审批程序，按照预算编制的流程进行调整，即对需要调整的预算，按照"上下结合、分级编制、逐级汇总"的程序重新编制并将调整后的预算报董事会审批后下发执行。

二、预算控制

全面预算的控制是将编制好的预算作为业绩考核的依据，定期将实际业绩与预算比较，分析差异结果并进行改进。具体来说，预算的控制包括：

（一）业绩反馈报告

各预算执行部门定期编报业绩报告，通过将实际业绩和预算目标对比确定业绩好坏，若差异较大则需分析其原因和拟采取的改进措施。

（二）预算差异分析

将实际业绩与预算比较，分析差异形成的主要原因及影响程度的大小，进而区分可控因素与不可控因素，在此基础上确定预算执行部门的业绩，并为采取改进措施提供依据。

（三）预算考评

根据预算差异的性质和产生的原因评定业绩并实施相应的奖惩措施。预算奖惩是全面预算管理的生命线，是预算激励机制和约束机制的具体体现。通过建立科学的奖惩制度，一方面能使预算考评落到实处，真正体现责、权、利的结合；另一方面能有效引导人的行为，使预算目标和预算行为协调一致。

预算编制、预算执行与预算控制是全面预算管理的三个重要环节，这三个环节及各项内容之间相互关联、相互作用、相互衔接，并周而复始地循环，从而实现对企业所有经营活动的科学管理与有效控制。

 本章练习

一、简答题

1. 什么是全面预算？具体包括什么内容？有什么作用？

2. 制造业以销售为核心的预算管理模式下的业务预算包括哪些内容？它们之间的相互关系是怎样的？

3. 什么是弹性预算？和固定预算相比，弹性预算有什么优点？

4. 什么是零基预算？编制时应注意什么问题？

5. 什么是滚动预算？和定期预算相比，滚动预算有哪些优点？

二、论述题

请结合实务阐述全面预算与计划、战略之间的关系。

三、计算分析题

A 公司是只生产和销售一种产品的小微企业。为了对未来年度的经营状况有更好的计划和控制，在 2019 年年底前，公司根据新入职的财务经理的建议，开始编制 2020 年财务预算。

根据对 2019 年销售情况的分析，并结合有关因素的变动，公司根据企业预计年度的目标利润确定了 2020 年度产品的销售数量、单价以及销售收入等，确定了公司的销售预算。已知 2020 年年初应收账款为 12 000 元。2020 年度各季度预计销量如表 9-20 所示。根据公司信用政策，每季度销售中当季收回 70%，下季度收回 30%。预计销售单价为 300 元。

表 9-20　A 公司 2020 年度预计销量　　　　　　　　　单位：件

1 季度	2 季度	3 季度	4 季度	全年
200	240	260	300	1 000

公司的存货政策为每季度末保持下季度销量的 10% 作为存货，2020 年年初存货 15 件，成本为 3 375 元，年末存货 30 件。

A 公司生产该产品只需要一种材料，单位产品消耗量为 10 千克，每千克单价 8 元。各季度末材料存货数量按照下季度生产需求量的 10% 确定，2020 年年初库存材料数量为 200 千克，年末库存材料数量为 300 千克。按照材料供应商的信用政策，材料款需当季支付 80%，其余下季支付。已知期初材料应付款项 3 520 元。该产品的单位定额工时为 8 小时，标准工资率为 15 元/小时。变动制造费用预计全年 10 200 元，固定制造费用预计全年 15 620 元。制造费用按照直接人工工时进行分配，其预算数据如表 9-21 所示。

表 9-21　制造费用　　　　　　　　　单位：元

	1 季度	2 季度	3 季度	4 季度	合计
变动制造费用					
间接材料	750	920	1 026	1 244	3 940
间接人工	390	484	591	655	2 120
水电费	170	220	275	245	910
维修费	660	752	930	888	3 230
变动制造费用合计	1 970	2 376	2 822	3 032	10 200
固定制造费用					
管理人员工资	700	700	700	700	2 800
折旧费	1 800	1 800	1 800	1 800	7 200
保险费	100	150	200	250	700
维修费	990	1 130	1 300	1 500	4 920
固定制造费用合计	3 590	3 780	4 000	4 250	15 620
制造费用合计	5 560	6 156	6 822	7 282	25 820

全年销售与管理费用为固定费用，各季度均匀发生，其预算数据如表9-22所示。

表9-22　销售与管理费用

项目	金额
销售费用	
销售人员工资	5 000
广告费	10 000
包装运输费	5 000
管理费用	
管理人员工资	10 000
福利费	1 200
保险费	1 000
合计	32 200

根据公司的现金管理政策，每季度末现金余额应不少于10 000元，不足则向银行借款，借款和还款金额均为1 000的整数倍。根据与银行签订的合同，借款年利率为10%，期初借款，期末还款。

该公司除了上述业务计划，没有其他业务产生的应收和应付账款。

根据项目投资计划，预计在第三季度购买一台新的生产设备，需要支付设备款项13 000元。根据公司股利政策，每半年支付一次，预计全年支付20 000元股利。所得税每季度预付1 200元，年末汇算清缴，公司适用的所得税税率为20%。

问题：

如果你是A公司财务经理的助理，请你按季度编写A公司经营预算（包括销售预算、生产预算、成本费用预算以及产品成本预算），并根据预算数据，编写A公司的现金预算和利润预算表。

第十章

成本控制

一、成本控制的含义及作用

为了保证预算的顺利完成，企业需要在编制好预算后，对企业发生的相关经济活动进行控制。控制活动以预算作为标准，又称为预算控制，涉及企业采购生产、销售等相关责任单位的成本、收入以及利润等诸多方面。其中，成本控制是预算控制的基础。

成本控制指企业在生产经营活动中，以不断降低成本和提高效益为目的，对影响成本的各项要素进行控制，及时发现实际成本与预算成本之间的差距，积极采取措施保证成本目标和成本预算任务的完成。成本控制有狭义和广义之分。狭义的成本控制看重对日常生产阶段产品成本的限制，广义的成本控制则强调对企业生产经营的各个方面、各个环节以及各个阶段的所有成本的控制。

成本控制在企业管理中起着重要作用。首先，企业的主要目的之一就是获取最大化利润，而降低成本是提高利润的主要途径之一，而且相较于价格、资金、利润等要素，企业对成本的控制掌握更大的主动性。其次，企业在生产经营过程中面临着同行竞争、经济环境不好等外部因素以及职工改善待遇、股东分红等的内部压力，降低成本以提高安全边际、提升产品价格竞争能力，是企业抵御内外压力最直接有效的手段。最后，将成本控制在同行业的先进水平，以获取超额利润，可以为企业后续发展奠定基础，在竞争中立于不败之地。

成本控制按照不同的标准可以划分为不同的类型，具体见表 10-1。

表 10-1　成本控制类型

分类标准	具体类型	含义
原理	前馈性成本控制	利用前馈控制原理对事前的产品设计、试制阶段进行的成本控制，属于事前控制
	防护性成本控制	通过企业相关规章制度约束成本支出，预防偏差和浪费，属于事前控制
	反馈性成本控制	利用反馈原理进行事后成本控制
时间	事前成本控制	在产品投产前的设计、试制阶段，对影响成本的各因素进行事前规划、审核与监督，并建立健全成本管理制度，防患于未然
	事中成本控制	在产品生产过程中，对成本的形成和偏离成本目标的差异进行日常控制
	事后成本控制	产品成本形成后的综合分析与考核
对象	产品成本控制	生产产品全过程的控制
	质量成本控制	质量管理与成本管理结合，通过确定最优质量成本达到控制成本的目的
手段	相对成本控制	开源与节流并重，强调节约的同时，充分利用产能
	绝对成本控制	侧重节流，强调节约，杜绝浪费
期间	运营期成本控制	侧重控制企业运营期成本
	生命周期成本控制	强调取得成本和使用成本的双重控制

二、成本控制的原则及要求

为了更好地发挥成本控制的作用，实施成本控制需要遵循如下原则及要求：

（一）全面控制原则

全面控制原则是指成本控制要做到全员、全过程、全方位控制。即充分调动企业全体员工和部门关心成本并进行成本控制的积极性，从产品设计、制造到销售等所有阶段，均结合不同阶段的特点进行有效控制，以市场需求为导向，正确处理好降低成本与提高产品质量的关系。

（二）责权利相结合原则

进行成本控制，需要建立健全经济责任制，贯彻责权利相结合的原则。企业应该在细分目标成本的基础上，明确各责任中心应该承担的责任和义务，并赋予其相应的权利，以使得各责任单位明确责任范围，使成本控制的目标和相应的管理措施能够落到实处，成为定期考核的依据，及时对各责任中心进行奖惩。

（三）经济效益原则

按照成本效益原则，成本控制首先需要尽可能降低成本的绝对数，同时应充分利用企业资源，进行资源最佳配置，应以尽可能少的资源消耗，取得最佳的经济效益，实现成本的相对节约。

（四）例外管理原则

在日常成本控制活动中，实际成本与预算之间的差异，尤其是数量小、影响小的差异普遍存在，应有选择地分配人、财、物，重点剖析例外成本差异，将注意力集中在不正常的关键性差异（例外）上，及时查明原因并采取纠正措施。实务中，"例外"的确定标准通常需要考虑金额大小、发生的频率以及可控性等因素。

三、成本控制制度

成本控制制度是在对产品设计、生产等阶段影响成本的相关因素的分析和研究基础上，制定出的一套适合本企业具体情况的成本控制方法和规章制度的统称。成本控制制度是企业内部控制制度的重要组成部分。从国内外成本控制的实践看，成本控制方法繁多，诸如标准成本法、目标成本法、作业成本法等，企业应结合实际灵活运用。本章后续将重点介绍标准成本法、目标成本法。

第二节 目标成本控制

一、目标成本法的概念及意义

当今社会，随着生产和信息技术的飞速发展，企业保持竞争优势除了提升产品质量外，还需要不断降低成本，以更低的价格、更优的产品获得竞争优势。在激烈竞争的市场环境下，企业根据市场需求持续不断地研发新产品，使得产品生命周期大大缩短，产品研发和设计对于产品成本的控制至关重要，因此在产品研发和设计阶段进行成本降低比产品生产阶段再考虑如何降低成本显得更为重要。目标成本是一种预计成本，是指企业以市场为导向，在产品投产之前，通过成本企划、价值工程等手段达成由产品的可能售价和目标利润决定的最优目标成本，并以目标成本作为主要依据实施成本控制。与传统的成本管理方法的事后控制不同，目标成本以市场和客户为导向，是一种预防性和先导性的成本前馈控制方法。

目标成本控制使得企业成本控制真正做到了成本事前规划有目标，过程控制有依据，成本分析有标准。在市场竞争激烈、产品生命周期较短、环境变化快的今天，目标成本法时刻关注客户的需求和竞争者的威胁，有利于提高企业的市场竞争能力。从本质上讲，目标成本法是要设计一种能为企业带来丰厚利润的生产方式，关注整个价值链的利润和成本计划，从宏观的角度对价值链的各个组成部分进行协调。目标成本控制有利于增强全体员工的成本意识，从全局出发，持续改善经营，在机制上保证成本控制在合理的范围内。

二、目标成本法实施的步骤

目标成本法的实施主要分为如下四个阶段：

（一）初步确定目标成本

首先，在市场调研分析、了解竞争产品、市场变化趋势以及与客户交流的基础上，确定市场可接受、具有竞争力的产品目标售价。其次，基于充分的市场调研，结合企业所处行业、产品类型、企业战略以及经营决策确定合理的目标利润。最后，目标售价扣除目标利润确定目标成本。

（二）目标成本的可行性分析

首先，通过消费者需求研究、竞争者分析以及竞争者产品分析确定目标售价的可行性；其次，结合企业中长期目标以及利润计划，综合考虑销售、利润、投资回报、现金流量、产品品质、市场需求等因素的影响，分析目标利润的合理性；最后，根据本企业实际成本水平，同类企业的成本水平，并充分考虑企业的成本解决能力，分析目标成本的可行性。

（三）实现目标成本

首先，产品设计部门在现有技术水平下，通过对预期的产品成本与目标成本进行比较，计算出成本差距并找出差距原因，以寻求解决方案；其次，由各职能部门成员组成的产品和流程团队运用成本企划、价值工程等方法去寻求最佳产品设计，用最低的成本达成顾客需要的功能、品质及安全性等。如果此时计算出的最佳产品设计下的成本低于目标成本，产品可以投产；反之，则重复运用上述手段确定最佳目标成本。

（四）目标成本的持续降低

在目标成本法下，产品进入生产阶段后，企业仍然需要不断地寻求降低成本的措施。通过对产品的财务目标和非财务目标完成情况的追踪考核、调查消费者需求是否得到满足等，对目标成本进行追踪考核和修订，使得目标成本处于正常控制状态，作为制定标准成本的基础，也为下一轮新产品的改进和研发确定新的目标成本提供有价值的信息。

第三节 标准成本控制

一、标准成本与标准成本控制

标准成本是指按照成本项目反映的，在已经达到的生产技术水平和有效经营管理的条件下，应当发生的单位产品成本目标。它是控制成本开支、考核评价实际成本、衡量工作效率的依据和尺度的一种目标成本。标准成本可以通过单位产品的预计标准资源消耗量和这些资源的单位价格计算得出。

标准成本控制通过预先制定标准成本，在实际执行过程中将实际成本与标准成本进行比较，核算和分析成本差异，并据以加强成本控制和业绩评价。一个完整的标准成本控制系统应该包括：标准成本的制定、成本差异的计算和分析以及成本差异的处理。其中，标准成本的制定是前提和关键，成本差异的计算和分析是重点，标准成本控制的核心是按照标准成本记录和反映产品成本的形成过程和结果，并借以实现对成本的控制。

二、标准成本的类型

在确定成本控制标准时，通常有如下几种类型可以选择：

（一）理想的标准成本

理想的标准成本是在最优的生产条件下，以现有技术设备处于最佳状态，经营管理中没有任何差错为前提所确定的标准成本。这种标准成本是建立在资源充分利用、设备满负荷运转、产品无废品、人工效率充分发挥的基础上制定的，是实际成本应达到在理想的条件下成本的最低限度，不允许任何浪费的存在。因此，这种标准成本要求过高，在实际工作中很难达到，只能给企业指出努力的方向或奋斗的目标，不宜作为成本控制和正确评价实际工作的标准，否则容易挫伤大家的工作积极性。

（二）可达到的标准成本

可达到的标准成本又称为现实的标准成本或正常的标准成本，是在现有的生产技术水平和正常生产经营能力的前提下，根据合理的损耗水平，以通过努力能够达到的生产效率为依据确定的标准成本。这种标准成本考虑到现实生活中不可避免的合理损耗、设备故障以及人工闲置等因素，是一种先进合理、切实可行又接近实际，经过努力可以实现的成本目标。这种标准成本既排除了各种偶然因素和意外情况，又保留了目前条件下难以避免的损失，是应该发生的成本，能在成本控制中发挥应有的积极作用，在实际工作中得到广泛应用。

（三）基本的标准成本

基本的标准成本又称为历史的标准成本，是参照过去一段时间的实际成本，剔除其中生产经营活动中的异常因素，并考虑今后的变动趋势而确定的。这种标准成本是企业在生产经营能力得到正常发挥的条件下就可以实现的目标成本。由于这种标准成本一般几年制定一次并保持不变，随着科技的进步，劳动生产率的提高，原有的基本标准将逐渐过时，难以在成本控制中发挥应有的作用。因此，实际工作中，这种标准成本较少被采用。

制定标准成本，就是确定以什么样的成本目标作为现行标准成本，正确制定标准成本，是确保标准成本控制系统能够顺利实行的关键和前提。

三、实施标准成本控制系统的前提条件

企业要顺利实施标准成本控制系统，需要具备一定的前提条件：首先，企业只有确立标准化的生产工艺和操作流程，才能确定直接材料消耗量、直接人工工时等与成本项目间的关系，从而制定直接材料、直接人工和制造费用等的标准成本，以便汇总得出单位产品的标准成本。其次，企业只有建立健全成本核算体系，才能正确核算直接材料、直接人工以及制造费用的实际成本，进而为分析和控制成本差异提供相关信息。同时，企业应建立健全成本控制的责任体系，基于合理的成本中心的确立，从标准成本制定、成本差异分析与控制到业绩考核与评价以及标准成本的修订，通过实施成本的责任归属管理，实现全方位、全过程的成本控制。最后，企业全体员工的理解、支持和积极参与也是实施标准成本控制系统的重要前提条件。

四、标准成本的制定

标准成本应该分成本项目制定。按照变动成本法，产品的标准成本由直接材料、直

接人工、变动制造费用等变动成本项目构成；按照全部成本法，产品的标准成本由直接材料、直接人工、变动制造费用和固定制造费用等项目构成。无论哪一个成本项目，在制定时，都需要分别确定用量标准和价格标准，两者相乘即为每一个成本项目的标准成本，汇总后即为单位产品的标准成本。

标准成本的制定要讲究科学性和艺术性，除了财务部门外，还需要企业各部门的参与和支持，诸如采购部门、生产部门、技术部门等，同时，还需要参照历史数据，分析未来市场环境的变化等，以便使得制定的标准成本始终保持现实可行性。

（一）直接材料标准成本的制定

直接材料标准成本由直接材料价格标准和直接材料耗用量标准两个因素构成。在制定直接材料标准成本时，首先应确定构成产品的直接材料项目，然后按照材料项目逐一确认它们在单位产品中的比例，运用价格标准和数量标准确定每项直接材料的标准成本，最后汇总计算出产品的直接材料标准成本，其公式表示如下：

单位产品耗用某种材料标准成本＝该种材料价格标准×该种材料耗用量标准

$$单位产品的直接材料标准成本 = \sum 单位产品耗用某种材料标准成本 \times 该种材料在单位产品中的比例$$

其中，材料价格标准是以订货合同中的合同价格为基础，考虑未来各种变动因素，所确定的购买材料应当支付的价格，包括直接材料的买价、运杂费、装卸费以及正常损耗等成本，是企业编制的计划价格，通常由财务部门和采购部门共同协商制定。材料耗用量标准是根据企业产品的设计、生产和工艺的现状，结合企业现有的生产技术条件和经营管理水平，考虑材料在使用过程中发生的必要损耗，所确定的各种原料及主要材料的消耗定额，通常由生产技术部门或产品设计部门制定。

（二）直接人工标准成本的制定

直接人工标准成本是单位产品应耗费的直接工资的成本目标。工资制度不同，影响直接人工标准成本的因素是不一样的。在计件工资形式下，直接人工标准成本即为计件工资单价；在计时工资形式下，直接人工标准成本是由直接人工工时标准和直接人工工资率标准两个因素构成的。以计时工资为例，直接人工标准成本的计算公式如下：

单位产品直接人工标准成本＝直接人工工资率标准×直接人工工时标准

其中，直接人工工资率标准即直接人工价格标准，是由人力资源部门根据工种、技术等级等情况确定的。直接人工工时标准即单位产品工时定额，是在现有的生产技术条件、工艺方法和技术水平条件下，生产单位产品所用的时间，包括生产加工直接需要的必不可少的时间、必要的间歇和停工时间以及不可避免的加工废品所用的时间。直接人工工时标准通常由生产技术部门和人力资源管理部门根据技术测定和统计调查资料确定。

（三）制造费用标准成本的制定

制造费用的标准成本一般按部门分别编制，然后将同一产品涉及的各部门单位制造费用标准成本加以汇总得出整个产品制造费用标准成本。制造费用标准成本分为变动制造费用标准成本和固定制造费用标准成本两部分。

其中，变动制造费用是指随业务量呈正比例变化的那部分间接生产成本，如工艺技术过程中用的燃料、动力等。其价格标准即变动制造费用的分配率标准，根据变动制造费用预算除以直接人工工时得出；用量标准即标准工时用量标准，与直接人工工时标准一致。变动制造费用标准成本公式可表示为：

单位产品变动制造费用标准成本＝变动制造费用的分配率标准×标准工时用量标准

固定制造费用是不随业务量变化而变化的那部分间接生产成本，如办公费、折旧费、保险费等，通常根据事先编制的固定预算控制其费用总额。在变动成本法下，固定制造费用属于期间成本，直接计入损益，不必在各产品之间分配，因此不含在单位产品的标准成本中。在完全成本法下，固定制造费用要计入产品成本，应确定其标准成本，其用量标准同变动制造费用的用量标准一致，价格标准即固定制造费用的分配率标准，用固定制造费用预算总额除以直接人工标准总工时计算得出。固定制造费用标准成本计算公式如下：

单位产品固定制造费用标准成本＝固定制造费用的分配率标准×标准工时用量标准

五、成本差异的计算与分析

（一）成本差异的含义与类型

产品标准成本是一种预订的成本目标，用来控制实际成本。而在实际生产经营过程中，由于各种各样的原因，产品的实际成本与标准成本之间会发生偏差或者产生差额，这就是成本差异。

成本差异按照形成的原因和性质等的不同，可以有不同的划分：

1. 数量差异和价格差异

数量差异是各成本项目实际用量与标准用量不一致而产生的成本差异。其计算公式：数量差异＝标准价格×（实际产量下的实际数量-实际产量下的标准数量）。

价格差异是各成本项目实际价格水平和标准价格不一致产生的成本差异。其计算公式：价格差异＝（实际价格-标准价格）×实际产量下的实际数量

特别需要说明的是，完全成本法下固定制造费用的价格差异为实际发生的固定制造费用和预算固定制造费用之间的差额，数量差异是预算产量标准工时与实际产量标准工时不同产生的成本差异，具体可以细化为能力差异和效率差异。其中能力差异预算产量标准工时与实际产量、实际工时不同所产生的成本差异；效率差异是实际耗用总工时与实际产量应该耗用的标准总工时不同所产生的差异。

2. 有利差异和不利差异

有利差异是由于实际成本低于标准成本而形成的节约差异，通常用字母 F 表示（favourable）。不利差异是由于实际成本高于标准成本而形成的超支差异，通常用字母 A 表示（adverse）。值得注意的是，有利和不利是相对的，并不是有利差异越大越好，如果不顾质量盲目追求有利差异，则差异将会向不利方面转化。

3. 可控差异和不可控差异

可控差异又称为主观差异，指与主观努力程度相联系而形成的差异；不可控差异又称为客观差异，是与主观努力程度关系不大，主要受客观原因影响而形成的差异。

（二）成本差异的计算与分析

1. 变动成本差异的计算和分析

如前所述，变动成本包括直接材料、直接人工和变动制造费用，它们的实际成本高低取决于实际用量和实际价格，标准成本的高低取决于标准用量和标准价格。由此，变动成本差异可以归结为价格脱离标准的"价格差异"和用量脱离标准造成的"数量差异"两类。

成本差异＝实际成本－标准成本＝实际价格×实际数量－标准价格×标准数量

＝实际价格×实际数量－标准价格×实际数量＋标准价格×实际数量－

标准价格×标准数量

＝（实际价格－标准价格）×实际数量＋标准价格×（实际数量－标准数量）

＝价格差异＋数量差异

（1）直接材料成本差异的计算与分析

直接材料成本差异指在实际产量下直接材料实际总成本与其标准总成本之间的差额，具体包括直接材料价格差异和直接材料耗用量差异，其计算公式如下：

直接材料成本差异＝直接材料价格差异＋直接材料耗用量差异

直接材料价格差异＝（直接材料实际价格－直接材料标准价格）×实际产量下直接材料实际耗用量

直接材料耗用量差异＝直接材料标准价格×（实际产量下直接材料实际耗用量－实际产量下直接材料标准耗用量）

【例10-1】某企业2020年9月份生产甲产品1 000件，耗用A材料2 100千克，A材料单价为1.5元/千克；直接材料单位标准成本为3.2元，其中单位产品直接材料标准消耗量为2千克，每千克A材料标准价格为2元。则：

直接材料价格差异＝（1.5-2）×2 100＝-1 050（元）

直接材料耗用量差异＝2×（2 100-1 000×2）＝200（元）

直接材料成本差异＝-1 050+200＝-850（元）

计算出直接材料的各种成本差异后，还应该结合企业实际情况，逐项分析这些差异形成的具体原因。一般来说，直接材料价格差异是在采购过程中形成的，不应该由耗用材料的生产部门负责，而主要应由采购部门负责。材料单价受多种因素的影响，除了供应单位实行新的定价外，还包括采购能力、运输和交货方式、材料质量、批量折扣以及信用条件等。如果发现直接材料出现价格差异，应及时提醒采购部门及相关采购人员，并查明差异出现的原因，确定合理的责任归属，及时采取必要的措施。值得注意的是，在特定情况下，也应该考虑生产部门的责任。比如，基于生产的临时需求，对某项材料进行小批量紧急采购，运输方式临时由陆运改为空运，由此形成的不利价格差异，应该由生产部门负责。

直接材料耗用量差异一般反映生产过程中直接材料的节约或浪费，可能影响直接材料耗用量的因素有很多，比如工人的技术熟练程度和责任感、机器设备的效率、产品质量控制制度等。一般来说，生产中的直接材料耗用量差异主要应该由生产部门负责，但有时也有可能是采购部门的责任，例如采购部门以较低的价格购进了质量较差的材料，可能引起材料耗用量的增长。所以应具体问题具体分析,合理确定责任归属。

(2) 直接人工差异的计算和分析

直接人工成本差异指在实际产量下直接人工实际总成本与其标准成本总额之间的差异,具体包括直接人工工资率差异和直接人工效率差异。其计算公式如下:

直接人工成本差异=直接人工工资率差异+直接人工效率差异

直接人工工资率差异=(实际工资率-标准工资率)×实际产量下实际人工工时

直接人工效率差异=标准工资率×(实际产量下实际人工工时-实际产量下标准人工工时)

【例10-2】某企业2020年9月份生产甲产品1 000件,实际耗用工时2 000小时,支付工资12 000元;直接人工标准成本10元/件,其中单位产品标准工时2.5小时,标准工资率5元/小时。则:

直接人工工资率差异=(12 000/2 000-5)×2 000=2 000(元)

直接人工效率差异=5×(2 000-1 000×2.5)=-2 500(元)

直接人工成本差异=2 000-2 500=-500(元)

计算出直接人工的各种成本差异后,还应该结合企业实际情况,逐项分析这些差异形成的具体原因。由于直接人工工资率主要由工资结构和工资水平决定,一般较少变动。可能造成工资率差异的主要原因有:工资制度或工资级别的调整、工资计算方法改变如由计时制改为计件制、由于产品工艺过程或加工方法的改变而调整工种、出勤率发生变化、季节性或临时性生产增发工资等。因工资率差异而产生的责任主要应该由人力资源管理部门承担,可能会涉及生产部门或其他部门。由于导致人工工资率变化的原因多数是不可控的,分析时应针对具体情况进行评价说明,并与各部门工作范围和职责结合。

造成直接人工效率差异的原因是多方面的,主要包括:工人的技术熟练程度、设备配备及完好程度、原材料供应及动力供应、生产计划安排、材料质量与规格以及工作环境等。人工效率差异的原因基本是可控的,责任主要归属于生产部门,但分析时应针对具体情况进行具体分析。如果是生产部门计划安排不及时或者把技术不熟练的工人安排去从事负责的工作,则应该由生产部门负责;如果是由于采购不及时或者采购了不适用或者质量较差的原材料造成加工工时的增加,则应该由采购部门承担责任;如果由于动力供应不足导致人工效率差异,则应该由动力部门负责。

(3) 变动制造费用差异的计算和分析

变动制造费用成本差异指在实际产量下变动制造费用的实际发生额与其标准发生额之间的差额,具体包括变动制造费用支出差异和变动制造费用效率差异。其计算公式如下:

变动制造费用成本差异=变动制造费用支出差异+变动制造费用效率差异

变动制造费用支出差异=(变动制造费用实际分配率-变动制造费用标准分配率)×实际产量下实际工时

变动制造费用效率差异=变动制造费用标准分配率×(实际产量下实际工时-实际产量下标准工时)

【例 10-3】某企业 2020 年 9 月份生产甲产品 1 000 件，实际耗用工时 2 000 小时，实际发生变动制造费用 6 000 元；变动制造费用标准成本 5 元/件，其中单位产品标准工时 2.5 小时，变动制造费用标准分配率 2 元/小时。则：

变动制造费用支出差异 ＝（6 000/2 000－2）×2 000＝2 000（元）

变动制造费用效率差异 ＝2×（2 000－1 000×2.5）＝－1 000（元）

变动制造费用成本差异 ＝2 000－1 000＝1 000（元）

计算出变动制造费用的各种成本差异后，还应该结合企业实际情况，逐项分析这些差异形成的具体原因。变动制造费用支出差异主要是由间接材料、间接人工和其他有关间接费用的节约或超支造成的。影响变动制造费用支出差异的因素主要有：预算估计不当、间接材料质量不合格使得耗用量增加、间接人工工资率调整以及间接人工数量增加、其他各项间接费用控制不当等。变动制造费用支出差异应根据产生的具体原因确定责任归属，分别由财务部门、采购部门、人力资源管理部门、生产部门等承担。

变动制造费用效率差异是由于实际工时脱离了标准工时而产生的，其形成原因与人工效率差异形成的原因相同，此处不再赘述。

2. 固定制造费用差异的计算和分析

在相关范围内，固定制造费用不会随着业务量的变化而变化，这就决定了其差异的计算和分析与变动制造费用不同。固定制造费用成本差异指在实际产量下固定制造费用实际发生额与其标准发生额之间的差额。其计算公式为：

固定制造费用成本差异＝固定制造费用实际分配率×实际产量下实际工时－固定制造费用标准分配率×实际产量下的标准工时

对固定制造费用成本差异的分解有"二因素分析法"和"三因素分析法"两种方法。

（1）二因素分析法是将固定制造费用成本差异分为支出差异和能量差异。支出差异是指固定制造费用实际金额与固定制造费用预算金额之间的差额。由于固定制造费用不随业务量变动而变动，因此在考核时不考虑业务量的变动，而以原来的预算数作为标准，实际数超过预算数即为支出过多。其计算公式如下：

固定制造费用支出差异＝实际产量下实际固定制造费用－预算产量下标准固定制造费用

固定制造费用能量差异＝固定制造费用标准分配率×（预算产量下标准工时－实际产量下标准工时）

【例 10-4】某企业 2020 年 9 月份生产甲产品 1 000 件，实际耗用工时 2 000 小时，实际发生固定制造费用 3 800 元；企业最大生产能力为 1 200 件，可开工 3 000 小时，单位产品固定制造费用标准成本 3.5 元/件，其中单位产品标准工时 2.5 小时，固定制造费用标准分配率 1.4 元/小时。则：

固定制造费用支出差异 ＝3 800－4 200＝－400（元）

固定制造费用能量差异 ＝1.4×（1 200×2.5－1 000×2.5）＝700（元）

固定制造费用成本差异 ＝支出差异＋能量差异＝－400＋700＝300（元）

验算：固定制造费用成本差异＝实际固定制造费用－标准固定制造费用

$$＝3 800－1 000×3.5＝300（元）$$

（2）三因素分析法是将固定制造费用成本差异分为支出差异、效率差异和闲置能力差异。支出差异的计算同二因素分析法，不同的是，二因素分析法下的能量差异细分为实际工时脱离标准工时而形成的效率差异和实际工时未达到标准能量而形成的闲置能力差异。其计算公式如下：

固定制造费用支出差异＝实际产量下实际固定制造费用－预算产量下标准固定制造费用

固定制造费用效率差异＝固定制造费用标准分配率×（实际产量下实际工时－实际产量下标准工时）

固定制造费用闲置能力差异＝固定制造费用标准分配率×（预算产量下标准工时－实际产量下实际工时）

【例 10-5】依据例 10-4 资料，按照三因素分析法计算如下：

固定制造费用效率差异＝1.4×（2 000-1 000×2.5）＝-700（元）

固定制造费用闲置能力差异＝1.4×（1 200×2.5-2 000）＝1 400（元）

固定制造费用能量差异＝效率差异+闲置能力差异＝-700+1 400＝700（元）

固定制造费用支出差异＝3 800-4 200＝-400（元）

固定制造费用成本差异＝支出差异+效率差异+闲置能力差异

$$=-700+1\ 400-400=300（元）$$

计算出固定制造费用的各种成本差异后，还应该结合企业实际情况，逐项分析这些差异形成的具体原因。由上述分析可以看出，三因素分析法中的固定制造费用闲置能力差异和效率差异之和即为二因素分析法中的能量差异。影响固定制造费用能量差异的因素主要有：市场萎缩、订货减少；原设计生产能力不足；供应不足、停工待料；机器故障、停工待修；动力短缺、开工不足；产品调整、批量减少等。能量差异主要是由于现有生产能力没有发挥出来造成的，其责任主要应该由高层管理人员承担，生产计划部门、采购部门、生产部门以及销售部门等都可能负有一定的责任，应根据企业的具体情况具体分析。

影响固定制造费用支出差异的因素主要有：管理人员工资调整及随之的职工福利费调整，折旧方法的改变，租赁费、保险费等费用的调整及各项办公用品价格上涨以及税率变动等。对于固定制造费用支出差异的责任，应根据不同情况确定其责任归属。但这些因素变化主要是客观原因引起的，尤其对于一些不可控因素产生的差异，如税率变动、保险费上涨等，其责任不应由哪一个部门来承担。

第四节　成本控制的其他方法

一、生命周期成本法

（一）产品生命周期的含义及其内容

产品生命周期指产品从进入市场到最终退出市场所经历的市场生命循环过程，包括引入期、成长期、成熟期和衰退期。不同的阶段有不同的特点，企业需要采用不同的方法管理在生命周期不同阶段的产品。具体来说：引入期新产品刚投放市场，顾客对产品还不了解，产品市场规模小、销量低，需要大量的营销费用拓展销路，而同时由于技术原因使得产品可能无法大批量生产，所以这个阶段的产品成本高，销售增长缓慢，可能处于亏损的状态。成长期的典型特点是销售和利润大幅增长，因为伴随着顾客对产品越来越熟悉，市场规模扩大，同时企业有一定的技术能力开始批量生产和销售，获取规模经济效益。伴随着利润的增长，可能会有竞争者陆续进入市场，使得市场供给增加，价格逐渐下降，利润增长速度减缓。当市场需求趋向饱和的情况下，产品进入成熟期。对于大部分的产品和企业来说，成熟期是竞争最激烈的阶段，这一阶段的主要目标是保持市场份额，有的企业可能会通过产品改进获取一定的竞争优势。在成熟期，随着竞争的白热化，产品销售增长缓慢甚至下降，企业营销费用增加，利润减少。当产品在市场上的销量开始萎缩时就进入衰退期，尽管不可避免，但企业仍然可以通过更节约成本的方式生产产品并以更低的价格投放市场获取利润。在产品生命周期的各个阶段，销售收入和利润所呈现出的上述特点，可以通过产品生命周期曲线来表示，如图 10-1 所示。

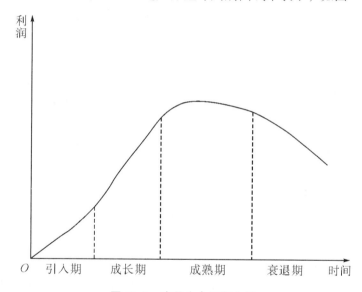

图 10-1　产品生命周期曲线

（二）产品生命周期成本法及其意义

产品生命周期成本是指从产品设计、投放市场、生产和销售，到最后产品退出市场所发生的一系列成本。产品生命周期成本包含了产品在整个生命周期内所有支出费用的总和，包括研发成本、报废成本、培训成本、生产成本、销售成本、存货成本等。产品生命周期成本法，是一种计算发生在生命周期内的全部成本的方法，以此来量化产品生命周期内的所有成本。

产品生命周期成本法在现实生活中应用广泛，既可以用于一件产品、一项服务，也可以用于一个项目。与传统成本控制方法相比，产品生命周期成本法的意义主要表现在：

首先，传统会计没有将研发费用与产品成本联系，直接从当前产品收入中扣除，因此产品利润率被低估甚至被过早淘汰。而在科技飞速发展的今天，产品研发费用不断上升，产品生命周期成本法能更好地体现日益增长的研发成本。

其次，伴随着市场环境的改变，企业营销、售后费用不断增加，环保、可持续发展等方面的社会责任成本也大幅上升，而传统会计将所有非制造费用计入期间费用，直接从利润中扣减，不能很好地体现这些成本。

再次，传统会计基于财务年度分析，并未将产品成本在整个生命周期内累积，无法评估整个产品生命周期的利润。产品生命周期成本法可以计算整个产品生命周期的总成本，并且与产品生命周期内的总收入比较，计算总利润率。

最后，对于需要不断升级原产品、开发新产品的企业而言，产品生命周期成本法可以提供与产品相关的、更准确、更全面的所有成本信息。在竞争激烈的今天，这是至关重要的。

二、全面质量管理

（一）质量与质量成本

质量是商品或服务具备的"一组固有特性、满足要求的程度"。从用户使用需求角度考虑，产品质量包括性能、寿命、可靠性、维修性、安全性、适应性、经济性等。质量成本是企业为保证和提高产品或服务质量而支出的一切费用，以及因未达到产品质量标准，无法满足用户和消费者需要而产生的一切损失。质量成本具体包括：企业为了预防或杜绝由于不良产品或服务而发生的预防成本；为了检查、验证、确定产品是否符合质量要求而发生的鉴定成本；产品出厂前由于发生品质缺陷造成的损失以及为处理品质缺陷发生的废品损失、返工损失、停工损失、产量损失等内部损失成本；产品售出后因质量问题产生的赔偿、折价损失、信誉等外部损失成本。

（二）全面质量管理及其意义

产品或服务质量是企业在激烈的市场竞争中争夺的关键项目。质量管理是确定质量方针、目标和职责，并通过质量策划、控制、保证和改进来使其实现的全部活动。质量管理的过程从设立产品或服务的质量标准、建立确保产品或服务达到质量标准的程序或方法，到对实际质量进行持续监控，最后，当实际质量低于标准时，采取必要的控制措施。质量管理的过程是一个不断循环往复的动态过程。

全面质量管理指一个组织以质量为中心，以全员参与为基础，目的在于通过顾客满意和本组织所有成员及社会受益而达到长期成功的管理目标。全面质量管理遵循"预防成本永远低于纠错成本"和"永远不满足与现状"两个基本原则，其实质是将零缺陷的理念应用到企业所有资源与关系的管理中，以持续不断地满足客户预期。全面质量管理在提高产品质量的同时，有助于鼓舞员工士气，提高市场认可度，降低经营质量成本，减少经营亏损等。

本章练习

一、简答题

1. 简述目标成本法的实施步骤。
2. 简述标准成本的三种类型。
3. 简述三因素分析法下固定制造费用成本差异的内容。
4. 简述产品生命周期成本法的意义。
5. 简述全面质量管理的两个基本原则。

二、论述题

请结合实务阐述目标成本法产生的背景及其与传统成本法的不同。

三、计算分析题

甲企业生产 A 产品，采用标准成本制度。有关资料如下：

1. A 产品标准成本

直接材料（60 千克，单价 0.5 元）　　　　　　30 元

直接人工（3 小时，小时工资率 12 元）　　　36 元

变动制造费用（3 小时，小时分配率 2 元）　　6 元

固定制造费用（3 小时，小时分配率 1 元）　　3 元

单位产品标准成本　　　　　　　　　　　　75 元

2. 制造费用预算

固定制造费用总额　　　　1 500 元

变动制造费用分配率　　　2 元/小时

正常生产能力　　1 500 直接人工小时

3. 实际生产资料

购进材料 30 000 千克，单价 0.52 元；耗用材料 28 000 千克；直接人工工资 17 500 元（1 400 小时，工资率 12.5 元）；变动制造费用 3 200 元，固定制造费用 1 800 元。A 产品生产量 500 件。

请基于上述资料计算分析 A 产品各成本差异。

第十一章

责任会计

一、责任会计的产生

以泰勒的"科学管理理论"为基础的标准成本制度的出现，使人们认识到，为控制成本，必须将其作为各种责任赋予业务执行人员。与此同时，预算管理的出现使责任制度从成本控制领域扩展到利润和资金等管理领域，明确了对各部门预算建立责任制度的重要性。这些发展表明，会计数据与经济责任开始结合，责任会计的萌芽已经产生，尽管还不成熟，但为后来责任会计向业绩评价发展奠定了基础。

第二次世界大战结束以后，科技进步推动了生产力的发展，随着竞争日益加剧，企业内部管理合理化的要求越来越强烈。在这种情形下，许多大公司推行分权化管理，采用事业部制的公司组织体系。对企业来说，某种程度的分权是必要的。但是，当内部各单位被赋予决策自主权时，也会引起一些需要解决的问题。内部单位可能会以牺牲公司整体的和长远的利益为代价，来使自己的业绩达到最大化；各内部单位之间可能会互相冲突、摩擦和竞争，彼此推卸责任而争取利益；可能会为了避免风险，放弃某些可能获取的利润等。

为了发挥分权型管理的优点，抑制其缺点，必须规定各内部单位的目标，测定下级管理人员工作成绩，控制各责任部门的活动，防止其滥用权力。责任会计正是解决上述问题最有效的手段。责任会计是公司在采用分权管理的情况下，将公司内各组织单元划分为若干责任中心，各责任中心进行独立的决策、预算、控制、核算和考评的一种内部管理方法。

二、责任会计的基本内容

责任会计是为了适应企业内部经济责任制的要求和分权管理的需要，在企业内部设置若干责任中心，并对各责任中心分工负责的经济活动进行规划、评价和控制的一种专门制度。它是一种把会计资料同有关责任中心紧密联系在一起的信息系统，也是强化企业内部管理所必须实施的一种内部控制制度。其基本内容主要包括以下几个方面：

（一）划分责任中心，确定责任范围

为实行责任会计，首先应根据企业的行政管理体制和经营管理工作的实际需要，把企业所属各部门、各单位划分为若干个中心，并规定这些中心的责、权范围，使他们在企业授予的权力范围内独立、自主地履行职责。责任中心是根据各责任层次能够进行严格控制的活动区域来划分的。划分责任中心，给企业内部各责任中心以相应的生产经营权力，是为了保证各责任中心有条件地承担经济责任。

合理划分责任中心后，要明确规定各责任中心所应承担的经济责任和所拥有的经营权利，否则有关责任中心就难以充分发挥其生产经营的积极性和主动性，就不能完全落实经济责任和实现真正的管理和控制。

（二）编制责任预算，制定考核标准

责任预算，是利用货币等量化指标对责任中心的生产经营活动做出计划安排。责任预算的编制是以企业的财务预算为基础进行的。如果将企业视作一个大的责任中心，则财务预算便是其责任预算。财务预算要从企业全局出发来编制，立足于实现企业的整体经济效益，所以，企业内部责任预算必须保证企业的财务预算顺利实现。编制责任预算可以使各责任中心在实现企业总体目标的过程中，明确各自的目标和任务，并将其作为控制经济活动的主要依据。

为了落实责任预算、促使责任预算的顺利实施并保证企业财务预算的顺利完成，必须对责任预算的责任人进行考核。明确了考核的标准后，各责任中心具体地进行指标分解，落实经济责任。

（三）建立核算系统，编制责任报告

为了落实责任会计，必须建立一套完整、严密的责任会计核算体系，以责任中心为核算对象。围绕责任中心的成本、收入、利润、资金进行信息的收集、整理、记录、计算，收集有关责任预算的执行情况，并根据责任核算要求各责任中心正确、及时地编制责任报告，以便及时了解各责任中心开展生产经营活动的情况和结果，控制其经营活动并督促其及时采取有效措施改进工作。

（四）进行考核与评价，奖优罚劣

通过对各责任中心业绩报告的实际数与预算数的对比，评价和考核各责任中心的工作实绩和经营效果，总结经验、揭示不足。制定科学的奖励制度，把经济责任与物质利益结合起来，根据责任者的业绩，奖励先进，激励落后。

三、建立责任会计的基本原则

责任会计制度的建立，在不同类型的企业中，往往由于具体情况的不同，其具体做

法也各有特点。但建立责任会计制度的原则基本是一致的，概括起来有以下五条：

（一）责权利相结合的原则

责权利相结合的原则即确定每个责任中心应承担什么责任，拥有什么权利，然后对每个责任主体履行职能承担责任的情况进行奖惩。企业的管理者把权力下放给各个责任部门，明确其应履行的义务，确保相应的权利，以实现企业的整体目标。

（二）可控性原则

责任会计制度的贯彻执行，要求各责任单位必须突出其相对独立的地位，避免出现职责不清，功过难分的局面。因此，在建立责任会计制度时，应首先明确划分各责任单位的职责范围，使它们在真正能行使控制权的区域内承担经营管理责任。即每个责任单位只对其权利范围内的各种经济活动负责，只能对其可控的成本、收入、利润和资金负责。在责任预算和责任报告中，也只应包括它们能控制的因素，对于它们不能控制的因素则应排除在外，或只作为参考资料列示。

（三）目标一致性原则

企业应当以整体目标为导向来确定其单位内部权责范围、编制责任预算、制定单位绩效考评机制，确保各个责任中心和企业目标的一致性，保证各个责任中心和企业利益之间的平衡，确保企业整体利益不受损害。

在责任会计中，目标一致性原则主要通过选择恰当的考核和评价指标来体现。首先，为每个责任单位编制责任预算时，就必须要求它们与企业的整体目标相一致；然后，通过一系列的控制步骤，促使各责任单位自觉自愿地去实现目标。应该注意的是：单一性的考评指标往往会导致上下级目标的不一致，因此，考评指标的综合性与完整性是责任会计中的重要问题。

（四）反馈性原则

在责任会计中，要求对责任预算的执行情况有一套健全的跟踪系统和反馈系统，使各个责任单位保持良好、完善的记录和报告制度，及时掌握预算的执行情况。各个责任中心只有准确、及时地将生产经营信息反馈给企业，企业才能够对各个责任中心的经营业绩进行有效的控制。责任中心的生产经营信息反馈包括两个方面，一方面企业应当向各个责任中心反馈预算执行情况，引导各个责任中心及时调整预算，使其逐步达到预定目标；另一方面，各个责任中心都应当及时向上级反馈生产经营相关信息，上级责任中心才能够对所属责任中心的经营情况有一个清晰的了解，并做出相应的决策。

（五）激励原则

责任会计的目的之一就是提高员工工作效率，激发员工的工作积极性，实现企业的战略规划总目标。因此，企业在制定责任目标以及预算时，应当确保其目标和预算的合理性、可行性，保障员工付出与酬劳的对等性，这样才能够真正发挥责任会计的激励作用，激励员工为了企业的发展而不断努力。

第二节　责任中心及其业绩评价

一、责任中心

责任中心是指具有一定的管理权限，并承担相应的经济责任的企业内部责任单位。划分责任中心的标准是：凡是可以划清管理范围，明确经济责任，能够单独进行业绩考核的内部单位，无论大小都可成为责任中心，大到分公司、部门，小到车间、班组。按照责任对象的特点和责任范围的大小，责任中心可以分为成本（费用）中心、利润中心和投资中心。责任中心具有如下基本特征：①责任中心具有明确的、由其施加控制的经济活动，并独立承担相应的经济责任。②责任中心拥有与其职能责任相适应的经营和管理决策权，能够在上级授权范围内对自身所控制的经济活动进行决策。③责任中心享有与其职责和权力相适应的经济利益，并预先明确对责任中心进行业绩评价的标准和奖惩措施。④责任中心的局部利益必须与企业的整体长远利益相一致，不能因责任中心的局部利益损害企业的整体利益。

二、成本中心的设置和考核

（一）成本（费用）中心的含义

成本（费用）中心是只发生成本（费用）而不发生收入的责任中心，是只对成本（费用）负责，而不对收入、利润、投资等负责的责任中心。成本（费用）中心是责任会计中最基本、最广泛的责任单位，企业内部凡是有成本、费用发生并能够对成本、费用的发生实施控制的任何责任单位都是成本（费用）中心。上至企业，下至车间、工段、班组，甚至个人都可以被划分为成本中心。

（二）成本中心的类型

成本中心有两种类型：一种是基本成本中心；一种是复合成本中心。前者是没有下属的成本中心，如一个班组是一个成本中心，如果该班组不再进一步分解，那么它就是一个基本成本中心；后者还有若干个下属成本中心，如一个工段是一个成本中心，在它下面设有若干个班组，如果这些班组也被划定为成本中心，那么该工段即是一个复合成本中心。相比较而言，基本成本中心一般属于较低层次的成本中心，复合成本中心一般属于较高层次的成本中心。广义的成本中心除了包括上述内容外，还包括只对有关费用负责的费用中心。企业的许多职能部门通常只发生费用，而不形成成本，在责任会计中往往被作为费用中心处理。

（三）责任成本与可控成本、产品成本的关系

责任成本是成本中心在一定期间内发生的各项可控成本的总和。一个成本中心的可控成本之和构成了该成本中心的责任成本。可控成本是指责任单位可以预计、可以计量、可以施加影响和可以落实责任的那部分成本。从可控成本的定义可以看出，作为可控成本必须同时具备以下条件：①责任中心能够通过一定的方式了解这些成本是否发生

以及在何时发生；②责任中心能够对这些成本进行计量；③责任中心能够通过自己的行为对这些成本加以调节和控制。凡不能同时满足上述条件的成本就是不可控成本。对成本中心来说，应以可控成本作为评价和考核其工作业绩的主要依据，不可控成本只起一定的参考作用。

需要指出的是，成本的可控与不可控是相对而言的，这与责任中心所处管理层次的高低、管理权限的大小以及控制范围的大小有直接关系。对企业来说，几乎所有成本都可以被视为可控成本，一般不存在不可控成本；而对于企业内部的各个部门、车间、工段、班组来说，则既有其各自专属的可控成本，又有其各自的不可控成本。一项对于较高层次的责任中心来说属于可控的成本，对于其下属的较低层次的责任中心来说，可能就是不可控成本；反过来，较低层次责任中心的可控成本，则一定是其所属的较高层次责任中心的可控成本。如生产车间发生的折旧费用对于生产车间这个成本中心而言属于可控成本，但对于其下属的班组这一层次的成本中心来说则属于不可控成本。

成本中心计算并考核的是责任中心的责任成本，而不是产品成本。责任成本和产品成本都可以反映生产经营过程中所发生的耗费，但二者有以下不同：

（1）费用归集的对象不同。责任成本是以责任中心为对象归集费用，计算各责任中心的可控成本；产品成本则是以产品为对象归集生产费用，计算各产品承担的生产费用。

（2）两者核算的原则不同。责任成本的核算原则是谁负责，谁承担，即凡是由某个成本中心负责控制的成本，就应由该成本中心承担；产品成本的核算原则是谁受益、谁承担，即所发生的成本使哪个产品或部门受益，就应由哪个产品或部门来承担。

（3）两者核算的目的不同。责任成本的核算目的是用以反映和考核成本中心责任预算的执行情况，控制成本中心的生产耗费，调动各个责任中心的积极性；产品成本的核算目的是确定某种产品的生产耗费，进行存货计价和收益计量。

（4）两者的内涵不同。产品成本只包括直接材料、直接人工和制造费用等生产费用；责任成本还可以包括管理费用、销售费用和财务费用等期间费用。

（四）成本中心的考核

成本中心控制和考核责任成本，是在事先编制的责任成本预算基础上，通过提交责任报告将责任中心实际发生的责任成本与责任成本预算数进行比较实现的。实际数大于预算数的差异是不利差异，用"+"号表示；实际数小于预算数的差异是有利差异，用"-"号表示。表11-1是一个复合成本中心的责任报告样式。

【例11-1】某成本中心有关项目的预算和实际指标如表11-1所示。

表11-1　某成本中心责任报告　　　　　　　单位：元

项目	预算	实际	差异
下属责任中心转来的责任成本			
甲班组	28 000	28 800	+800
乙班组	24 000	23 600	-400
小计	52 000	52 400	+400

表11-1(续)

项目	预算	实际	差异
本成本中心的可控成本			
间接人工	21 000	22 100	+1 100
管理人员工资	13 000	12 500	-500
设备折旧费	4 200	4 500	+300
设备维修费	2 000	2 100	+100
小计	40 200	41 200	+1 000
本成本中心的责任成本合计	92 200	93 600	+1 400

由表11-1可知，本中心本身发生的可控成本超支1 000元（主要是间接人工费超支了1 100元），甲班组超支了800元，它们都没有完成责任预算，最终导致该中心责任成本超支了1 400元。乙班组节约了400元成本，完成了预算。

三、利润中心的设置和考核

（一）利润中心的定义

利润中心既能控制成本又能控制收入，因此既对成本负责，又对收入和利润负责。利润中心是比成本中心更高层次的责任中心，一般有独立的销售和经营权限，是自负盈亏的较高层次的责任单位，如分公司、分厂、事业部等。一个利润中心通常包含若干个不同层次的下属成本中心和利润中心。

（二）利润中心的类型

利润中心分为自然利润中心和人为利润中心两种。自然利润中心是指能直接对外销售产品或提供劳务取得收入而给企业带来收益的利润中心。这类责任中心一般具有产品销售权、价格制定权、材料采购权和生产决策权，具有很强的独立性。

人为利润中心是指不能直接对外销售产品或提供劳务，只能在企业内部各责任中心之间按照内部转移价格相互提供产品或劳务而形成的利润中心。人为利润中心一般没有独立的对外经营权，与外部市场没有直接联系，是出于加强内部管理和调动责任中心积极性的目的而人为划定的利润中心。

（三）利润中心的绩效考核

利润中心对利润负责，其实质是对收入和成本负责，其中成本是指责任成本，既包括利润中心本身发生的可控成本，也包括利润中心的下属成本中心转来的责任成本。因为利润中心既对其发生的成本负责，又对其发生的收入和实现的利润负责，所以，利润中心业绩评价和考核的重点是边际贡献和利润，但对于不同范围的利润中心来说，其指标的表现形式也不相同。具体而言，可以分为两种情况。

第一种情况是，利润中心在责任核算中只核算本责任中心发生的可控成本，不计算共同成本和不可控成本，则其业绩考核指标是利润中心的贡献毛益总额，该指标等于利润中心销售收入总额与可控成本总额的差额。利润中心的边际贡献总额并不是纯粹的利润，而是一种对利润的贡献额，也称边际贡献。在分别计算本利润中心的贡献毛益的基础上，企业的各利润中心的贡献毛益之和减去未分摊的共同成本和利润中心不可控成本后，才形成企业真正的利润总额。

第二种情况是，利润中心在责任会计核算中不仅计算本部门发生的可控成本，还计算应该分担的不可控的共同成本以及其他不可控成本。如果利润中心的成本计算采用完全成本法，则其收入减去全部成本后的差额即为净利润。如果利润中心的成本计算采用的是变动成本法，则其考核指标包括贡献毛益、部门（利润中心）经理可控利润、部门（利润中心）利润等几个不同层次上的利润指标。

$$部门边际贡献 = 部门销售额 - 部门变动成本 \tag{11-1}$$
$$部门经理可控利润 = 部门边际贡献 - 部门经理可控固定成本 \tag{11-2}$$
$$部门利润 = 部门经理可控利润 - 部门经理不可控固定成本 \tag{11-3}$$

（11-1）式可看做严格意义上的边际贡献在利润中心考核指标的自然延伸，是可控性原则的具体体现。（11-2）式主要用于评价利润中心负责人的经营业绩，因而必须就负责人可控成本进行评价和考核，即将各部门的固定成本进一步区分为可控成本和不可控成本，这是因为有些费用虽然可以追溯到有关部门，却不为部门经理所控制，如广告费、保险费等。因此，在考核部门经理业绩时，应将其从不可控成本中剔除。（11-3）式主要用于对利润中心的业绩评价和考核，用以反映有关部门补偿共同性固定成本后对企业利润所做的贡献。

【例 11-2】长城公司 A 部门（利润中心）的有关数据资料如下：

部门销售额 300 000 元；部门销售产品变动成本和变动性销售费用 210 000 元；部门可控固定成本 35 000 元；部门不可控固定成本 24 000 元。要求：计算该部门的各级利润考核指标。

部门边际贡献 = 300 000 - 210 000 = 90 000（元）

部门经理可控利润 = 90 000 - 35 000 = 55 000（元）

部门利润 = 55 000 - 24 000 = 31 000（元）

利润中心应定期提交责任报告，将实际销售成本、实际销售额及实际利润同销售成本预算、销售额预算及利润预算进行比较，集中反映利润预算的完成情况。如果利润实际数大于预算数，其差异是有利差异，用"+"号表示；如果利润实际数小于预算数，其差异是不利差异，用"-"号表示。由于利润中心无法控制分配来的固定成本的数额，所以，在评价考核利润中心的经营业绩时，应将这部分固定成本的影响予以剔除。长城公司 A 部门责任报告如表 11-2 所示。

表 11-2　A 利润中心责任报告　　　　　　　　单位：元

项目	预算	实际	差异
销售额	290 000	300 000	+10 000
变动成本	205 000	210 000	+5 000
边际贡献	85 000	90 000	+5 000
部门可控固定成本	34 000	35 000	+1 000
部门经理可控利润	51 000	55 000	+4 000

表11-2(续)

项目	预算	实际	差异
部门不可控固定成本	25 000	24 000	−1 000
部门利润	26 000	31 000	+5 000

四、投资中心的设置和考核

（一）投资中心的定义

投资中心是既要对成本、利润负责，又要对投资效果负责的责任中心，它是比利润中心更高层次的责任中心。企业内部拥有自主的生产经营决策权和投资决策权的部门，如事业部、分公司和大型集团公司的子公司等，均属于投资中心。投资中心一般都是独立的法人实体，拥有投资决策权，能够在授权范围内对资金的筹集和投放、经营方针的制定、生产规模和品种的调整等进行决策和控制，在产品的生产和销售上享有充分的自主权，能相对独立地运用所掌握的资金，根据市场的变化和内部生产经营的需要，确定投资方向和投资规模，调整现有生产能力和结构。投资中心的主要目标是确保投资的安全回收和实现比较高的投资收益率。

（二）投资中心的绩效考核

投资中心业绩评价与考核的内容是利润及投资效果，考核指标主要是投资报酬率和剩余收益。

1. 投资报酬率

投资报酬率是投资中心利润与投资额的比率，是全面反映投资中心各项经营活动的综合性指标。其计算公式如下：

$$投资报酬率 = \frac{营业利润}{营业资产} \times 100\% = \frac{营业利润}{销售收入} \times \frac{销售收入}{营业资产} \times 100\%$$
$$= 销售利润率 \times 资产周转率$$

上式中，营业利润是指利息和所得税前盈余，营业资产是指投资中心实际控制和使用的全部经营性资产，按年初和年末的平均余额计算。投资报酬率指标是正指标，数值越大说明投资中心的经营业绩越好。从相关指标的关系可以看出，为了提高投资中心的投资报酬率，应该尽量降低成本，提高销售收入，提高销售利润率，同时也要有效地运用营业资产，努力提高营业资产周转率。

【例11-3】某投资中心的有关资料如下：期初资产原价3 000 000元，期末资产原价4 000 000元；本期营业利润630 000元。要求：计算该投资中心的投资报酬率（假定本例采用平均投资额）。

平均投资额 =（3 000 000+4 000 000）/2 = 3 500 000（元）

$$投资报酬率 = \frac{630 000}{3 500 000} \times 100\% = 18\%$$

投资报酬率能反映投资中心的综合盈利能力，且由于剔除了因投资额不同而导致的利润差异的不可比因素，因而具有横向可比性，有利于判断各投资中心经营业绩的优劣；此外，投资报酬率可以作为选择投资机会的依据，有利于优化资源配置。

这一评价指标的不足之处是缺乏全局观念。根据投资报酬率对各投资中心进行业绩考评容易导致投资中心只考虑自身的经济利益和经营业绩，而放弃对企业整体有利的投资项目，或者接受能够提高自身经营业绩却损害企业整体利益的投资项目，由此导致投资中心的局部目标与整个企业的长远目标和整体利益发生冲突。因此，为了使投资中心的局部目标与企业的总体目标保持一致，弥补投资报酬率指标的不足，还采用剩余收益指标来评价和考核投资中心的业绩。

2. 剩余收益

剩余收益是指投资中心获得的利润扣减其投资额按预期最低投资报酬率计算的投资报酬后的余额。其计算公式如下：

$$剩余收益 = 利润 - 投资额 \times 预期最低投资报酬率$$

上式中，最低投资报酬率的高低对剩余收益的影响很大，通常以整个企业的平均投资报酬率作为最低报酬率，也可以采用加权平均资本成本作为各投资中心的最低投资报酬率。但是，更合理的处理方法是根据各投资中心业务经营的特点和风险程度的不同，分别制定不同的投资报酬率。

剩余收益是个绝对数正指标，指标越大，说明投资效果越好。

【例11-4】某企业有若干个投资中心，报告期整个企业的投资报酬率为14%。其中甲投资中心的投资报酬率为18%，该中心的经营资产平均余额为200 000元，利润为36 000元。预算期甲投资中心有一次追加投资的机会，投资额为100 000元，预计利润为16 000元，投资报酬率为16%，甲投资中心预期最低投资报酬率为14%。

要求：

（1）假定预算期甲投资中心接受了上述投资项目，分别用投资报酬率和剩余收益指标来评价考核甲投资中心追加投资后的工作业绩。

（2）分别从整个企业和甲投资中心的角度，说明是否应当接受这一追加投资项目。

（1）甲投资中心接受投资后的评价指标如下：

$$投资报酬率 = \frac{36\ 000 + 16\ 000}{200\ 000 + 100\ 000} \times 100\% \approx 17.33\%$$

剩余收益 = 16 000 - 100 000 × 14% = 2 000（元）

从投资报酬率指标看，甲投资中心接受投资后的投资报酬率为17.33%，低于该中心原有的投资报酬率18%，追加投资降低了甲投资中心的投资报酬率。从剩余收益指标看，甲投资中心接受投资后可增加剩余收益2 000元，追加投资使甲投资中心有利可图。

（2）如果从整个企业的角度看，该项追加投资项目的投资报酬率为16%，高于企业的投资报酬率14%，剩余收益为2 000元。因此，无论从哪个指标看，企业都应当接受该项追加投资。

如果从甲投资中心看，该项追加投资项目的投资报酬率为16%，低于该中心的投资报酬率18%。若用投资报酬率指标来考核投资中心的业绩，则甲投资中心不愿意接受这项追加投资（因为这将导致甲投资中心的投资报酬率指标由18%降低为17.33%）；但如果以剩余收益指标来考核投资中心的业绩，则甲投资中心可能会因为剩余收益增加了2 000元，而愿意接受该项追加投资。

通过上例可以看出，利用剩余收益指标考核投资中心的工作业绩使企业整体利益和个别投资中心的局部利益达到一致，弥补了投资报酬率指标的不足。剩余收益最大的不足之处在于，不能用于两个规模差别比较大的投资中心的横向比较。

投资中心责任报告的结构与成本中心和利润中心的相类似。表11-3为投资中心责任报告的格式。

【例11-5】某投资中心有关项目的实际数值和预算数值如表11-3所示。

表11-3　某投资中心责任报告　　　　　　　　　　单位：元

项目	预算	实际	差异
销售额	2 000 000	2 200 000	200 000
营业成本与费用	1 460 000	1 630 000	170 000
营业利润	540 000	570 000	30 000
营业资产	3 000 000	3 000 000	0
投资报酬率	18%	19%	1%
最低投资报酬率10%计算的报酬	300 000	300 000	0
剩余收益	240 000	270 000	30 000

该投资中心的投资报酬率和剩余收益指标都超额完成了预算，表明该中心的投资业绩比较好。

需要强调的是，责任业绩评价并非只局限于上述财务指标基础上的评价。事实上，所有责任中心均会有重要的非财务业绩评价指标，如商品或劳务的质量、顾客满意度、员工满意度和市场占有量等。这些非财务指标因责任中心的划分而重要性各不相同。即使在同一类责任中心，由于各个部门权责范围的差异，也会有所不同。

第三节　企业内部转移价格

一、内部转移价格的含义

在责任会计体系中，企业内部的每一个责任中心都是作为相对独立的商品生产经营者存在的，为了分清经济责任，需对各责任中心进行业绩考评，各责任中心之间的经济往来，应当按照等价交换的原则进行。例如，在采用流水线连续加工方式进行生产的企业中，某一工序完成的半成品转移到下一个工序继续加工，在实行经济责任考核的情况下，相当于是一个责任中心向另一个责任中心出售产品。为了正确评价企业内部责任中心的工作成果，就必须为各责任中心的这种内部交易活动制定一个科学合理的计价标准，采用一定的结算方式，进行计价结算。这种计价结算，并不真正动用货币资金，而是一种观念上的货币结算。计价结算过程中使用的价格，称为内部结算（或转移）价格。内部转移价格，是指企业内部分公司、分厂、车间、分部等责任中心之间相互提供产品（或服务）等内部交易时所采用的计价标准。企业应用内部转移价格的主要目标，是界定各责任中心的经济责任，计量其绩效，为实施激励提供可靠依据。

二、制定内部转移价格的原则

（一）效益性原则

企业应用内部转移定价，应以企业整体利益最大化为目标，避免出现为追求局部最优而损害企业整体利益的情况；同时，应兼顾各责任中心及员工利益，充分调动各方积极性。

制定内部转移价格时，应强调企业的整体利益高于各责任中心的局部利益。由于内部转移价格的高低直接关系到各责任中心经济利益的大小，每个责任中心必然会为本责任中心争取最大的利益，在利益发生冲突的情况下，企业应从整体利益出发制定内部转移价格，以保证企业利益最大化目标的实现。另外，内部转移价格的制定要力求公正、合理，要防止某些部门因价格上的缺陷而获得额外的利益或遭受损失。也就是说，内部转移价格的制定应调动各责任中心进行经营管理的积极性，使他们的努力工作与所获得的利益相适应。

（二）适应性原则

内部转移定价体系应当与企业所处行业特征、企业战略、业务流程、产品（或服务）特点、业绩评价体系等相适应，使企业能够统筹各责任中心利益，对内部转移价格达成共识。

在统一于企业整体利益的前提下，要让各责任中心相对独立、自主经营，就必须给予各责任中心相对独立的经营权，如生产权、人事权等，所制定的内部转移价格必须为各方所接受。

四、内部转移价格的类型

企业绩效管理委员会或类似机构应根据各责任中心的性质和业务特点，分别确定适当的内部转移定价形式。内部转移定价通常分为价格型、成本型、协商型和双重定价型。

（一）价格型

价格型内部转移定价是指以市场价格为基础制定的、由成本和毛利构成内部转移价格的方法。

责任中心所提供的产品（或服务）经常外销且外销比例较大的，或所提供的产品（或服务）有外部活跃市场可靠报价的，可以外销价或活跃市场报价作为内部转移价格。

责任中心一般不对外销售且外部市场没有可靠报价的产品（或服务），或企业管理层和有关各方认为不需要频繁变动价格的，可以参照外部市场价或预测价制定模拟市场价作为内部转移价格。

没有外部市场但企业出于管理需要设置为模拟利润中心的责任中心，可以在生产成本基础上加一定比例毛利作为内部转移价格。

采用市场价格作为内部转移价格，在企业内部引进市场机制，形成竞争机制，对于正确评价责任中心的经营业绩,更好地发挥各责任中心从事生产经营活动的主动性和积极性有着重要意义。但是,这种做法也会因为"买方"得不到任何利益而引起"买方"的不满。此外,在内部进行转让的产品或劳务,往往是专门生产的或者具有某种特定的规格,很可能没有市场价格作为依据,即使有市场价格,往往也变动较大。尽管按市场价格作为内部转移价格存在局限,但当产品有外界市场,"买""卖"双方可以自由对内、对外购销产品时,仍不失为一种较好的内部转移价格。

（二）成本型

成本型内部转移定价是指以成本数据为基础,制定内部转移价格的方法。在成本管理会计中,有不同的成本概念,如实际成本、标准成本、变动成本等,它们对内部转移价格的制定和各责任中心的业绩考评将产生不同的影响。

1. 实际成本

以内部交易的产品或劳务的实际成本作为内部转移价格。此种方法简便易行、容易理解,并具有一定的客观性。以实际成本作为内部转移价格,通常适用于不同成本中心之间的产品转移和劳务供应。但是以实际成本作为内部转移价格也存在明显的缺点,即将提供中间产品或劳务的责任中心的不合理开支,或者因浪费与低效率而增加的非正常耗费,转嫁到接受中间产品或劳务的责任中心。这容易导致"卖方"失去必要的成本压力,而使"买方"承担了职责以外的额外的成本负担,从而削弱了双方控制成本与降低成本的积极性与责任感,与责任会计的要求相违背。

2. 标准成本

在企业采用标准成本核算的情况下,能够比较方便地获得有关产品或劳务的标准成本资料,这为以标准成本作为内部转移价格提供了必要条件。标准成本具有使用方便、避免责任中心的无效劳动或者资源浪费相互转嫁的优点,有利于调动"买""卖"双方降低成本的积极性,能够比较合理、准确地评价双方的业绩。

3. 变动成本

以变动成本作为内部转移价格,排除了各种间接费用的影响,可使有关责任中心不会因中间产品或劳务价格偏高而放弃内购转向外购,可防止企业现有生产能力的闲置浪费。这种转移价格对购买单位过分有利,如果只将一个责任中心的变动成本转移给另一责任中心,将不利于责任中心控制成本。这种方法一般适用于供应商品一方有较多的剩余生产能力的情况。

（三）协商型

这种方法就是按买卖双方共同协商的价格作为内部转移定价。按协商价格结算,可兼顾双方各自的经济利益,较好地适应不同方面的需要。在一般情况下,协商价格会稍低于市场价格,这主要是由于:①内部转移价格中所包含的推销费用和管理费用,通常要比向外界供应时低;②内部转移的商品或者劳务一般属于大批量交易,数量较大,因而其单位成本较低;③如果出售单位拥有富余的生产能力,增加产品的生产不会造成固定成本的上升,只会产生变动成本,因而协商的价格只需高于单位变动成本就可以为提供商品一方创造利润。在实际施行过程中,一般以市场价格作为制定内部转移价格的上限,由买卖双方在参考市场价格的基础上协商议定最适当的内部交易价格。协商价格尤其适用于专门生产的或具有特定规格的产品，或者不存在外部市场的产品。

（四）双重定价型

双重价格指买卖双方分别采用不同的内部转移价格作为计价基础。内部转移价格的目的主要是对企业内部各责任中心的业绩进行评价与考核，企业的整体利润并不是各利润中心的利润之和，所以买卖双方所采用的内部转移价格也就不必完全一致，可分别选用对自己最为有利的价格作为本责任中心进行责任核算时采用的计价基础。双重价格通常有以下两种形式：①双重市场价格。当某种产品或劳务在外部市场上出现不同价格，即市场价格不一致时，买方采用最低的市价，卖方则采用最高的市价，这种价格被称为"双重市场价格"。②双重内部转移价格。卖方按市场价格或协商价格作为计价基础，而买方则按卖方的单位变动成本作为计价基础，这种价格被称为"双重内部转移价格"。采用双重价格，买卖双方选择对自己最为有利的价格作为计价基础，这种区别对待既可以较好地满足买卖双方在不同方面的需要，还可激励双方在生产经营方面充分发挥其主动性和积极性，有利于提高企业的经济效益。

 ## 本章练习

1. 已知：某投资中心投资额为 100 000 元，年营业利润额为 18 000 元，企业为该投资中心规定的投资利润率为 15%。

要求：计算该投资中心的投资利润率和剩余收益。

2. 已知：A 公司 2019 年的销售收入为 40 000 元，营业资产为 16 000 元；B 公司 2019 年的销售收入为 100 000 元，营业资产为 20 000 元。假设两家公司均希望其 2019 年的投资利润率达到 15%。

要求：分别计算 A、B 公司在 2019 年的销售利润率。

3. 已知：D 公司某投资中心 A 原投资利润率为 18%，营业资产为 500 000 元，营业利润为 100 000。现有一项业务，需要借入资金 200 000 元，可获利 68 000 元。

要求：

（1）若以投资利润率作为评价和考核投资中心 A 的依据，做出 A 投资中心是否愿意投资于这项新的业务的决策。

（2）若以剩余收益作为评价和考核投资中心 A 工作成果的依据，规定的最低收益率为 15%，做出 A 投资中心是否愿意投资于这个新项目的决策。

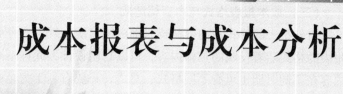

第十二章
成本报表与成本分析

第一节　成本报表

一、成本报表概念

成本报表是用以反映企业生产费用与产品成本的构成及其升降变动情况，以考核各项费用与生产成本计划执行结果的会计报表。成本报表是会计报表体系的重要组成部分。

成本报表资金耗费和产品成本及其升降变动情况，用以考核成本计划执行结果。产品成本作为反映企业生产经营活动情况的综合性指标，是企业经营管理水平的重要尺度。

二、成本报表的特点

(一) 编报的目的是主要服务于内部

过去在计划经济体制下的成本报表和在新体制下的成本报表的编报服务对象和目的有差别。在计划经济模式下，成本报表与其他财务报表一样都是向外向上编报，以为上级服务为主。在市场经济模式下，成本报表主要为企业内部管理服务，满足企业管理者、成本责任者对成本信息的需求，有利于观察、分析、考核成本的动态，有利于控制计划成本目标的实现，也有利于预测工作。

(二) 内部成本报表的内容灵活

对外报表的内容，由国家统一规定，强调完整性。内部成本报表主要是围绕着成本管理需要反映的内容，没有明确规定一个统一的内容和范围，不强调成本报告内容的完整性，往往从管理出发对某一问题或某一侧面进行重点反映，揭示差异，找出原因，分清责任。因此，内部成本报表的成本指标可以多样化，以适应不同使用者和不同管理目的对成本信息的需求，使内部成本报表真正为企业成本管理服务。

（三）成本报表格式与内容相适应

对外报表的格式与内容一样，都由国家统一规定，企业不能随意改动。而内部成本报表的格式随着反映的具体内容，可以自己设计，允许不同内容可以有不同格式，同一内容在不同时期也可有不同格式，总之，只要有利于为企业成本管理服务，可以拟订不同报表格式进行反映和服务。

（四）成本报表编报不定时

对外报表一般都是定期的编制和报送，并规定在一定时间内必须报送。而内部成本报表主要是为企业内部成本管理服务，所以，内部成本报表可以根据内部管理的需要适时地、不定期地进行编制，使成本报表及时地反映和反馈成本信息，揭示存在的问题，促使有关部门和人员及时采取措施，改进工作，提高服务效率，控制费用的发生，达到节约的目的。

（五）成本报表按生产经营组织体系上报

对外报表一般是按时间编报的，目前主要是报送财政、银行和主管部门。而内部成本报表是根据企业生产经营组织体系逐级上报，或者是为解决某一特定问题在权责范围内进行传递，使有关部门和成本责任者及时掌握成本计划目标执行的情况，揭示差异，查找原因和责任，评价内部环节和人员的业绩。

三、成本报表编制的要求

我们在成本费用报表的编制时，除了遵守会计报表的一般要求外，与此同时还要结合企业生产的特点和管理要求重视如下四个方面的问题。

（一）成本费用报表的专题性

我们所说的成本费用报表所表示的有的是企业成本的全貌，而有的则是企业成本中的某一方面或某些方面。所以专题性是报表设置需要考虑的重要问题之一。它强调报表的设置应当适应成本管理中某一方面的需要，突出成本管理中的重点问题，从而提供充分的成本信息，满足内部成本管理的需要。

（二）成本指标的实用性

适应企业内部成本管理的需要是成本费用报表的指标。此指标可以按变动成本和固定成本来反映，也可按全成本进行反映。另外，我们还可以考虑把成本指标与生产工艺规程和各种耗用定额进行对照，使得我们得以从最原始的资料切入，分析成本变动的原因，充分提高降低生产成本的能力。

（三）成本费用报表格式的针对性

成本费用报表的编制应能针对某一具体业务的特征及其存在的问题，突出重点，简明扼要，避免无用的计算和表式的复杂庞大。

（四）成本报表编制的及时性

在日常的成本核算中，可以及时反馈成本信息以及提示存在的问题，从而让相关部门及时掌握生产耗费的变化状况和发展倾向，继而采取相应的优化工作措施，加强成本控制。

四、成本报表的种类

成本报表根据管理上的要求一般可按月、按季、按年编报。但对内部管理的特殊需要，也可以按日、按旬、按周，甚至按工作班组来编报，其目的在于满足日常、临时、特殊任务的需要，使成本报表资料及时服务于生产经营的全过程。

（一）对外成本报表

对外成本报表是指企业向外部单位，如上级主管部门和联营主管单位等报送的成本报表。在市场经济中，成本报表一般被认为是企业内部管理用的报表，为了保守秘密，按惯例不对外公开发表，但在我国国有企业中，为了管理的需要，目前或者相当长的一段时间还需要分管和托管这些企业的主管部门，主管部门为了监督和控制成本费用，需要了解目标成本完成的情况，进行行业的分析对比，并为成本预测和成本决策提供依据。另外，投资者等想要了解企业经营状况和效益，也会要求企业提供成本资料。实际上这也还是一种扩大范围的内部报表。

（二）对内成本报表

对内成本报表是指为了企业本单位内部经营管理需要而编制的各种报表。这种报表，其内容、种类、格式、编制方法和程序、编制时间和报送对象，均由企业根据自己生产经营和管理的需要来确定。成本报表就是其中的一种，它的编制目的，主要在于让企业领导者和职工了解日常成本费用计划预算执行的情况，以便调动大家的积极性来控制费用的发生，为提高经济效益服务；同时为企业领导者和投资者提供经营的成本费用信息，以便进行决策和采取有效措施不断降低成本费用。

（三）反映费用情况的报表

反映费用情况的报表有制造费用明细表、营业费用明细表、管理费用明细表等。通过它们可以了解到企业在一定期间内费用支出总额及其构成，并可以了解费用支出的合理性以及支出变动的趋势，这有利于企业和主管部门正确制定费用预算，控制费用支出，考核费用支出指标的合理性，明确有关部门和人员的经济责任，防止随意扩大费用开支范围。

（四）反映成本情况的报表

反映成本情况的报表有产品生产成本表或产品生产成本及销售成本表、主要产品生产成本表、责任成本表、质量成本表等。这类报表侧重于揭示企业为生产一定种类和数量产品所花费的成本是否达到了预定的目标，通过分析比较，找出差距，明确薄弱环节，进一步采取有效措施，为挖掘降低成本的内部潜力提供有效的资料。

五、成本报表的编制方法

（一）按产品种类反映的商品产品成本报表编制

编制商品产品生产成本表，主要依据有关产品的产品成本明细账、年度成本计划、上年本表等资料填列下列有关项目：

1. "产品名称"项目

本项目应填列主要的"可比产品"与"不可比产品"的名称。

2. "实际产量"项目

此项目应根据"产品成本明细账"的记录计算填列。

3. "单位成本"项目

（1）"上年实际平均单位成本"项目：根据上年度本表所列各种可比产品的全年累计实际平均单位成本填列。

（2）"本年计划单位成本"项目：根据年度成本计划的有关资料填列。

（3）"本月实际单位成本"项目：根据有关产品成本明细账中的资料，按下述公式计算填列：某产品本月实际单位成本＝该产品本月实际总成本÷该产品本月实际产量

（4）"本年累计实际平均单位成本"项目，根据有关产品成本明细账资料计算填列。计算方法为：

某产品本年累计实际平均单位成本＝该产品本年累计实际总成本÷该产品本年累计实际产量

4. "本月总成本"项目

（1）"按上年实际平均单位成本计算"项目：本月实际产量与上年实际平均单位成本之积。

（2）"按本年计划单位成本计算"项目：本月实际产量与本年计划单位成本之积。

（3）"本月实际"项目：根据本月有关产品成本明细账的记录填列。

5. "本年累计总成本"项目

（1）"按上年实际平均单位成本计算"项目：本年累计实际产量与上年实际平均单位成本之积。

（2）"按本年计划单位成本计算"项目：本年累计实际产量与本年计划单位成本之积。

（3）"本年实际成本"项目：根据有关的产品成本明细账资料填列。

（二）按成本项目反映的商品产品成本报表编制

表中的"本月实际"栏的生产费用数，应根据各种产品成本明细账所记本月生产费用的合计数，按照成本项目分别汇总填列。在此基础上，加上在产品和自制半成品的期初余额，减去在产品和自制半成品的期末余额，就可以计算出本月完工的商品产品成本合计。

各项费用和成本，还可以按照上年实际数、本年计划数、本月实际数和本年累计实际数分栏反映。

可比产品成本降低额和降低率的计算公式如下：

可比产品成本降低额＝全部可比产品的实际产量按上年实际－全部可比产品的实际产量按本年实际平均单位成本计算的本年总成本

可比产品成本降低率＝可比产品成本降低额÷∑（实际产量×上年实际平均单位成本）

＝∑实际产量×（上年实际平均单位成本－本年实际平均单位成本）

$= \sum$（实际产量×上年实际平均单位成本）

相关链接

主要产品单位成本表

主要产品单位成本表一般是反映企业在报告期内生产的各种主要产品单位成本构成情况的报表。该表应按主要产品分别编制，是对产品生产成本表的补充说明。

主要产品单位成本表各项目的填列方法如下：

（1）"本月计划产量"和"本年计划产量"项目：分别根据本月和本年产的产量计划填列。

（2）"本月实际产量"和"本年累计实际产量"项目：根据统计提供的产品产量资料或产品入库单填列。

（3）"成本项目"各项目：应按规定填列。

（4）"主要技术经济指标"项目：反映主要产品每一单位产量所消耗的主要原材料、燃料、工时等的数量。

（5）"历史先进水平"栏各项目：反映本企业历史上该种产品成本最低年度的实际平均单位成本和实际单位用量，根据有关年份成本资料填列。

（6）"上年实际平均"栏各项目：反映上年实际平均单位成本和单位用量，根据上年度本表的"本年累计实际平均"单位成本和单位用量的资料填列。

（7）"本年计划"栏各项目：反映本年计划单位成本和单位用量，根据年度成本计划资料填列。

（8）"本月实际"栏各项目：反映本月实际单位成本和单位用量，根据本月产品成本明细账等有关资料填列。

（9）"本年累计实际平均"栏各项目：反映本年年初至本月月末该种产品的平均实际单位成本和单位用量，根据年初至本月月末的已完工产品成本明细账等有关资料，采用加权平均计算后填列。

按成本项目反映的"上年实际平均""本年计划""本月实际""本年累计实际平均"的单位成本合计，应与产品生产成本表中的各该产品单位成本金额分别相等。

第二节 产品成本分析

一、成本分析的方法

成本分析根据成本核算的资料，与成本计划和同期成本核算相对照，了解成本计划完成情况和成本变动趋势，查找成本变动的原因，测定其影响程度，为改进成本管理工作，降低产品成本提供依据和建议。

分析成本的方法有很多，下面就主要的分析方法做简要介绍。

（一）对比分析法

对比分析法，即比较分析法，这种分析法的主要特点是揭示成本差异，为进一步分析指明方向，从而采取适当的措施，降低成本。它是成本分析的最基本的方法，适用于很多成本分析。在实际工作中，我们常常采用下列的几类指标进行对比：

1. 实际指标与成本计划指标或定额指标的对比

通过对该类指标的对比和分析，可以反映计划或定额的完成情况，检查计划、定额本身是否先进。

2. 本期实际与前期实际指标的对比分析

通过对本类指标的比较分析，可以反映成本指标的变动情况和发展趋势，从而揭示本期同前期成本指标间的差距。

3. 本企业实际成本指标与国内外同行业先进指标的对比分析

通过此种分析，可以反映企业成本水平在国内外同行业中所处在的位置，揭示企业成本指标与先进成本指标的差距。

（二）比率分析法

我们所说的比率分析法是通过各项指标之间的相对数，即比率，借以考察经纪业务的相对效益的一种分析方法。其主要种类有如下两种：

（1）相关指标比率分析法

相关指标的比率分析法是计算两种不同却又相关的指标的比率。其中：

产值成本率＝成本/产值×100%

成本利润率＝利润/成本×100%

从上述公式中，可以看出：产值成本率低、成本利润率高的企业经济效益好；产值成本高、成本利润率低的企业经济效益差。

（2）构成比率法

构成比率法即通过计算某项指标的各个组成部分占总体的比重，即部分与全部的比率，进行数量分析的方法，亦称比重分析法。通过使用构成比率法进行分析可以达到反映各个成本或费用的构成是否合理的目的。其中：

直接材料费用比率＝直接材料费用/产品成本×100%

直接人工费用比率＝直接人工费用/产品成本×100%

制造费用比率＝制造费用/产品成本×100%

（三）连环替代分析法

所谓的连环替代法是按照顺序用各项因素的实际数替换基数，借以计算各项因素影响程度的一种分析方法。如果只采用对比分析法和比率分析法只能揭示实际数与基数之间的差异，但是不能反映产生差异的因素及其影响程度。所以，我们可以采用连环替代法克服这一问题。它的计算程序是：

步骤一：根据指标的计算公式确定影响指标变动的各项因素。

步骤二：排列各项因素的顺序。

步骤三：按排定的各因素顺序和各项因素的基数进行计算。

步骤四：按顺序将前面一项的基数替代为实际数，将每次替换后的计算结果与其前一次替换后的计算结果进行对比，顺序算清楚每一项因素的影响程度，有几项因素就要替换几次。

步骤五：将各项因素的影响程度的代数和与指标变动的差异总额核对。

其计算原理如表 12-1 所示。

表 12-1　连环替代分析法的计算原理表

替代次数	因素			乘积编号	每次替换	产生差异
	第 1 项	第 2 项	第 3 项			
基数	基数	基数	基数	1		
第 1 次	实际数	基数	基数	2	2－1	第 1 项因素
第 2 次	实际数	实际数	基数	3	3－2	第 2 项因素
第 3 次	实际数	实际数	实际数	4	4－3	第 3 项因素
各项因素影响合计				差异总额		各项因素

需要注意的是，连环替代分析法具有以下特点：

（1）计算程序的连环性。

（2）计算结果的假定性。

（3）因素替换的顺序性。

【例 12-1】假定 A 产品的直接材料费用定额为 800 000 元，实际为 851 400 元。有关资料如表 12-2 所示。

表 12-2　A 产品相关资料表

项目	产品数量 /件	单位产品材料消耗量 /千克	单价 /元	材料费用 /元
定额	1 000	20	40	800 000
实际	1 100	18	43	851 400
差异	+100	－2	+3	+51 400

要求：采用连环替代法计算产品产量、单位产品材料消耗量和材料单价三项因素对产品直接材料费用超支 51 400 元的影响程度。

做如下处理：

材料费用总额定额指标：1 000×20×40＝800 000（元）　　　　　　　　　（1）

第一次替代：1 100×20×40＝880 000（元）　　　　　　　　　　　　　　（2）

第二次替代：1 100×18×40＝792 000（元）　　　　　　　　　　　　　　（3）

第三次替代（实际指标）：1 100×18×43＝851 400（元）　　　　　　　　（4）

（2）－（1）＝880 000－800 000＝80 000（元）　　产量增加的影响

（3）－（2）＝792 000－880 000＝－88 000（元）　　材料单位消耗的节约的影响

（4）－（3）＝851 400－792 000＝59 400（元）　　材料单价提高的影响

80 000－88 000＋59 400＝51 400（元）　　全部因素的综合影响

（四）趋势分析法

趋势分析法是通过对连续的若干期相同指标的对比，来揭示各期之间的增减变化，据以预测经济发展趋势的分析方法。

【例 12-2】假定某企业在 2002—2006 年某种产品的实际单位成本分别是 89 元、92 元、94 元、95 元。

从上面各年单位成本的绝对额可以看出，单位成本逐年上升。

则，以 2002 年为基年，有：

2003 年：90/89×100% = 101%

2004 年：92/89×100% = 103%

2005 年：94/89×100% = 106%

2006 年：95/89×100% = 107%

由此可以看出：2002-2005 年的单位成本与 2002 年单位成本相比的上升程度。

如果分别以上年为基期，可以计算环比的比率：

2003 年比 2002 年：90/89×100% = 101%

2004 年比 2003 年：92/90×100% = 102%

2005 年比 2004 年：94/92×100% = 102%

2006 年比 2005 年：95/94×100% = 101%

综上可以看出，这种产品的单位成本都是逐年递增的，但各年递增的程度不同。

（五）差额分析法

所谓差额分析法是根据各项因素的实际数的差额来计算各项因素影响程度的方法，也可以看成连环分析法的一种简单化计算方法。

公式如下：

第 1 项因素的影响程度 =（第 1 项因素实际数×第 2 项因素基数×第 3 项因素基数）-（第 1 项因素基数×第 2 项因素基数×第 3 项因素基数）=（第 1 项因素实际数-第 1 项因素基数）×第 2 项因素基数×第 3 项因素基数

第 2 项因素的影响程度 =（第 1 项因素实际数×第 2 项因素实际数×第 3 项因素基数）-（第 1 项因素实际数×第 2 项因素基数×第 3 项因素基数）=（第 2 项因素实际数-第 2 项因素基数）×第 1 项因素实际数×第 3 项因素基数

第 3 项因素的影响程度 =（第 1 项因素实际数×第 2 项因素实际数×第 3 项因素实际数）-（第 1 项因素实际数×第 2 项因素实际数×第 2 项因素基数）=（第 3 项因素实际数-第 3 项因素基数）×第 1 项因素实际数×第 2 项因素实际数

在实际情况下，如果只有两项因素，由于能够简单便利地排列因素的顺序，因而普遍地采用差额分析法与连环替代分析法。如果因素排列顺序相同，那么计算结果也一定相同。

上述各种分析法实质上都是对比分析法。比率分析法是分子指标与分母指标的对比，及用算出的相对的指标的实际数和基数的对比；趋势分析则是作为分析趋势基础的各期指标之间的对比。我们应该注意无论什么分析方法，都只可以为进一步调查研究指明道路，却不能取代调查研究。

【例 12-3】某施工项目经理部在某工程施工时，发现某月的实际成本降低额比目标成本增加了 3.6 万元。

问题：

（1）说明差额分析法的基本原理。

（2）根据表中资料，用"差额分析法"分析预算成本和成本降低率对成本降低额的影响程度。

（3）说明成本分析的对象、成本分析的具体内容及资料来源。

解答：

（1）差额分析法是因素分析法的一种形式，它利用各个因素的目标值与实际值的差额来计算其对成本的影响程度。

（2）预算成本的增加对成本降低额的影响程度：（300-280）×3%＝0.6 万元。成本降低率提高对成本降低额的影响程度：（4%-3%）×300＝3.0 万元。以上两项合计：0.6+3＝3.6 万元。其中，成本降低率的提高是实际成本降低额比目标成本降低额增加的主要原因，所以，应进一步寻找成本降低率提高的原因。

（3）成本分析的对象为：已完成分部分项工程。

成本分析的方法是：进行预算成本、目标成本和实际成本的"三算"对比，分别计算实际偏差和目标偏差，分析偏差产生的原因，为今后的分部分项工程成本寻求节约途径。

成本分析的资料来源是：预算成本来自投标报价成本，目标成本来自施工预算，实际成本来自施工任务单的实际工程量、实耗人工和限额领料单的实耗材料。

成本分析利用有关资料，对影响成本变动的各种因素进行剖析，分析内容是本期成本与历史各期成本水平的对比、主要技术经济指标变动对成本的影响、同行业企业之间的成本水平对比等。成本分析的作用是：通过分析可以全面了解成本增减的原因，反馈信息，以使企业有针对性地采取有效措施，改善和提高经营管理水平。

由于种种原因，企业的实际成本与其目标——计划成本不符，两者之间的差额称为成本差异。为了消除偏差，就要对产品成本的预算完成情况进行分析，即分析实际产量下产品实际成本总额与该产量下的成本计划水平的差异大小及产生该差异的具体原因，以便采取措施加以纠正。

有效的成本控制是企业在激烈的市场竞争中成功与否的基本要素。但成本控制绝对不仅仅是单纯的压缩成本，需要建立起科学合理的成本分析与控制系统，让企业的管理者清楚地掌握公司的成本构架、盈利情况和决策的正确方向，成为企业内部决策的关键支持，从根本上改善企业成本状况，从而真正实现有效的成本控制。

【例 12-4】现就牡丹江水泥集团有限责任公司 2005 年成本差异（实际成本与标准成本之差）分析如下。

成本完成情况分析：2005 年水泥制造成本实际完成 208.65 元/吨，与上年同期水泥制造成本 188.25 元/吨相比提高了 20.4 元/吨，提高幅度为 9.78%；与 2005 年计划成本 188.85 元/吨相比吨水泥提高了 19.8 元/吨，提高幅度为 9.4%。具体分析如下。

水泥实际成本与上年同期完成情况分析：水泥实际成本为 208.65 元/吨，比上年同期成本 188.25 元/吨增加了 20.4 元/吨，提高了 9.78%。原因如下：

（1）与上年同期相比，石灰石成本增加了 2.16 元/吨，单位用量增加了 0.04 吨，增加的主要原因是：石灰石运费提高和增加了返空费。由于石灰石成本的提高，单位用量的增加导致水泥单位成本增加了 3.57 元/吨。

（2）与上年同期相比，铁锻价格增加了 0.37 元/吨，单位用量增加了 0.091 千克/吨，这是由于铁锻价格和单位用量的提高导致水泥单位成本增加了 0.31 元/吨。

（3）与上年同期相比，钢球价格增加了 0.20 元/吨，单位用量增加了 0.004 千克/吨，这是由于钢球价格和单位用量的提高导致水泥单位成本增加了 0.05 元/吨。

（4）与上年同期相比，砂岩成本增加了 4.43 元/吨，增加的原因是产量减少。单位用量增加了 0.01 吨，这是由于砂岩成本和单位用量的提高导致水泥单位成本增加了 0.16 元/吨。

（5）与上年同期相比，铁粉价格增加了 4.05 元/吨，单位用量增加了 0.001 吨，这是由于铁粉价格和单位用量的提高导致水泥单位成本增加了 0.27 元/吨。

（6）与上年同期相比，泥岩成本增加了 15.96 元/吨，增加原因是产量减少。单位用量减少了 0.02 吨，这是由于泥岩成本和单位用量的减少导致水泥单位成本增加了 0.38 元/吨。

（7）与上年同期相比，燃料成本比上年同期增加了 9.58 元/吨。燃料吨水泥消耗的增加主要有两个方面的原因：

①吨水泥煤耗增加。上年同期单位煤耗为 0.19 吨，本年实际单位煤耗为 0.23 吨，与同期相比单位煤耗增加 0.04 吨。单耗增加主要是调整煤亏库 3 万吨和煤质量下降导致的。

②原煤的进价增加。成本上年同期原煤平均价格为 192.94 元/吨，本年实际原煤的平均价格为 202.89 元/吨，与同期相比原煤平均价格增加了 9.95 元/吨。

（8）与上年同期相比，电力比上年同期增加了 9.04 元/吨。电力吨水泥消耗的增加主要有两个方面的原因：

①吨水泥动力消耗增加。上年同期平均吨水泥动力消耗为 106.806 千瓦时/吨，本年实际平均吨水泥耗电量为 116.29 千瓦时/吨，与同期相比吨水泥耗电量增加 9.48 千瓦时/吨。

②动力价格上涨。上年同期动力价格为 0.305 元/千瓦时，本年实际动力价格为 0.36 元/吨，与同期相比增加 0.05 元/吨。

（9）与上年同期相比，工资、福利费吨水泥增加了 1.34 元/人。

（10）与上年同期相比，制造费用增加了 165 万元，吨水泥增加 1.07 元/吨。制造费用增加的主要原因如下：

①与上年同期相比，工资、福利费增加了 29 万元。上年同期工资等项目为 298 万元，2005 年实际发生额为 327 万元。

②与上年同期相比，折旧费增加了 355 万元，折旧费的增加的主要原因是：新磨 2003 年转入固定资产管理而增加了折旧费。

（11）实际比上年同期减少 4.59 元/吨，原因如下：

①与上年同期相比，黏土成本减少了 0.37 元/吨，单位用量增加了 0.06 吨，由于黏土成本和单位用量的减少，导致水泥单位成本减少了 0.86 元/吨。

②与上年同期相比，火山灰成本增加了 1.72 元/吨，单位用量减少了 0.2 吨，由于火山灰成本和单位用量的减少导致水泥单位成本减少了 0.2 元/吨。

③与上年同期相比，粉煤灰单位用量增加了 0.02 吨，由于粉煤灰成本和单位用量的减少导致水泥单位成本降低了 0.18 元/吨。

④与上年同期相比，石膏平均价格降低 0.23 元/吨，单位用量减少了 15 千克/吨吨，由于石膏成本和单位用量的减少导致水泥单位成本降低了 3.42 元/吨。

⑤与上年同期相比，耐火砖平均价格降低了 0.34 元/千克，单位用量减少了 0.404 千克/吨，由于耐火砖价格和单位用量的减少导致水泥单位成本减少了 0.6 元/吨。

⑥其他因素降低水泥单位成本 0.1 1 元/吨。

综上所述，2005 年该公司出现了首次亏损的局面，而且亏损的数额较大。其主要原因是受产品销售市场的综合影响：一是市场销售竞争异常激烈，导致销售价格下滑；二是销售数量未完成计划值减少了销售收入；三是受产品成本中原、燃材料，动力及铁路运费涨价的影响，成本比计划、上年都大幅度提高，收入与成本的一减一增决定了成本效益必亏无疑；另外财务费用中利息支出的逐年增加也导致了期间费用的提高，总之，2005 年公司总体经营的不利因素实在无法抗拒，加上内部管理的粗放、松懈，都严重影响了公司的总体业绩。

如何能力挽狂澜，扭亏为盈，是摆在公司面前的重大课题。尤其是今年制定的产、销量是有史以来最高，从年初看由于受原煤采购紧张和资金严重不足的影响首次出现以煤定产的局面，如果这些棘手的问题不能及时解决必将制约全年整体目标的落实；另外，随着改制的问题没有明确的意向，公司内部如何加强内部管理，改变常规的管理模式，有效控制支出，也是高层管理者应思考的问题。

二、商品产品成本的分析

（一）产品成本报表的编制

商品成本报表是反映企业在报告期内所生产的全部商品产品总成本和单位成本的报表。利用商品成本报表可以考察全部商品产品和主要商品成本计划的完成情况，以及分析各种有可比性的降低成本任务的完成情况。

商品产品成本报表的主要内容是反映可比产品和不可比产品的实际产量、单位成本、本月总成本和本年总成本。

其主要内容如下：

（1）实际产量

①本月实际产量：根据产品成本计算单或产品生产成本明细账的记录填制。

②本年累计实际产量：根据本月实际产量，加上上月本表的本年累计实际产量计算填列。

（2）单位成本

①上年实际平均单位成本：根据上年度本表所列全年累计实际平均单位成本填列。

②本年计划单位成本：根据年度成本计划所列的单位成本填列。

③本月实际单位成本：根据表中本月实际总成本除以本月实际产量所得商数填列。

④本年累计平均单位成本：根据表中本年累计实际总成本除以本年累计实际产量所得的商数填列。

（3）本月总成本

①按上年实际平均单位成本计算的总成本：上年实际平均单位成本乘以本月实际产量所得积数填列。

②按本月计划单位成本计算的总成本：本年计划单位成本乘以本月实际产量所得积数填列。

③本月实际总成本：成本计算单的有关数字填列。

（4）本年累计总成本

①按上年实际平均单位成本计算的本年累计总成本填列。

②按本年计划单位成本计算的本年累计总成本填列。

③本年累计总成本填列。

主要产品单位成本表如表12-3所示。

表12-3　主要产品单位成本表

200×年度　　　　　　　　　　　　　　　　　　单位：千元

产品名称	A	本月实际产量		（略）
规格	HP	本年累计实际产量		336
计量单位	台	销售单价		10
成本项目	历史先进水平	上年实际平均	本年计划	本月实际	本年实际平均
直接材料	9.60	10.00	8.40	（略）	9.80
直接人工	2.00	4.40	4.20		2.00
制造费用	4.00	5.60	5.40		4.20
产品生产成本	15.60	20.00	18.00		16.00
主要技术经济指标	耗用量	耗用量	耗用量	耗用量	耗用量
1. 原材料	50 千克	52 千克	56 千克	（略）	58 千克
2. 主要材料					
3. 燃料					
4. 动力					

（二）主要产品成本分析

主要产品单位成本分析是对主要产品按成本项目进行的成本分析。

主要产品单位成本分析是从成本项目的组成内容入手，采用因素分析法计算因素变动对成本费用造成的影响。

主要产品单位成本分析包括两方面的内容：一是主要产品单位成本的一般分析和具体分析；二是主要经济技术指标变动对单位成本影响的分析。

1. 主要产品单位成本的一般分析和具体分析

（1）主要产品单位成本的一般分析

主要产品单位成本的一般分析就是将本期的实际单位成本与计划、与上期、与其他同行业以及与历史先进水平等进行比较，看是超支还是节约，以便克服缺点，汲取经验，更有效地降低产品的单位成本。分析的方法可以采用对比分析法、趋势分析法和品种结构分析法等。

从表12-3可以看出，该企业甲产品的本年累计实际平均单位成本低于上年平均和本年计划数，但高于历史先进水平。这说明企业的成本水平总体是好的，还需进一步努力。为了查明成本变动的具体原因，还应按照成本项目进行具体分析。

（2）主要产品单位成本的具体分析

①直接材料费用的分析。

②直接人工费用的分析。

③制造费用的分析。

2. 主要技术经济指标变动对成本影响的分析。

技术经济指标分析是指技术经济指标的变动对单位产品成本的影响。主要技术经济指标如材料利用率、劳动生产率、设备利用率、产量增长率、产品合格率等的提高，反映了劳动生产率的进步，必然会直接或间接影响到产品成本的高低。结合技术经济指标进行成本分析，不仅可以研究这些指标对产品成本的影响程度，而且可以促进企业提高各项指标，寻找降低产品成本的途径。

（1）材料利用率的变动对成本的影响

材料是产品成本的重要组成部分。材料比重变动、采用代用材料和材料利用率变动都会影响产品成本的变动。这里就材料利用率变动进行重点说明。材料利用率就是单位产品材料的消耗率。提高材料的利用率就是降低单位产品材料的消耗率，可以降低产品成本中的材料成本，从而降低产品的单位成本。

（2）劳动生产率变动对产品成本的影响

劳动生产率提高意味着生产单位产品所耗用的时间比以前减少。这一方面会使单位产品所负担的工资成本减少，另一方面又会因工资率的增长，使单位产品成本提高。因此，要降低产品成本，必须使劳动生产率的提高大于工资率的提高。

（3）产品质量变动对成本的影响

在生产消耗水平不变的前提下，产品质量提高必然会影响到单位产品成本的降低。衡量质量好坏的指标很多，如合格品率、废品率、等级品率等。现以合格品率为例说明其对单位产品成本的影响。

（4）产量变动对产品成本的影响

产品产量变动会使产品成本中的固定成本相对节约或超支，从而影响到产品单位成本的升降。

（5）主要产品单位成本报表的分析

甲产品单位成本对比计划变动情况分析如表 12-4 所示。

表 12-4　甲产品单位成本比对计划变动情况分析表　　　　　单位：元

成本项目	本年计划单位成本	本年度实际平均单位成本	降低额	降低率
直接材料	232	250	−18	−7.76
直接人工	100	95	5	5
制造费用	88	95	−7	−7.95
成本合计	420	440	−20	−4.76

①直接材料成本项目分析

影响直接材料成本项目实际成本脱离计划成本的因素主要是材料消耗量和材料单价。

$$单位产品成本材料费用 = 单位产品消耗的材料数量 \times 材料单价$$

分析程序：

a. 确定分析对象，即实际单位产品成本材料费用与计划单位产品成本材料费用

b. 因素分析。

单位产品消耗材料数量变动的影响 =（实际单位产品耗用量−计划单位成本产品耗用量）×材料计划单价

材料单价变动的影响 =（材料实际单价−材料计划单价）×单位产品材料实际耗用量

甲产品消耗的有关材料数量和价格资料如表 12-5 所示。

表 12-5　甲产品直接材料成本比对计划变动情况分析表

材料名称	消耗量/千克		单价/元		直接材料费用/元		
	计划	实际	计划	实际	计划	实际	差异
A 材料	38.00	40.00	5.00	5.30	190.00	212.00	22.00
B 材料	10.00	8.00	4.20	4.75	42.00	38.00	−4.00
合计					232.00	250.00	−18.00

从表 12-5 的资料可以看出，其直接材料费用实际超计划 18 元。当中，子消耗量变动的影响计算如下：

A 材料 =（40−38）×5 = 10（元）

B 材料 =（8−10）×4.20 = −8.4（元）

合计 = 10−8.4 = 1.6（元）

价格变动导致的影响：

A 材料 =（5.30−5.00）×40 = 12（元）

B 材料 =（4.75−4.20）×8 = 4.4（元）

合计 = 12+4.4 = 16.4（元）

②直接人工成本项目的分析

单位产品直接人工成本=单位产品工时消耗×工资分配率

可以作如下分析：

a. 确定分析对象为实际单位产品直接人工成本减去计划单位产品直接人工成本。

b. 因素分析。

单位产品工时消耗量变动影响=（实际单位产品工时消耗量-计划单位产品工时消耗量）×计划工资分配率

工资分配率变动的影响=（实际工资分配率-计划工资分配率）×实际单位产品工时消耗量

甲产品消耗的有关工时数量和工资分配率资料如表 12-6 所示。

表 12-6　甲产品有关工时数量和工资分配率资料表

项目	消耗量/工时		工资分配率/（元/小时）		直接人工成本/元		
	计划	实际	计划	实际	计划	实际	差异
生产工时	50	40	2	2.375	100	95	-5

成本实际节约了 5 元。因工时消耗变动导致的影响计算如下：

（40-50）×2=-20（元）

由于工资分配率变动的影响计算如下：

（2.375-2）×50=18.75（元）

③制造费用成本项目分析

影响制造费用实际与脱离计划的因素主要是工时消耗和制造费用分配率。甲产品消耗的有关工时数量和制造费用分配资料如表 12-7 所示。

表 12-7　甲产品制造费用对比计划变动情况分析表

项目	消耗量/工时		制造费用分配率/（元/小时）		制造费用成本/元		
	计划	实际	计划	实际	计划	实际	差异
制造费用	50	40	1.76	2.375	88	95	7

从表 12-7 中可以看出来，该产品的制造费用实际超过计划 7 元。其余因为工时消耗量变动的影响计算：

（40-50）×1.76=-17.6（元）

由于制造费用分配率变动的影响计算如下：

（2.375-1.76）×40=24.6（元）

④制造费用分析

制造费用明细表是反映企业生产单位一定时期内为组织和管理生产所发生费用总额和各项明细项目数额的报表。该表费用项目分为"上年同期实际""本年计划""本年累计实际"进行反映。通过将本年累计实际和上年同期实际相比较，我们可以了解制造费用各项目的变动情况，从动态上研究其特征和发展规律；本年累计实际与本年计划相比较，可以得出制造费用计划完成情况及节约或超支的原因。制造费用明细表如表12-8所示。

表12-8　制造费用明细表（200X.12）　　　　　　　单位：元

项目	行次	上年同期实际	本年计划	本年累计实际
1. 工资		48 000	50 000	49 500
2. 职工福利		6 720	7 000	6 930
3. 折旧费		80 000	76 000	75 700
4. 修理费		2 500	2 000	2 100
5. 办公费		1 300	1 000	1 150
6. 水电费		18 000	15 000	14 700
7. 机物料消耗		1 200	1 500	1 560
8. 劳动保护费		2 100	2 000	1 950
9. 低值易耗品摊销		1 600	1 500	1 450
10. 差旅费		25 000	22 000	22 500
11. 租赁费		500	300	350
12. 保险费		800	700	650
13. 设计制图费		600	700	630
合计		188 320	179 700	179 170

为反映各生产单位各期制造费用任务的完成情况，可将制造明细表分车间按月进行编制。

对制造费用明细表的分析，可以采用"比较分析法"，通过对费用总额及各个费用项目的本年累计数与上年同期实际数相比较，从而了解各项费用的变化趋势；同样，与计划数比较，可以知晓各项费用比计划节约或超支的情况，即计划的完成情况。对于增减变动较大的费用项目，还要做重点分析，深入研究它变动较大的实际原因。

 本章练习

一、思考题

1. 什么是成本报表？它有哪些特点？

2. 成本报表的作用有哪些？

3. 成本报表的编制要求是什么？

4. 成本报表的编制步骤是什么？

5. 简述比较分析法的特点和适用范围。

二、计算分析题

1. 某企业产品生产成本表如表 12-9 所示。

表 12-9　某企业产品生产成本表

产品名称	计量单位	实际产量	单位成本/元			本年总成本/元（实际产量）		
			上年实际	本年计划	本年实际	按上年实际单位成本计算	按本年计划单位成本计算	实际成本
一、可比产品								
甲产品	件	30	1 050	1 035	1 020			
乙产品	件	35	1 350	1 275	1 245			
小计								
二、不可比产品								
丙产品	件	20	–	600	690			
全部产品成本								

产值成本率计划数为 60 元/百元，商品产值本月实际数按现行价格计算为 153 000 元。

要求：

（1）计算和填列产品生产成本表中总成本各栏数字。

（2）分析全部产品生产成本计划的完成情况和产值成本率计划的完成情况。

2. 某企业本年度可比产品成本资料如表 12-10 所示。

表 12-10　某企业本年度可比产品成本资料表　　　　单位：元

可比产品名称	计划产量/件	实际产量/件	上年实际平均单位成本	本年计划单位成本	本年实际单位成本
甲产品	1 650	2 200	100	90	89
乙产品	550	550	200	190	188

要求：计算确定可比产品成本降低任务完成情况，并分析各个因素变动对可比产品成本降低任务完成情况的影响。（附表如表 12-11 至表 12-13 所示）

表 12-11　××××年度可比产品成本计划表

产品名称	计量单位	计划产量	单位成本		总成本		计划降低任务	
			上年实际	本年计划	上年成本	计划成本	降低额	降低率
可比产品		P1	C0	C1	P1 C0	P1C1	P1C0-P1C1	降低额 P1 C0
甲产品	件							
乙产品	件							
合计								

表 12-12　××××年度可比产品成本的实际完成情况表

产品名称	计量单位	实际产量	单位成本			总成本			实际降低情况	
			上年实际	本年计划	本年实际	上年成本	计划成本	本年实际	降低额	降低率
可比产品		P2	C0	C1	C2	P2C0	P2 C1	P2 C2	P2C0-P2C2	降低额 P2 C0
甲产品	件									
乙产品	件									
合计										

表 12-13　可比产品成本降低任务完成情况分析表

顺序	指标	成本降低额/元	成本降低率
(1)	按计划产量、计划品种结构、计划单位成本计算的成本降低额和降低率	$\sum P1\ C0 - \sum P1\ C1$ = =	
(2)	按实际产量、计划品种结构、计划单位成本计算的成本降低额和降低率	$\sum P2\ C0 \times \%$ =	
(3)	按实际产量、实际品种结构、计划单位成本计算的成本降低额和降低率	$\sum P2\ C0 - \sum P2\ C1$ = =	
(4)	按实际产量、实际品种结构、实际单位成本计算的成本降低额和降低率	$\sum P2\ C0 - \sum P2\ C2$ = =	
	各因素的影响程度		
	产量变动影响　　　　(2)－(1)		
	品种结构变动的影响　(3)－(2)		
	单位成本变动的影响　(4)－(3)		
	合计		

第十三章

战略成本管理

第一节 战略成本管理概述

一、战略成本管理的内涵

随着战略管理的兴起和发展，从战略角度来研究成本形成与控制的战略成本管理（strategic cost management，SCM）思想，是 20 世纪 80 年代在英美等国管理会计学者的倡导下逐步形成的。20 世纪 90 年代以来，对这一思想与相关方法的讨论日趋深入，日本和欧美的企业管理实践也证明了这是获取长期竞争有时的有效办法。尽管大家对于战略成本管理研究的必要性和重要性的认识一致，但对于战略成本管理的定义，各国学者存在不同的看法。美国学者桑克和维加·哥维达列杰在其所著的《战略成本管理——取得竞争优势的新工具》一书中认为：战略成本管理是企业获得竞争优势的一种新工具，是在战略管理的一个或者多个阶段对成本信息的管理性的运用，主要内容包括价值链分析、战略定位分析和战略成本动因分析。美国著名会计学家罗宾·库伯和斯拉莫得则认为：战略成本管理是指企业运用一系列成本管理方法来同时达到降低成本和提高战略地位之目的。而我国学者夏宽云认为，战略成本管理是只管理会计任务提供企业本身及竞争对手的分析资料，帮助企业管理者形成和评价企业战略，从而创造竞争优势，达到企业有效适应外部持续变化环境的目的。另外，学者陈轲认为，战略成本管理的内涵为企业如何利用成本信息进行战略选择，以及不同战略选择下如何实施成本管理。其实实施战略成本管理就是将成本管理置身于战略管理的空间，从战略高度对企业及其关联企业的成本行为和成本结构进行分析，为战略管理提供信息服务。

为了适应变幻莫测的外部环境，取得持续性的竞争优势，企业就必须把重点放到制定竞争战略上来，而传统的成本管理却往往把眼光局限在单纯降低成本上。不可否认，在成本管理中，节约作为一种手段是不容置疑的，但事实上在企业采用不同的竞争战略的情况下，当以保证企业产品的差异化为重点时，可以适当提高成本，同样能达到取得竞争优势的目的。

当某电力运营商为一个大客户提供电路出租时，为了保证电路安全，运营商往往要为其提供相同带宽的备份电路（有时是客户未付费的），企业可能为之付出相应的质量成本和维护成本，但应看到为客户提供服务的电路安全得到了保障，这相应提高了客户的满意程度，也就留住了客户。相反，如果企业为了节约成本，只是提供小带宽备份电路或不提供备份电路，那么一旦出现电路故障，客户就可能会流失。因此降低成本不是唯一的手段，现代成本管理的目的应该是以尽可能地减少的成本支出，获得尽可能多的使用价值，一切降低成本的措施也都应以成本效益分析的结果作为决定取舍的目标，一次实现成本效益原则。

从上述例子可以看出，战略成本是成本管理与战略管理有机结合的产物，是传统成本管理对竞争环境变化所做出的一种适应性变革。所谓战略成本管理就是以战略的眼光从成本的源头识别成本驱动因素，对价值链进行成本管理，即运用成本数据和信息，为战略管理的每一个关键步骤提供战略性成本信息，以利于企业竞争优势的形成和核心竞争力的创造。

企业战略管理理论与方法的广泛应用，使得人们越来越发现传统的强调以企业内部价值消耗为基础的成本管理系统，无法适应管理环境的变化，不能为企业战略管理决策提供有用的成本信息，传统成本管理的缺陷越来越明显了。战略成本管理与传统成本管理的最大不同是战略成本管理在进行成本管理的同时关注企业在市场中的竞争地位，并借助成本管理，使企业更有效地适应持续变化的外部环境，从战略的角度研究影响成本的各个环节，规划并控制成本使之保持适度水平，确保企业有效地完成既定的业绩要求，实现企业的战略目标，实现在市场上的持久竞争优势。

二、战略成本管理的特点

战略成本管理是为了提高企业长期竞争优势而进行的成本管理，与传统管理相比，战略成本管理有以下几个特点：

（一）创新性

战略成本管理不仅是一种新的技术方法的出现，更重要的是一种贯穿于成本管理运作系统的观念更新。战略成本管理之所以日益受到企业的重视，其根本原因是由于市场条件的变化。

20世纪60年代以来，由于社会富裕程度逐渐提高，市场需求由于大众需求向个性需求转变，传统的大批量、标准化生产向小批量、个性化产品生产过渡。这种市场需求和市场竞争的变化，一方面要求企业更加重视市场，并能够根据市场需求的变动及时地调整企业的生产经营活动，管理视角由单纯的生产经营过程管理和重股东财富扩展到与顾客需求及利益直接相关的、包括产品设计和产品使用环节的产品生命周期，更加关注产品的顾客可察觉价值；另一方面要求企业更加重视内部组织管理，尽可能地消除各种增加顾客价值的内耗，以获取市场竞争优势。由此可见，战略成本观念的主题是创新，其对物耗成本的核算和控制需求，更多的是出于价值评价和价值分配方面制度创新的考虑。

（二）竞争性

战略成本管理的目的是持续改进成本管理，以建立和保持企业长期的竞争优势。如果为了增强竞争优势需要增加成本，那么这种成本的增加是值得鼓励的。战略成本管理的目的不仅仅是降低成本，更重要的是增强企业持续竞争优势。如某产品市场的顾客需要设立某项特殊的售后服务，虽然这一做法会增加企业成本，但它保持和吸引了顾客，增加了企业的竞争优势，长期看利大于弊。

（三）全局性

传统成本管理系统的目标是通过最大限度地避免企业各种经营活动的成本，来谋求成本的最小化和利润的最大化。尽管降低成本是任何企业都不可忽视的，但这种立足于短期的成本管理，属于战术性的成本管理，难以与战略管理的目标相协调。战略成本管理是以企业为对象，综合考虑企业的内部条件和外部环境，并根据企业的总体发展战略而制定的。因此，企业的战略成本管理是企业战略管理的组成部分，必须服从并服务于企业的总体发展战略，与企业的总体发展战略相一致。在这种大局观的要求下，企业管理者必须全面重视企业活动的各个环节和各个方面，减少内部职能的失调，确保战略目标的实现。战略成本管理克服了传统成本管理只主张结果分析的片面性，而将结果控制和过程控制相结合，通过过程控制将企业各个环节与企业的整体目标紧紧相连，以过程的控制来实现对结果的影响和保证预期结果的实现。例如，企业采用成本领先战略时，就必须尽量压缩不必要的开支，消除不增值作业，以建立成本优势；而企业采取差异化战略时，成本管理就不能一味地为追求成本最小而削减产品开发、市场营销等方面的开支。

（四）动态性

传统成本管理系统把目标过多地集中于为降低成本而降低成本，没有考虑对处于不同发展阶段的产品或处于不同发展阶段的企业采取不同的成本管理战略和目标。企业的战略具体目标是特定于具体的内外部环境的。战略成本管理对同一企业处于导入期、成长期、成熟期和衰退期等不同阶段的产品或者处于不同发展阶段的企业，采取不同的战略方针和管理目标。例如，处于导入期的产品，消费者知之甚少，此时企业更注重营销战略，以便迅速地占领并不断扩大市场，通过增加收入来增加利润，成本管理的工作比较松散，相对不受重视。而处于成熟期的产品，面对的是成熟的市场，企业更多地采用成本领先战略，通过加强成本管理、提升竞争优势来进一步扩大已成熟产品的盈利能力，并注重新产品的开发与研制，以维持长期的生存与发展。

（五）多样性

战略成本管理提供了超越会计主体范围的更广泛、更有用的信息。战略成本管理的重要目标之一是营造企业的竞争优势，而企业的竞争优势又是建立在相对成本对比的基础之上，即在相同的条件下，拥有成本优势无异于拥有了竞争优势。企业应突破会计主体的限制，获得有关竞争对手的信息，了解相对成本，通过一系列措施，能知己知彼，使企业在竞争中立于不败之地。同时，战略成本管理提供了更多的非财务方面的信息，克服了传统成本管理在这方面的缺陷，大量提供了例如质量、需求量、市场占有率等极为重要的非货币信息。以反映企业战略地位的主要指标之一的市场占有率为例，它是联系成本与利润的重要指标，在一定程度上代表了未来现金流入量，它的变化代表了企业竞争地位的变化，战略成本管理有助于企业获得全面的发展竞争战略的信息。

综上所述，战略成本是根据一个企业经营战略中的具体成本动因、内部的价值链以及企业在一个更大价值链中所处的位置制定决策。由于战略成本管理是进行长期定位，因而更关注结构性成本动因或组织性成本动因。战略成本管理的基本内容是关注成本驱动因素，运用价值链分析工具，明确成本管理在企业战略中的地位。因而，战略定位分析、价值链分析、成本动因分析构成了战略成本管理的基本框架。

第二节 战略定位分析

企业可以通过战略定位分析来确定企业的战略目标，只有这样才能将成本管理的具体方针对特定的战略而进行功能展开与运用创新，这也是战略成本对传统成本管理的超越。战略定位分析就是指企业在赖以生存的市场中如何选择竞争武器，以抗衡竞争对手的分析方法。战略定位分析的过程就是对企业所处的外部环境、竞争对手以及企业的自身条件进行分析，从而制定出企业战略目标的过程。战略成本管理的目标就是在强化所选择的战略定位的同时降低成本。成本领先战略、差异化战略和目标集聚战略是通常采用的三个基本战略。

一、成本领先战略

成本领先战略是借助规模经济和严格的成本控制，使企业成为行业内成本最低的生产者。从一定意义上说，成本领先也体现了一种差异，即企业产品与竞争对手产品在成本上的差异。成本领先战略是诸战略中最为明确的一种。在这种战略指导下，企业的目标是成为其产业中的低成本生产厂商，也就是在提供的产品的功能、质量差别不大的条件下，努力降低成本来取得竞争优势。

一般来说，在产品的特性相当的情况下，如果产品具有较低的成本，会提高顾客的价值。如在我国近年来的彩电价格战、空调价格战、微波炉价格战中，成本领先者的表现就是如此。成本领先并不一定表现为低价战略，因为在同一价位上，成本领先者的获利必然高于其他竞争者，而一旦价格战拉开，那些成本最高者就会最先被淘汰出局。在如今的市场竞争中，在产品技术都不构成企业主要难关的情况下，要想在产品的一些主要性能上建立差异往往比较困难，能够形成差异的是企业的营销策略、定价策略、售后服务等方面。

企业获取成本优势主要有两种方法：

（1）控制成本驱动因素。一旦企业已识别其价值链并判断出重要价值活动的成本驱动因素，就可以通过更好地控制这些成本驱动因素而获得优势。

（2）重构价值链。企业相对成本地位的显著变动的原因最常见的是采用与竞争对手有显著差异的价值链。企业也可以采用不同的、高效率的方式来设计、生产、分销或销售产品。

企业管理绝大多数都是为了降低成本，采用成本领先战略的业务通常致力于提高效率，提高高标准的、不加修饰的产品，他们通常非常庞大，以实现生产和销售规模经济。在许多环境下，巨大的规模能够以低廉的价格提高产品和服务，从而占领较大的市场，进而获利。如丰田汽车公司被人们认为是世界汽车生产商中的低成本生产商，虽然它也强调产品质量，但它还是取得了绝对的低成本领导地位，因为它使用了相当多的高效率的生产技术，而它的车型定为于中档价位，在这个价位上能够获得高产量，而高产量有助于降低成本。

企业采用成本领先战略，可以通过使用独特的技术，或者借助于有利的原材料购入渠道，引进更先进的设备，改变产品结构以降低耗料，改善工艺流程以降低能耗，改良销售渠道以降低间接成本等，使其成本低于竞争对手，从而占据市场份额。在采用低成本战略的同时要注意如下问题：首先，采用低成本战略后，应该使企业的利润率提高，否则，低成本供应商可能会由于过度的削价而使利润率非但没有提高反而降低。其次，应该认识到成本优势的价值取向的持久性，而成本优势的持久性又取决于公司保持这种成本优势的方式和途径。应防止由于不重视采用能够保持专有的成本优势方式而被竞争对手模仿。最后，防止过于热衷追求低成本而使企业产品或服务缺乏特色。

二、差异化战略

差异化战略是通过树立良好的品牌形象和优秀的客户服务等方式提供独特的、受到客户青睐的产品，从而创造竞争优势。差异化战略的核心是追求与创造特色，是一种"人无我有"的战略。按照 Brimwich 法的观点，产品是由一系列客观属性或特征组成的集合体，这些特征包括了操作表现质量、可靠性和担保计划、实物形态、服务要素—提供保证和售后服务等。

当一个企业能够为买方提供一些独特的、对买方来说不仅仅是价格低廉的产品时，这个企业就具有了区别于其他竞争对手的经营差异性。差异化战略要求企业就客户广泛重视的一些方面在产业内独树一帜，或在成本差距难以进一步扩大的情况下，生产比竞争对手功能更强、质量更优、服务更好的产品以显示经营差异。当然，这种差异应是买方所希望的或乐意接受的。如能获得差异领先的地位，就可以得到价格溢价的报酬，或在一定的价格出售更多的产品，或在周期性、季节性市场萎缩期间获得诸如买方忠诚等相应的利益。成功的差异化战略的关键在于用竞争对手无法模仿或者抗衡的方式为购买者创造价值，如麦当劳以其物超所值的产品、劳力士以其美誉度和特异性、强生公司的婴儿产品以其可靠性而成了差异化战略成功的典范。

差异化战略要求企业选择那些有利于竞争的并能使自己的经营具有特色的性质，重在创新。差异化战略要求企业就客户重视的一些方面在产业内独树一帜，或在成本差距难以进一步扩大的情况下生产出比竞争对手功能更强、质量更好、服务质量更好的产品，以显示其不易于被复制的经营差异。企业可以运用价值工程法和成本效益法分析，在技术、材料、设计、外观、功能、售后服务等方面进行改良或创新，使自己的产品或服务与众不同。

毫无疑问，并非所有的差异化战略都能创造竞争优势。如果公司所强调的独特或能力未能获得消费者的认可，那么，该公司的差别化就只能在市场上引起厌恶。此外，在实行差异化战略时应注意几个问题：首先，实行差异化战略后价格要能为客户所接受，否则会由于产品的价格相对于竞争对手的产品来说太高而使得购买者转向低价格的竞争对手，从而陷入"差异陷阱"。其次，重视购买者暗示或宣传差别化的价值，而不能仅仅靠内在产品属性来获得差别化。最后，实行差异化战略带来的溢价要超过相应的额外成本，否则，就不能获得超额利润，从而导致缺乏竞争优势。

三、目标集聚战略

目标集聚战略也是一种可以选择的战略。它主要是主攻某个特定的顾客群，某种产品系列的一个细分区段或者某一个细分市场，以取得在某个目标市场上的竞争优势。这种战略的前提是：企业能够集中有限的资源以更高的效率、更好的效果为某一狭窄的战略对象服务，从而超过在更广阔范围的竞争对手。其整体是围绕着某一特定目标服务建立的。目标集聚化战略的最大特点是：不追求大市场的小份额，而是追求小市场的大份额。从本质上来说，目标集聚化战略不是一种什么别的战略，只是成本领先战略和差异化战略的局部实施。

目标集聚战略有两种形式，成本领先目标集聚战略寻求在目标市场上的成本优势，差异领先目标集聚战略则追求目标市场上的差异优势。目标集聚战略通常选择对替代品最具抵抗力或竞争对手最弱之处作为企业的战略目标。采用目标聚集战略的企业同样具有取得超过行业平均收益的能力，如果企业能够在某个目标市场上获取成本领先或差异领先地位，并且这一目标市场的产业结构很有吸引力，那么实施该战略的企业将会获得超过其产业水平的收益。在实施目标集聚战略时应注意以下问题：首先，竞争对手可能会寻找与采取目标集聚战略厂商匹敌的有效途径来服务于目标小市场。其次，小市场上的购买者的偏好和需求可能会转向大众购买者所喜好的属性。最后，长期目标集聚战略的厂商所集聚的细分市场非常具有吸引力，以至于各个竞争厂商蜂拥而入，瓜分市场。

企业是采用成本领先战略还是采取产品差异化战略，或是目标集聚化战略，对成本管理都会产生不同的影响，这种影响如表 13-1 所示。

表 13-1　不同的竞争战略对战略定位的影响比较

企业基本竞争战略	成本领先战略	差异化战略	目标集聚化战略
竞争对手成本分析的重要性	很重要	有必要	不必要
成本在定价决策中的作用	很大	中等	较低
标准成本在业绩评价中的作用	很重要	较重要	重要
满足预算的重要性	很重要	中等	较低
营销成本分析的重要性	很重要	中等	较低

此外，三种基本战略虽然在理论上有各自独立的意义：在产品性能与质量差距不大的情况下，可选择成本领先战略取胜，即努力以降低成本、降低售价来取得竞争优势；

在成本差距不可能拉大的情况下，可选择实施差异战略领先战略和目标集聚战略，即以生产比对手更有优势的产品现实产品差异，吸引顾客。总之，三种基本战略具有鲜明的市场特征，都立足于竞争优势。

相关链接

法拉利汽车公司由于产量极低，成本自然无法与通用、福特、丰田等规模化大生产企业相抗衡，但法拉利走的是标新立异的新颖、奇特、怪异路线。一款流线型、鲜红外壳，酷似《蝙蝠侠》中"蝙蝠车"的新型法拉利跑车，尽管售价高达 200 万美元，却仍然一推出即销售一空。法拉利以此达到出奇制胜的目的。

Motel6 和里茨—卡尔顿在美国住宿行业中参与竞争的市场部位恰好相反。Motel6 所采取的目标集聚战略是以低成本为基础的，其竞争优势的基础是能够以比竞争对手低的成本为对价格很敏感的旅行者提供基本的、经济的住宿服务。里茨—卡尔顿所采取的目标集聚战略是以差别化为基础的，其竞争优势的基础在于能够为富有的客户提供上乘的住宿服务和无与伦比的个人服务。虽然它们所采取的战略处于两个极端，但由于住宿市场包含着多种多样的购买者细分市场，他们的偏好和支付能力也多种多样。

以上两个例子运用了不同的战略定位分析即差异化战略和目标集聚化战略，都获得了各自的竞争优势。

第三节 价值链分析

价值链最早由迈克尔·波特（Michael E. Porter）于 1985 年在其所著《竞争优势》一书中提出后，立即受到理论界和实物界的普遍重视。美国学者约翰·桑克称价值链分析是战略成本管理的三要素之一，被认为是战略成本管理的出发点和首要步骤。

迈克尔·波特认为价值链是企业为了创造顾客价值而进行的一系列作业，是一个公司用以"设计、生产、推销、交货以及维护其产品"的内部过程和作业。[①] 它将企业的作业分为两大类：基本作业和辅助作业，如图 13-1 所示。基本作业包括进货后勤、生产、出货后勤、销售和售后服务，辅助作业包括基础设施、人力资源管理、技术开发和采购。价值链的各项业务活动之间的联系不仅存在于企业价值链内部，而且存在于企业价值链与供应商和销售渠道之间。概括而言，价值链是从供应商开始直接到顾客价值实现的一系列价值增值活动的业务流程。

价值链是由为生产产品或提供劳务从原材料采购开始至销售给客户为止的一系列价值生产作业所构成的。每一种产品或劳务都有其独特的价值链，价值链上所有组织的活动都取决于顾客对产品或服务的价值和成本的认识。因为最终承担成本的是顾客，为企业价值链作业带来所有利润的还是顾客。因此，任何企业都应以为顾客提供价值最大而成本最小的产品和服务为经营目标。

价值链包括为顾客提供产品或服务所发生的所有作业。为了满足管理者的需求，应

① 迈克尔·波特. 竞争优势 [M]. 陈小悦，译. 北京：华夏出版社，1997：36.

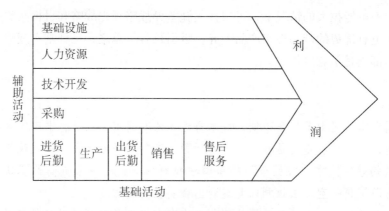

图 13-1　迈克尔·波特价值链图

从不同层次进行价值链研究。从最终顾客的视角进行价值链的分析，应以产品或服务的提供为起点，向后追溯到原材料。从一个组织的视角进行价值链的分析，应从价值链的中间开始，向下追溯到最终顾客，向上追溯到原材料。

价值链分析的第一步就是确定行业的、企业的价值链，并将收入与资产分摊到价值链的各种活动中；第二步是确认各活动的成本动因；第三步是通过控制成本动因或重新优化价值链，构建具有自身特色的价值链，以取得竞争优势。企业除分析自身价值链外，还要分析竞争对手的价值链，从而达到知己知彼、洞察全局的目的。

一、企业内部价值链分析

企业内部价值链分析就是了解企业内部价值链的构成要素，确定对成本和增值是否有影响的基本价值链，从中找出企业内部的增值作业和不增值作业，发现构成企业核心竞争力的作业，从战略上调整和重构具有相对成本较低、优化的企业内部价值链。

内部价值链分析由以下四个步骤构成：

（1）识别价值链作业；

（2）确定哪些价值作业具有战略性；

（3）对价值链作业成本进行追踪；

（4）使用作业成本信息对具有战略性的价值链作业进行更有效的管理。

为了识别内部价值链作业，企业首先要找出内部各个环节创造价值的各种作业以及这些作业的成本动因。找出作业成本动因对于价值链分析非常重要。战略层次的成本动因主要有两种形式：结构性成本动因和执行性成本动因。结构性成本动因是指与构造企业基本经济结构和影响战略成本整体形式相关的成本驱动因素，通常包括企业价值链的业务范围和规模、企业作业的重复次数、每个价值链活动中所运用的技术处理方式以及提供给客户的产品和服务的多样性。结构性成本动因从深层次上影响企业的成本定位，决定着企业长期的成本竞争优势。执行性成本动因是指与企业成本态势和执行作业程序相关的成本驱动因素，通常包括：劳动者对企业的凝聚力、全面质量管理、生产能力的利用、工厂布局的效率、对供应商和客户关系的开发等。通过执行性成本动因分析可以提高各种生产执行性因素的能动性及优化他们之间的组合，从而使价值链活动达到最优化，降低价值链总成本。

二、企业外部价值链分析

企业外部价值链分析也即产业价值链分析。产业价值链分析的目的，就是将企业与供应商和顾客的关系视为内部价值链的延伸，通过促进企业与供应商和顾客之间的合作伙伴关系，从而获得独特的竞争优势。

一个企业的成本竞争力不仅取决于该企业的内部活动，而且还取决于一个更大的活动体系。在这个更大的体系中，包括企业的上游供应商的价值链，以及涉及将产品送至最终用户的下游客户或联盟的价值链。企业外部价值链分析就是在战略上明确企业在产业价值链中的位置，分析自身与上游（供应商）、与下游（分销商和顾客）价值链的关系，充分利用上游与下游价值链的活动促进成本的降低，调整企业在产业价值链中的位置与范围，把握成本优势。因此，在战略成本管理中，往往突破企业自身价值链，将企业价值链的分析延伸到企业之外，向上延伸到与供应者协助，向下延伸到与顾客协助。每一个产业中，企业本身即位于这一产业价值链的某个阶段。把企业置身于产业价值链中，从战略高度进行分析，是否可以利用上、下游价值链进一步降低成本或调整企业在产业价值链中的位置及范围，以取得成本优势。图 13-2 可以概括一个企业的外部价值链。

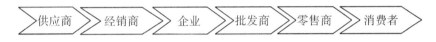

图 13-2　企业的外部价值链

外部价值链强调这样的一个事实，必须了解整个价值系统，而不是了解它参与竞争的价值链部分。有效的战略成本管理要求对外予以关注。一个企业要建立持久的竞争优势，就不能忽略供应商和顾客的联系。通过对企业外部价值链的分析，企业可以改善与供应商和经销商的链接关系，决定外包和与上下游联盟合作等决策。另外，价值链分析帮助改善企业共同降低成本，提高企业的整体的竞争优势。然而，企业亦可以通过价值链分析，寻求整合一体化的方式降低成本。

三、竞争对手价值链分析

价值链分析不仅关注企业内部和外部的价值链分析，也要将竞争对手的价值链纳入分析范围。竞争对手的价值链分析就是在识别竞争对手价值链和价值作业的基础上，通过对其价值链调查、分析和模拟，测算出竞争对手的成本，从而与之进行比较，确定企业与竞争对手成本上的优势和劣势，确定成本竞争策略。竞争对手的价值链和本企业价值链在行业中处于平行位置，通过对竞争对手价值链的分析，测算出竞争对手的成本水平、成本构成与成本支出情况，并与企业产品成本一一比较，揭示决定竞争优势的差异所在，发现现企业与其竞争对手成本差异发生在价值链的哪个部分，如果其劣势在于上游或下游价值，企业可考虑延伸其现有的经营范围，优化和重构企业价值链。

竞争对手分析的主要内容包括：

（1）企业在与谁竞争，包括现存的和潜在的竞争对手。

（2）识别竞争对手的价值链以及它们怎样进行价值活动，分析的关键在于确定竞争对手在价值链活动中的有关成本动因及相应的地位，然后运用成本动因的性态来估测竞争对手的成本差异。

（3）竞争对手的目标是什么？从而可以大致判断竞争对手会采用何种竞争手段。

（4）竞争对手采用何种竞争战略，其功效如何？

（5）分析竞争对手的优势和劣势。

（6）面对外部的攻击，竞争对手会如何反应。

价值链分析的内容中主要的工作就是对每一个竞争对手进行成本比较，其中，该成本是各个竞争厂商为向一个界定清晰的消费群或细分市场提供产品或服务所产生的。一个企业对其价值链管理的好坏程度是建立有价值的胜任能力和卓越能力的关键，同时也是企业充分利用这些能力建立企业持久竞争优势的关键。

上述价值链的每一项活动都有其自身的成本耗费和资源耗费，并得到收入的补偿。为分别考察每种活动的成本效益状况，应将资产成本和收入分配到产生它们的活动中去，并确定每项的成本动因，将其影响予以数量化。可见，在企业价值链的分析中，成本动因分析是其中的重点。

相关链接

戴尔（Dell）计算机公司利用技术和信息将计算机价值链上的供应商、生产商和顾客的流程垂直地联合在一起。供应商为计算机生产零部件，Dell公司将供应商的送货与生产计划协调起来，供应商生产的零部件只有在需要时才直接送到车间，而不是送到仓库，也不需要经过卸货、检查、储存、领用等环节。这就需要供应商与购买者的信息和计划能够持续分享。索尼（Sony）公司为Dell公司的计算机提供显示屏。但是显示屏在销售发送给顾客之前并不送到Dell公司，而是由Express或USP将它们同需要发送的计算机一起包装，一起发送给顾客。1996年，在行业领导者康柏的增长率为30%的情况下，Dell计算机公司的销售量增长了58%。事实证明，Dell公司的价值链方式在计算机行业产品的寿命周期"转瞬即逝"的情况下具有极强的竞争优势。

第四节　战略成本动因分析

在价值链分析时，了解成本动因与价值链的关系是至关重要的。战略成本动因是与战略管理有关的成本动因，它是成本动因的一种。库伯和卡普兰教授曾于1987年在合写的一篇题为《成本会计怎样系统地歪曲了产品成本》的文章中提出了"成本驱动因素"，即成本动因理论。成本动因是引发成本的一种推动力或成本的驱动因素，也就是引发成本发生和变动的原因。因此，按照成本动因涉及的层次和领域，可分为微观层面的生产经营成本动因和宏观层面的经营战略成本动因。生产经营成本动因普遍存在于企业生产经营过程中的有关作业之中，例如，采购订单构成采购作业的成本动因，生产工构成生产作业的成本动因，订货单构成销售作业的成本动因等。

战略成本动因与生产经营成本动因相同，它是从企业整体的、长远的宏观战略高度出发所考虑的成本动因，从战略的角度看，影响企业成本态势的动因主要来自企业经济结构和企业执行作业程序，从而构成了结构性成本动因（structural cost driver）和执行性成本动因（execution cost driver）。两类成本动因的划分，从不同的战略角度影响企业的成本态势，从而为企业的战略选择和决策提供支持。

一、结构性成本动因

结构性成本动因是指决定企业基础经济结构的成本动因，其形成需要较长时间，而且一旦确定，往往很难变动，同时，这些因素往往发生在生产之前，必须慎重行事，在支出前进行充分评估与分析。另外，这些因素既决定了企业的产品成本，也会对企业的产品质量、人力资源、财务、生产经营等方面产生极其重要的影响，并最终影响企业的竞争优势。因此，对结构性成本动因的选择可以决定企业的成本态势。结构性成本动因通常包括：

（1）企业规模（scale），即在生产、研究开发和营销资源等方面投入多少资金。企业规模适度，有利于降低成本，形成规模经济；企业规模过大，扩张过度，会导致成本上升，形成规模不经济。可见，规模的战略选择必须把成本作为一个基本因素加以考虑。

（2）业务范围（scope），是形成成本的又一个结构性动因。它是指企业进行纵向整合的程度，即企业跨越产业价值链的长度。企业横向整合则更多地与规模有关。纵向整合按其整合程度的取向分为向前整合与向后整合，可纵向延伸至供应、销售、零部件自制，这完全取决于企业和市场对纵向整合程度的要求。企业可以通过战略成本动因分析，进行整合评价，确定选择或解除整合的策略。当整合市场体系僵化，破坏了与供应商和客户的关系，导致成本上升，对企业发展不利时，可降低市场的整合程度或解除整合。

（3）经验（experience），是一个重要的结构性成本动因。企业是否有过生产该产品的经验，或者生产过多长时间。经验是影响成本的综合性基础因素，经验积累即熟练程度的提高，不仅带来效率的提高，人力成本下降，同时还可能减低物耗、减少损失。经验积累的程度越高，操作越熟练，成本降低的机会就越大，经验的不断积累和发展是获得"经验—成本"曲线效果，形成持久竞争优势的动因，因此，采取学习型策略来加强熟练度对保持成本优势至关重要。

（4）地理位置（position），企业的地理位置可以有若干种方式来影响成本。由于地区与地区之间通常会在工资水平、税率、能源成本、入厂和出厂及运输成本等方面有区别，地理位置几乎对所有价值活动的成本均有影响，所以要求企业在进行厂址的选择、工业布局活动中要慎重行事，企业还可以通过重新布局生产工厂、基层办公室的运作地点，找到降低成本的机会。

（5）技术（technology），是企业价值链的每一个环节中运用的处理技术。它体现企业生产工艺技术的水平和能力，是从技术结构上影响成本的动因。先进的技术和技术水平的提高，不仅直接带来成本的降低，而且还可以改变其他成本动因而间接地影响成本。鉴于技术开发与应用付出成本较高，技术更新迅速，开发技术被淘汰的风险较大，企业自选择能获得持久性成本优势的技术创新时，其革新的成本应与利益保持平衡。技术领先或技术追随的策略选择，应视条件而定，若能形成独特的持久领先技术，或获得独占稀有资源的优势，则可以采用技术领先战略，否则应予以放弃。

总之，从结构性成本动因来看，单纯扩大规模、范围或采用高新技术、追求产品的多样化，对一个企业而言，在一定的环境下，并非都是好事。可见，结构性成本动因分析就是分析以上各项成本驱动因素对价值链活动成本的直接影响，以及它们之间的相互作用对价值链活动成本的影响，最终选择哪一个要素都能够决定企业的"成本地位"。

二、执行性成本动因分析

执行性成本动因是指与企业作业程序相关的成本驱动因素，它是在结构性成本动因决定以后才成立的，而且这些成本动因多属于非量化的成本动因，其对成本的影响因企业而异。这些动因若能执行成功，则能降低成本，反之则会使成本提高。执行性成本动因通常包括：

（1）员工对企业的向心力，企业的行动是众多具体个人行动的总和，企业各个部门的每一名员工都与成本直接相关，只有依靠全体员工的相互配合，共同努力，企业才能将成本置于真正的控制中，实现成本管理的目标。传统的成本管理以可计量的、按照成本核算制度计算的成本为核心内容，以物治人；战略成本管理要求重视人的因素，强调以人为本，以人治物，重分调动员工的积极性和创造力，提高员工对企业投入的向心力，从而达到充分降低成本、取得竞争优势的目的。

（2）全面质量管理（total quality management，TQM），质量与成本密切相关，质量与成本的优化是实现质量成本最佳、产品质量质量最优这一管理宗旨的内在要求。另一方面，它强调了质量管理的范围应该是全过程的质量控制，企业的每一名员工都要承担质量的责任。通过全面质量管理能降低成本，对于质量成本较高的企业来说无疑它是一个重要的成本动因，能给企业带来降低成本的重大机会。

（3）能力利用（capacity utilization），在企业规模既定的前提下，员工能力、机器能力和管理能力是否充分利用，以及各种能力的组合是否最优，都将成为执行性的成本动因。如进行技术改造，采用现先进的生产管理方法，都会使能力得到充分发挥，从而带来降低成本的机会。

（4）联系（linkages with suppliers or customers），指各种价值活动之间彼此的相互关联。这种关联可以分为内部关联和垂直关联。企业内部各种价值活动之间的联系遍布整个价值链，通过协调和最优化的策略，以提高效率或降低成本。垂直关联反映的是企业与供应商和销售渠道之间的相互依存关系。上下游通力合作，互惠互利的"临界式生产管理"是重视"联系"的典范，他同时为企业和供、销方获得降低成本的机会，从而成为重要的成本动因。

对执行性成本动因来讲，加强员工对企业的向心力，全过程进行的全面质量管理和全面成本管理都对持续降低成本有利；提高生产能力利用率、协调整个价值链等都会增加产出、提高效率，所有这些对企业来讲，当然投入力越大越好。可见，这是针对业绩目标对成本态势的战略性强化。执行性成本动因分析的目的是选择满足顾客需要所用的作业。

三、成本的优势—弱点—机会—威胁分析

成本是企业业务活动过程、环境影响因素和企业内部条件相互作用的结果，受到环境因素和企业内部条件的强烈影响。环境是影响系统运行的外部因素，是存在于控制系统之外而又影响控制系统的客观影响因素的集合体。环境对企业产生双重影响：一方面为企业的发展提供机遇，另一方面又制约着企业的经营活动，甚至给企业带来风险。企业有必要从战略角度分析环境对企业成本可能带来的受益机会和应当回避的威胁，以便结合内部条件分析的结果采取必要的战略措施。

成本始终受制于企业的内部因素和外部环境，是企业内部因素和外部环境综合影响的结果。尽管在传统成本管理中也强调外部环境分析的重要性，但由于缺少将外部环境分析和企业内部条件分析有效结合起来的方法和手段，使企业难以将外部环境变化所形成的机会和威胁与企业的内部优势及弱点结合起来形成有效的战略。

成本的强势-弱势-机会-威胁（Strengths-weaknesses-opportunities-threats，简称SWOT）分析方法是将外部环境分析和内部条件分析结合起来形成企业成本控制战略的一种有效的方法。成本的SWOT分析方法的意义在于：为企业制定战略措施以利用机会发挥优势、克服弱点回避风险、取得或维护成本优势提供了方法手段。

进行成本的SWOT分析，要充分认识企业的优势、机会、弱点和正在面临或即将面临的风险。外部宏观环境分析、产业环境分析、竞争对手分析、企业价值链分析、成本动因分析等为认识企业的优势、机会、弱点和正在面临或即将面临的风险提供了基本的途径和方法。SWOT分析的基本步骤为：

（1）分析企业的内部优势与弱点。企业的内部优势与弱点，可以是相对于企业目标而言的，也可以是相对于竞争对手而言的。由于影响成本的因素纷繁复杂，该分析的重点是找出具有关键性影响的优势与弱点，价值链分析、成本动因分析、成本抉择关系分析、与竞争对手比较分析中的标杆分析为分析企业的内部优势与弱点提供了可行的途径。

（2）分析企业面临的外部机会与威胁。企业所处的外部环境在不断变化，机会、威胁因素也在不断转化，抓住机会，规避和消除风险是管理者的基本职责。机会与威胁可能来自与竞争无关的外部环境因素的变化，也可能来自竞争对手的力量与相关因素的变化，或两者兼而有之，关键性的外部机会与威胁应该予以确认。

（3）将外部机会和威胁与企业内部优势和弱点进行匹配，形成可行的备选战略。SWOT分析有四种不同类型的组合：优势-机会（SO）组合、弱点-机会（WO）组合、优势-威胁（ST）组合和弱点-威胁组合（WT）。这些组合将企业与成本相关的优势（S）、弱点（W）和机会（O）、威胁（T）分别组合起来，形成不同的应对措施。

优势-机会（SO）战略是一种发挥企业内部优势与利用外部机会的战略。这是一种理想的战略模式，当企业具有特定方面的优势，而外部环境又为发挥这种优势提供了有利机会时，可以采取该战略。收购竞争对手（横向整合）和添置新设备战略便是基于发挥企业内部优势与利用外部机会所形成的战略。具体措施的选择涉及诸如成本、收入、利润、投资报酬率等多种因素的分析。从成本角度而言，良好的市场前景和市场占

有率为企业扩大规模，形成规模经济提供了可能，采取扩大规模、改进技术的措施有可能在提高效率和质量的同时降低成本，而利用自身的优势、有利的市场环境和竞争对手一时所处的劣势收购竞争对手（横向整合），不仅是扩大规模、提升生产能力、实现低成本扩张的措施，也是打击竞争对手的有力手段。

弱点-机会战略（WO）是利用外部机会来弥补内部弱点，使企业改变劣势而获取优势的战略。当存在一些外部机会，但企业有一些内部弱点妨碍它利用这些外部机会时，可以采取措施先行克服这些弱点，以使企业能够利用这些外部机会。

优势-威胁（ST）战略是企业利用自身的优势回避或减轻外部威胁影响的战略。威胁可能来自外部环境的变化，也可能来自竞争对手。竞争对手利用新技术大幅度降低成本，可能迫使企业设法降低成本，否则，企业的相对成本地位有可能被削弱，在竞争中处于非常不利的地位。

弱点-威胁（WT）战略是一种在减少内部弱点的同时回避外部环境威胁的防御性技术。当企业面临大量的外部威胁和众多的内部弱点时，企业的生存发展将受到极大的威胁，往往会面临生存危机，企业将不得已为生存而奋斗，降低成本也许成为企业改变劣势的主要措施。竞争对手利用新技术大幅度降低成本、材料供应日趋紧张、材料价格可能上涨、消费者对产品质量要求大幅度提高、环保要求越来越高等在成本方面对企业造成巨大的威胁，而企业的原材料供应渠道严重不畅，生产常常受阻，生产能力不够也实现不了规模效益，生产设备老化等弱点使企业在成本方面难有大的作为。

这些将迫使企业采取目标聚集战略或差异化战略，以回避成本方面的劣势。这些战略本身可能并不直接降低成本，改变不了现行的成本状况，但可以回避由于成本原因造成的成本劣势，使企业回避由此造成的威胁，被迫回避威胁也是一种无可奈何的战略。

SWOT分析旨在根据企业自身的优势、弱点和所面临的机会与威胁建立各种可供选择的战略措施。这些措施是根据机会、威胁与优势、弱点之间的不同匹配而形成的。在任何特定情况下，企业具有自身的优势与弱点，也会面临一系列的机会与威胁，SWOT分析可以提供不同组合下的战略措施。在这些可供选择的战略措施中，企业可以根据优先考虑的问题，选取适当的战略付诸实施。当企业存在重大弱点时，应能通过战略措施的实施努力克服这些弱点而将其变为优势。当企业面临巨大威胁时，应努力回避这些威胁以便集中精力利用机会。

认识企业的优势、机会、弱点和风险的困难是考察关键性的内部与外部因素。影响成本的因素是多重的，关键因素是特定的，这要求分析人员和决策者具有良好的判断力。由于影响因素的复杂性和战略措施发挥效能的滞后性与长期性，决策者对关键因素的判断正确与否存在某种不可验证性，这要求分析人员和决策者具有较高的专业知识、丰富的经验和对企业发展的信念。

SWOT分析方法与其他分析方法一样，为我们认识成本和改进成本控制措施提供了分析的思路和途径。尽管无法断言利用各种分析方法就一定可以得到最佳结论，但这并不构成我们拒绝使用各种分析方法的理由。

随着市场经济竞争的加剧，企业要应对充满危机的市场环境，谋求生存与发展，一个重要的途径就是降低成本。然而，各企业在关注战略成本管理的同时，却忽略了另一种降低成本的方法——战略成本抑减。

"成本抑减"一词来源于西方国家，是指有组织、有计划地运用各种技术方法和管理措施对企业成本形成环境进行改造，以消除和减少无效成本的管理活动，它包括检查成本花费的目的，以及通过各种方法消除或减少花费的需求。它是企业运用计划或预算和行之有效的处理方法，从消除浪费、挖掘潜力、增加生产能力、提高工作效率、以有效支出代替无效支出等方面进行考察和评价，达到提高生产效率、降低生产成本的目的的一种成本管理方法。国内学者认为，战略成本抑减是一种站在企业战略角度，有组织、有计划地运用各种方法降低企业各项成本的措施。战略成本抑减着眼于未来，是市场经济条件下的一种有效的成本管理模式，是企业实现成本领先战略的必要手段，也是企业获得核心竞争力的可靠保证。成本控制是指运用现代成本会计的各种方法，使各项成本达到预期标准的一种措施。这种标准代表目前条件下可能达到的最低成本。成本控制是通过实际成本与标准成本的比较来计量浪费，更重要的是采取跟踪措施以防止不合理成本产生。然而，就理论而言，战略成本抑减与成本控制具有密切的关系，就事实而言并非如此。下面对两者做出了明确的比较，如表13-2所示。通过比较可见，企业成本抑减不同于成本控制，其比成本控制更具有积极性和主动性。企业在实施成本控制时，应通过成本抑减持续不断地发现问题和及时纠正问题，以调整成本费用支出标准或工作目标，从而取得最佳的控制效果。

表13-2 成本抑减与成本控制的比较

区别	成本抑减	成本控制
目的	改进及抑减目前标准	维持及达到目前标准
标准	改进的对象	工作的目标
重心	以正在发生和将来可能发生的成本费用支出为对象，并随着情况变化而调整，着眼于企业事前和事中的成本抑减	以已经发生和正在发生的成本费用支出为对象，体现为企业事中和事后的成本控制
控制范围	不受任何限制，编辑企业各部门个环节，凡是影响成本费用支出的事项，无论是否确定了标准或限额，都要抑减	已确定标准或限额的成本费用支出项目，即以成本费用计划或预算所列支的项目为限
控制手段	通过改良产品设计、更新生产设备、改进制造方法、改善工厂环境和提高工作效率等，不断降低成本费用支出标准或限额	运用成本计划或预算和标准成本法，严格执行成本费用支出标准或限额，纠正脱离成本目标的偏差
目标	任何情况无永恒不变的道理，最低成本会随情况变化而变化	目前条件可能达到的最低成本

本章练习

一、思考题

1. 简述战略成本管理与传统成本管理相比有哪些特点。

2. 什么是战略定位分析？试述战略定位分析的基本战略。

3. 简述价值链分析包括哪些内容。

4. 试论如何通过价值链分析开发与供应商和客户的联系？

5. 什么是战略成本动因分析？它包括哪些内容？

6. 简述战略成本抑减与成本控制的区别。

7. 以下所列的是某公司的成本动因：

a：生产规模

b：员工的经验

c：工厂的地理位置

d：采购订单的数量

e：工艺流程技术

f：生产线数量

g：与顾客的联系

h：分销商的数量

I：直接人工小时

J：员工参与的程度

k：产品设计的时间

l：机器设备的利用

m：材料的搬运次数

n：质量管理的方法

o：企业的业务范围

要求：确定上述各项成本动因是不是战略成本动因。如果是战略成本动因，请确定其是结构性成本动因还是执行性成本动因。

二、案例分析题

沃尔玛的低成本战略

1962年，山姆·沃顿开设了第一家沃尔玛（WAL-MART）商店。迄今为止，沃尔玛已成为世界第一大百货商店。按照美国《福布斯》杂志的估算，1989年山姆·沃顿家族的财产已高达90亿美元，在世界零售企业中排名第一。沃尔玛取得成功的关键在于商品物美价廉，对顾客的服务优质上乘。

沃尔玛始终保持自己的商品零售比其他商店便宜，这是在压低进货价格和降低经营成本方面下功夫的结果。沃尔玛也把货物的运费和保管费降到最低。公司在全美一共有16个配货中心，都设在离沃尔玛商场距离不到一天路程的附近地点。商品购进后直接送到配货中心，再从配货中心用公司专有的集装箱车队运往各地的沃尔玛商场。公司建有最先进的配货和存货系统，公司总部的高性能电脑系统与16个配货中心和1 000多家商场的POS终端机联网，每家商场通过收款机激光扫描售出货物的条形码，将有关信息记载到计算机网络当中。当某一商品库存降低到最低限时，计算机就会向总部发出购进信号，要求总部安排进货。总部寻找到货源后，便派离商场最近的配货中心安排运输路线和时间，一切都井井有条，有条不紊。商场发出订货信号后36小时内，所需商品就会及时出现在货架上。就是这种高效的商品进、销、存管理，使公司迅速掌握商品进、销、存情况和市场需求的趋势，做到既不积压存货又不断货，加速了资金周转，降低了资金成本和仓储成本。

压缩广告费用是沃尔玛保持低成本竞争战略的另一种策略。沃尔玛公司每年只在媒体上做几次广告，大大低于一般的百货公司每年50~100次的水平。沃尔玛认为，物美价廉的商品就是最好的广告：我们不希望顾客买1美元的东西，就得承担20~30美分的宣传、广告费，因为那样对顾客极不公平，顾客也不会对华而不实的商品感兴趣。

沃尔玛也重视对职工勤俭风气的培养。沃顿说："你关心你的同事，他们就会关心你。"员工从进公司的第一天起，就受到"爱公司如家"的店训熏陶。从经理到雇员，都要关心公司的经营状况，勤俭节约，杜绝浪费，从细微处做起。这使沃尔玛的商品损耗率只有1%。而全美零售的平均损耗率为2%。

沃尔玛每周五上午召开经理人员会议，研究商品价格情况。如果有报告说某一商品在其他商店的标价低于沃尔玛，会议可决定降价，保证同种商品在沃尔玛价格最低。沃尔玛成功运用低成本竞争战略，在激烈的市场竞争中取胜。

要求：试分别从价值链、战略成本动因、战略成本定位、战略成本抑减等角度分析沃尔玛成功的战略。

参考文献

[1] 汪蕾. 成本管理会计 [M]. 天津：南开大学出版社，2015.

[2] 唐婉虹，赵三保. 成本管理会计 [M]. 上海：立信会计出版社，2015.

[3] 胡国强，陈春艳. 成本管理会计 [M]. 成都：西南财经大学出版社，2016.

[4] 于富生，黎来芳，张敏. 成本会计学 [M]. 8 版. 北京：中国人民大学出版社，2015.

[5] 赵书和. 成本与管理会计 [M]. 北京：机械工业出版社，2012.

[6] 江希和，向有才. 成本会计案例与实训 [M]. 北京：高等教育出版社，2012.

[7] 乐艳芬. 成本管理会计 [M]. 上海：复旦大学出版社，2012.

[8] 刘运国. 管理会计学 [M]. 北京：中国人民大学出版社，2011.

[9] 孟焰，刘俊勇. 成本管理会计 [M]. 北京：高等教育出版社，2013.

[10] 欧阳清，杨雄胜. 成本会计学（理论·实务·案例·习题） [M]. 北京：首都经济贸易大学出版社，2012.

[11] 孙茂竹，文光伟，杨万贵. 成本管理会计 [M]. 北京：中国人民大学出版社，2012.

[12] 万寿义，任月君，李日昱. 成本会计习题与案例 [M]. 大连：东北财经大学出版社，2013.

[13] 吴革. 成本与管理会计 [M]. 北京：中信出版社，2012.

[14] 周瑜，申大方. 管理会计 [M]. 北京：北京理工大学出版社，2018.

[15] 袁水林，张一贞. 管理会计 [M]. 上海：上海财经大学出版社，2018.